古代美術史研究

二編

第2冊

中國古代名畫考古研究（增訂本）

黃震雲著

花木蘭文化出版社

國家圖書館出版品預行編目資料

中國古代名畫考古研究（增訂本）／黃震雲 著 — 初版 — 新
北市：花木蘭文化出版社，2017〔民106〕
序2+ 目2+244 面；19×26 公分
（古代美術史研究 二編；第2冊）
ISBN 978-986-322-899-8（精裝）
1. 美術考古　2. 中國
618　　　　　　　　　　　　　　　　　　　103013904

古代美術史研究
二　編　第二　冊　　　　　ISBN：978-986-322-899-8

中國古代名畫考古研究（增訂本）

作　　者	黃震雲
總 編 輯	杜潔祥
副總編輯	楊嘉樂
編　　輯	許郁翎、王筑　美術編輯　陳逸婷
出　　版	花木蘭文化出版社
社　　長	高小娟
聯絡地址	235 新北市中和區中安街七二號十三樓
	電話：02-2923-1455／傳眞：02-2923-1452
網　　址	http://www.huamulan.tw 信箱 hml810518@gmail.com
印　　刷	普羅文化出版廣告事業
初　　版	2017 年 3 月
全書字數	149114 字
定　　價	二編 28 冊（精裝）新台幣 75,000 元

中國古代名畫考古研究（增訂本）

黃震雲 著

作者簡介

黃震雲，男，1957 年生，文學博士，詩人、書法家。現任中國政法大學中文系教授，學科帶頭人。兼任中國屈原學會副會長、中國遼金元文學學會副會長。主要研究中國古代文學及其與法律、藝術等交叉學科。出版學術著作 12 部，發表論文 400 多篇，多次獲得省部級獎勵，多次出國講學交流，在學界有較高的知名度。

提　　要

　　這是一部以我國出土的歷代名畫爲主要研究對象，考古學爲依託，文獻學、藝術學以及美學、法學、宗教學等學科知識、理論、方法綜合運用，進路體現價值指引，從哲學高度進行全面深刻闡發的學術著作。時間跨度達五千多年，範圍遍及全國各地，有的還涉及到東亞和南亞地區。內容形式豐富，有仰紹文化和馬家窯文化的彩陶畫，也有馬王堆帛畫、漢代石刻、敦煌壁畫、鳳凰山漆畫、西藏的唐卡等，有的還是已經被歷史遺忘的民族如契丹、女眞、黨項的傑作。不少至今無解，有的是學界長期爭執不下的懸疑或熱點。著力探索和創新是本書的顯著特質，如對上古的象刑製度的發現、古人的宇宙情懷及其心理、佛教伎樂來源中國傳統的音樂思維、道家的升霞方式設計等，都極具學術價值。研究、寫作技巧圓熟，方法得當，表達瀟灑淋漓是本書的顯著特色。博學敏思，邏輯嚴密，以理服人，論證見解獨到、深刻，力破難題，走出了我國繪畫研究的新思路，是本書的突出貢獻。實踐價值指引使本書不僅將中國古代名畫研究體現在學術本身，同時還具有廣泛的社會意義，讓我們在知識美感獲得以外，能夠正確認識、深入理解祖國的豐富的文化和藝術，有助於又好有快建設發展當代文化和規範旅遊文化產業。

序

　　給本書寫一個序是必須的，主要出於如下的考慮：一是本書是給哲學專業美學研究方向的研究生上的一門課，所以具有教材性質。也基於此，其中的內容都是自己寫的，但是部分已經在《文學評論》、《中國社會科學報》等報刊上發表過，也有的收入了我的《漢代神話史》一書中，但是爲了作爲教材和著作的完整性，所以適當修改後，收入了一點。二是書中的內容跨度比較長，似乎沒有什麼體系，主要集中在出土的繪畫作品上，而這些作品基本上都是歷屆十大考古的代表作品，學界反覆折騰過的東西。這是實然的結果。考古是按照文物說話，文物散見於各地，所以本身不可能有系統存在，當然也就不可能有系統的著作來表達。三說是名畫，與傳世的唐宋名畫不同，這些作品埋在地下，損毀程度不一，所以鑒賞和研究難度比較大，又由於出土文獻必須要和傳世文獻印證，所以研究具有考據性質。爲了使氣氛輕鬆一些，所以寫作時盡量語氣舒緩一些。

　　對於繪畫，我國歷代藝術家都重視其社會價值，與音樂相似，也是教化的主要內容，所以孔子說繪事後素。小時候我也算學過一段時間書畫，但是沒有學成，興趣也不大，所以對於畫沒有什麼感通的東西，只是一些學術的分析。比起美學家和藝術家來說，在技藝方面的認識我是盲人，看不出什麼東西，有些感覺也不想去說。我們學校李德順老師說過，講課，尤其研究生講課，課程的名稱和內容未必要一致，但是你要講的一定是你最拿手的才行。我對此深以爲然，但總覺得他可以說，而我不可以，這個也沒有爲什麼。如何做教師，也沒有刻板的定數。教學相長，也是可能的。本書的文章大部分都是開學術會議在各地參觀後回來寫的。因爲各地的解說詞不少似乎隨意編

造，有的與我看到的完全不同。譬如山西的平遙古城，我怎麼看也是路寢結構方式傳下來的一般的城市格局，但是解說員偏偏說古城城門是龜頭。在中國龜頭不是什麼好聽的話，沒有設計師會那麼設計。但是他們就那麼說，你有什麼辦法？有時候我會說考古的不讀書，其實也不是這樣。很多考古都是地方做的，文化人來下結論，他們為了當地的發展和榮譽，喜歡說幾千年、上萬年，喜歡說這個就是龍之類，但是似乎態度又是認真的，多一份理解吧。考古也不是一個單純的行業，往往要受到地方力量的支配。我原來在《人民日報》上寫過一個關於儀仗的文章，覺得不少地方出土的俑完全不具備兵馬的特徵，但是都叫兵馬俑，很不合適。但是，地方領導要求當地文博系統的同志組織文章批評。最終大家見面灰頭灰臉的。往事如煙，不說也罷。

就這些文章來看，其實也很不好寫。有的也是花了很多時間，像金剛亥母和胡旋舞的關係，開始怎麼也看不明白，經過多次反覆看才找到一些差異，這些事細心不能少。另外，繪畫往往涉及面寬，還有一個時代風格問題，都需要認真，靠才情沒有用。有的如曹操墓，將近三年，國內外的文學、歷史、考古、藝術界幾乎都參與了，各說各的話，輿論又推波助瀾。到最後，大家靜下心來看看，沒有一個人不被批判的，而我關於畫像石的結論、關於墓地結構的判斷都得到普遍認可，成為例外。這倒不必吹自己是奇迹，但是至少應該算肯定已然吧。因此，我相信，本書對美學、美術愛好者、學習者乃至史學、文學工作者都具有一定的閱讀價值吧。

序

第一章　仰韶、馬家窯彩陶畫和中國上古象刑

　　　　制度 …………………………………………… 1

　　第一節　關於象刑的研究 ……………………… 1

　　第二節　中國象刑的產生時代和目的方式 …… 3

　　第三節　仰韶、馬家窯彩陶畫象刑及其法理 … 5

　　第四節　上古象刑的流傳和評價 ……………… 7

第二章　中國古代帝王形象的動物造型和民族

　　　　風格 ………………………………………… 11

　　第一節　炎黃動物形象設計與民族風格 ……… 11

　　第二節　關於龍的由來演變和誤讀 …………… 15

　　第三節　《山海經》的色調和怪物設計原理 … 26

第三章　馬王堆帛畫飛天和藍色絲綢之路 ……… 31

　　第一節　戰國駕雲昇天的宇宙情懷 …………… 31

　　第二節　馬王堆1號墓的軒轅氏宇宙情懷 …… 37

　　第三節　臺灣安平「劍獅」的玄龜象齒造型 … 52

第四章　漢代石刻鯀禹治水與神話傳說 ………… 55

　　第一節　伯禹愎鯀與龍馬圖騰 ………………… 55

　　第二節　大禹治水神話與漢代石刻 …………… 65

　　第三節　犀牛的形制和功能 …………………… 74

第五章　漢代的成仙漆畫帛畫 …………………… 83

　　第一節　夸父逐日和成仙漆畫 ………………… 83

　　第二節　關於臨沂金雀山成仙帛畫 …………… 85

第六章　漢代石刻西王母東王公和伏羲女媧神話

　　　　傳說 ………………………………………… 87

　　第一節　西王母東王公和伏羲女媧神話傳說 … 87

　　第二節　董永故事和天仙配的傳說 …………… 102

　　第三節　「獬豸」造型及其神話傳說 ………… 106

　　第四節　后羿嫦娥故事神話 …………………… 115

　　第五節　漢代石刻和武威雷臺青銅器「馬踏飛燕」

　　　　　　…………………………………………… 122

第七章　「曹操墓」出土畫像石及其文物真偽

　　　　辨析 ………………………………………… 129

第一節　曹操墓的尋找發現 ············· 129

第二節　安陽曹操墓出土遺物真偽解讀 ········· 134

第三節　蘇州「三國文化全國高層論壇」關於
曹操墓的辯論 ············· 145

第四節　曹操墓出土的符印 ············· 150

第八章　漢魏契丹西夏壁畫石刻的太清升霞 ······· 155

第一節　東漢營城子漢墓壁畫布局和意象 ······ 155

第二節　北魏貞景王元謐羽化棺蓋殘石圖 ····· 163

第三節　遼寧義縣北斗七星圖與我國傳統定穴
理論 ············· 169

第四節　武威出土西夏版畫象輿和民間擇材習俗 · 173

第九章　敦煌胡旋舞唐代踏毬舞和金剛亥母法相 · 177

第一節　胡旋舞和踏毬舞 ············· 177

第二節　胡旋舞興起的地域和入唐的時間 ····· 180

第三節　胡旋舞和胡騰舞以及康國的舞者使者 ··· 185

第四節　胡旋舞的舞容與石窟唐卡上的金剛亥母
法相 ············· 186

第五節　胡旋舞墓門和卷雲紋 ············· 192

第十章　敦煌壁畫與中西文化交流 ········· 195

第一節　敦煌壁畫與中西文化交流 ········· 195

第二節　遼代宣化墓壁畫和東北「二人轉」 ····· 201

第十一章　唐卡觀音色彩表現和宗教文化 ······· 207

第一節　唐卡觀音色彩表現和唐代文化 ······· 207

第二節　康乾宮廷佛像的蓮花座造型風格 ····· 211

第三節　南京明故宮中門石板地刻的是比目魚 ··· 216

第十二章　海昏侯墓出土文物形制功能與時代 ····· 219

第一節　海昏侯墓出土的西周提梁卣圖文解析 ·· 219

第二節　海昏侯墓朱鳥及其功能 ········· 226

第三節　海昏侯墓編鐘底座是升天象輿圖 ····· 233

附錄：敦煌莫高窟再現胡騰舞 ············· 239

再版後記 ············· 243

第一章　仰韶、馬家窯彩陶畫
和中國上古象刑制度

　　象刑是古代刑罰的一種形式，古羅馬、迦太基時代在西方比較流行，亞洲的東南亞地區也有象刑，是處死犯人的常用方式，在印度更爲盛行。具體的方式是在公眾場合使用象踐踏、肢解或折磨犯人。在印度文化圈，大象是御用工具，被由王室供養，象徵著王公的絕對權威。

　　象刑是我國最古老的刑制，但是目的和行爲方式和國外完全不同。

第一節　關於象刑的研究

　　象刑產生的時代還沒有文字，因此關於象刑的資料主要是後代稽古的結果，多三言兩語，顯得十分簡略，有的甚至語焉不詳。長期以來一直存有爭

議。李衡梅《「象刑」辨——兼與唐蘭、程武同志商榷》〔註1〕指出：象刑一語最早見於《尚書》：「象以典刑」（《舜典》）、「皋陶方祗厥敘，方施象刑惟明」（《益稷》），一共就 16 個字。近幾年來，由於考古新發現，引起了人們重新研究、解釋象刑的興趣。如唐蘭《陝西省岐山縣董家村新出土西周重要銅器銘辭的譯文和注釋》中認為，象刑是戰國以後人上了儒家的唯心主義的胡說的當，把唐虞時代的象刑當成刑法。不少文章對此進行了全面反駁，認為象刑確實存在。但是，象刑究竟是什麼時代產生的，具體的情形是什麼？還是無從說起。張海峰《「象刑」辨疑》〔註2〕認為象刑是象徵性刑罰，還是公佈刑罰的圖象？難以確定，估計不應該是象徵性的，推測是通過公佈刑罰的圖象威脅普通百姓的一種方式。王小健《論象刑》〔註3〕根據馬克思主義關於原始社會的學說和考古學及文獻資料試圖證明，中國處於原始氏族社會晚期的堯舜時代有過以不戕害肉體為特點，以「畫衣冠異章服」為形式，恥辱其形象為目的的象刑。中國在幾千年的階級社會中，作為象刑遺存的諸多懲罰方式一直存在。象刑絕非古人所杜撰，說象刑出於後人的虛構和編造是缺乏根據的。象刑是效法、摹仿肉刑、死刑的一種刑罰。相關的還有吳榮曾《試論先秦刑罰規範中所保留的氏族制殘餘》〔註4〕認為我國從原始社會進入階級社會，有了國家以後，諸如血族復仇、髮替、神判、象刑等舊習慣，依然有所保留，不過其性質、作用都和原來不同，已轉化為法律的一個組成部分。兩篇文章都認為，象刑是歷史習慣，在國家出現後的刑法。尤韶華《歷經二千五百年爭議的中國最早刑制——中國傳統司法原則的淵源》〔註5〕對歷來象刑的研究進行了歸納分析，也一定程度上表明了他的看法，引用《荀子》有關資料，認為畫像說是亂世妄說。刑罰的宗旨，是遏制殘暴和罪惡，以儆戒將來。殺人者不死，傷人者不刑，是縱容殘暴，而非遏制罪惡。文章還列舉漢代班固、宋人林之奇、夏僎的觀點，說明象刑是讀舜典而誤。當代關於象刑的爭論並沒有出現有說服力的結論，原因很簡單，還是在重複分析現有的相關資料。

〔註1〕《社會科學戰線》1985 年 01 期。
〔註2〕《西南政法大學學報》2010 年 03 期。
〔註3〕《吉林大學學報》1998 年 01 期。
〔註4〕《中國社會科學》1984 年第 3 期。
〔註5〕中國法學網 2014 年 2 月 25 日。

第二節　中國象刑的產生時代和目的方式

陳壽《三國志》裴松之注引《曹瞞傳》曰：「常出軍，行經麥中，令『士卒無敗麥，犯者死』。騎士皆下馬，付麥以相持，於是太祖馬騰入麥中，敕主簿議罪；主簿對以《春秋》之義，罰不加於尊。太祖曰：『制法而自犯之，何以帥下？然孤為軍帥，不可自殺，請自刑。』因援劍割髮以置地。」〔註6〕曹操割髮代首的處置方式就是象刑，只是在曹操時代已經沒有這一律條，自刑依據的是春秋之義。曹操要取信於將士和天下，自然不會遊戲為之。主簿言稱依據春秋之義，可以不罪，但曹操自刑割髮代首。其依據是什麼呢？考《左傳》有這樣一條資料說：

> 執莒公子務婁，以其通楚使也。將執戎子駒支，范宣子親數諸朝，曰：「來！姜戎氏！昔秦人迫逐乃祖吾離於瓜州，乃祖吾離被苫蓋、蒙荊棘，以來歸我先君，我先君惠公有不腆之田，與女剖分而食之。今諸侯之事我寡君不如昔者，蓋言語漏洩，則職女之由。詰朝之事，爾無與焉！與，將執女！」對曰：「昔秦人負恃其眾，貪於土地，逐我諸戎。惠公蠲其大德，謂我諸戎，是四嶽之裔冑也，毋是翦棄。賜我南鄙之田，狐狸所居，豺狼所嗥。我諸戎除翦其荊棘，驅其狐狸豺狼，以為先君不侵不叛之臣，至於今不貳。〔註7〕

上引材料見《左傳》襄公十四年。晉惠公（？～前 637 年）時代，也就是春秋初期，秦人迫逐姜戎氏吾離於瓜州，姜戎氏戰敗滅國，首領吾離被苫蓋，蒙荊棘。按照常理，被苫蓋就是泥土掩埋，在上面栽種荊棘，按理吾離應該是死了。但事實上沒有，吾離投奔晉國去了，晉惠公體恤分田，安頓了吾離。那麼，被苫蓋，蒙荊棘顯然是宣告對方戰敗的懲戒儀式，只是象徵性的，即象刑。復考《漢書》卷八十四說：

> 莽盡壞義第宅，汙池之。發父方進及先祖冢在汝南者，燒其棺柩，夷滅三族，誅及種嗣，至皆同坑，以棘五毒並葬之。而下詔曰：「蓋聞古者伐不敬，取其鯢鯨築武軍，封以為大戮，於是乎有京觀以懲淫慝。乃者反虜劉信、翟義詿逆作亂於東，而芒竹群盜趙明、

〔註6〕（晉）陳壽《三國志》卷一，中華書局 1982 年 7 月，55 頁。

〔註7〕（唐）孔穎達疏《春秋左傳正義》卷三十二，上海：上海古籍出版社，1997，1955～1956 頁。

霍鴻造逆西土，遣武將征討，咸伏其辜。惟信、義等始發自濮陽，結奸無鹽，殄滅於圉。趙明依阻槐里環隄，霍鴻負倚盩厔芒竹，咸用破碎，亡有餘類。其取反虜逆賊之鱷鯢，聚之通路之旁，濮陽、無鹽、圉、槐里、盩厔凡五所，各方六丈，高六尺，築爲武軍，封以爲大戮，薦樹之棘。建表木，高丈六尺。書曰「反虜逆賊鱷鯢」，在所長吏常以秋循行，勿令壞敗，以懲淫慝焉。〔註8〕

根據《漢書》的記載，古代伐不敬的處置方式是：打敗了「反賊」以後，在通路之旁，建立鯨鯢。「鯨鯢」的方式是封，也就是將象徵「逆賊」（諸侯）身份的鯨鯢蓋上土，上面樹以荊棘，建立表木，木上書字「反虜逆賊鱷鯢」，表示震懾。比起《左傳》的材料，《漢書》的記載更爲詳細清晰，而封鯨鯢的方式在西漢時期依然存在，東漢則未聞，所以曹操割髮代首時就沒有法律依據。又考《左傳》宣公十二年丙辰說：

古者明王伐不敬，取其鯢鯨而封之，以爲大戮，於是乎有京觀以懲淫慝。今罪無所，而民皆盡忠以死君命，又可以爲京觀乎？」祀於河，作先君宮，告成事而還。是役也，鄭石制實入楚師，將以分鄭，而立公子魚臣。辛未，鄭殺僕叔子服。君子曰：「史佚所謂『毋怙亂』者，謂是類也。《詩》曰：『亂離瘼矣，爰其適歸？』歸於怙亂者也夫！」〔註9〕

根據《左傳》的記載我們知道，封鯢鯨就是象刑。楚國戰勝晉國以後，按照當時的慣例，要收集晉軍的屍體堆積起來，叫做京觀，以耀武揚威，炫耀子孫。但是，楚重不願意，認爲不能靠殺戮來取信諸侯。並以周武王爲例，說明武的目的是體現懿德，古代的君王只是把諸侯的象徵物鯢鯨埋封，那就是大戮了。鯢鯨就是鯨和鯢。杜預注：「鯨鯢，大魚名，以喻不義之人吞食小國。」〔註10〕雄曰鯨，雌曰鯢。四庫本《帝範》的序云：「敵無大而不摧，兵何堅而不碎，剪長鯨而清四海，掃槍廓八紘。」賈行注曰「剪，削也，削盡凶毒，清淨四海……海，晦也，取荒遠冥昧之稱也。鯨，大魚也。」又漢代李陵《答

〔註8〕 （漢）班固撰（唐）顏師古注《漢書》卷八十四，北京：中華書局，1962年，3439頁。

〔註9〕 （唐）孔穎達疏《春秋左傳正義》卷二十三，上海：上海古籍出版社，1997，1882～1883頁。

〔註10〕 （唐）孔穎達疏《春秋左傳正義》卷二十三，上海：上海古籍出版社，1997，1883頁。

蘇武書》說：「妻子無辜，並為鯨鯢。」〔註11〕

　　由此看來，封鯨鯢的方式自古以來一直存在，到西漢仍在適用。《爾雅・釋地》說：「九夷、八狄、七戎、六蠻，謂之四海。預覽三十六引舍人云晦暝無識，不可教誨，故曰四海……皆言近於海也。」〔註12〕天子富有四海，也就是四方，而諸侯或部落只有自己的一塊屬地，鯨鯢為魚之大者，就成為他們的象徵。東漢時應劭在其《風俗通義》中說：「帝者任德設刑，以則象之，言其能行天道。」〔註13〕這應該是象刑的法理。

第三節　仰韶、馬家窰彩陶畫象刑及其法理

　　那麼，封鯨鯢是什麼樣子，又是從什麼時候開始的呢？出土文獻為我們提供了實證。1954年到1957年，半坡遺址發掘中發現了7件繪有人面紋的陶器，兩件較為完整，最著名的是人面魚紋盆，高16.5釐米，口徑39.5釐米，在陶盆內壁，繪有對稱的兩個人面和兩條魚紋，因此得名，如下圖，現藏於中國國家博物館。〔註14〕

鯨鯢（半坡「人面魚紋盆」）　　　　鯢（「人面鯢魚彩陶瓶，現存甘肅省博物館）

〔註11〕（梁）蕭統：《文選》上海：上海古籍出版社，1986年，1848頁。
〔註12〕（晉）郭璞注，（宋）邢昺疏《爾雅注疏》卷十五，上海：上海古籍出版社，1997，2616頁。
〔註13〕王利器《〈風俗通義〉校注》，中華書局1981年，10頁。
〔註14〕鞏啟明：《仰韶文化》，文物出版社2002年，201頁，圖二六。

　　「人面魚紋盆」是發現時的命名，一直沿用到現在，內涵定義爲捕魚，那麼盆內的線條也就認定爲漁網。之後陸續有人提出不同的看法，有裝飾藝術、陰陽符號、天象曆法、太陽崇拜、部落圖騰、權力象徵、氏族通婚〔註15〕等 30 多種說法。爲什麼會出現那麼多的判斷，原因是先前的解釋大家不服氣，不服氣的根本理由是命名都出自猜測，沒有文獻印證，因此這些論述不過相當於競猜行爲。半坡出土的人頭魚圖象其實不是孤證，1957 年 10 月，甘肅馬家窯也出土了一個人面魚身的瓶子，高 38.4 釐米口徑 7 釐米，器身黑彩繪鯢魚紋，頭似人面，魚身細長。鯢魚紋是馬家窯文化石嶺下類型彩陶最具特色的紋飾。國家文物局專家考察後認爲，這是中國遠古神話中人類始祖伏羲的原形。1996 年 9 月，經國家文物局鑒定，認爲人面鯢魚彩陶瓶爲國家一級甲等文物，其圖案是傳說中龍的形象，是原始龍的雛形，是世界公認的原始氏族部落最早的圖騰，堪稱「中華第一龍」。〔註16〕天水有伏羲廟，傳說伏羲出生在天水，因此將瓶子上的花紋對應伏羲，這是一種直接的思維，應該沒有什麼不妥。但把魚紋看成是伏羲，沒有根據，伏羲爲人首蛇身，不是鯢首魚身（鯨鯢），因此無論是半坡的人首魚身盆，還是鯢首魚身瓶，其眞實的名稱就是鯨鯢，是諸侯的標誌或者說權力地位的象徵。仰韶時期的魚紋盆爲一鯨一鯢，馬家窯則爲鯢，也就是說鯢瓶出土的地點天水曾經是西部文化中心，首領是位女性，和郡國關係和諧。

　　三國時代曹冏寫了一篇叫做《六代論》的文章談到漢代中央政府和地方諸侯關係時說：「至於孝景，猥用晁錯之計，削黜諸侯，親者怨恨，疏者震恐，吳、楚倡謀，五國從風。兆發高帝，釁鍾文、景，由寬之過制，急之不漸故也。所謂末大必折，尾大難掉。尾同於體，猶或不從，況乎非體之尾，其可掉哉？……悲夫！魏太祖武皇帝躬聖明之資，兼神武之略，恥王綱之廢絕，愍漢室之傾覆，龍飛譙、沛，鳳翔兗、豫，掃除凶逆，翦滅鯨鯢，迎帝西京，定都潁邑，德動天地，義感人神。漢氏奉天，禪位大魏。」〔註17〕

　　曹冏的文章論述漢朝征服諸侯的事情，他在分析諸侯（鯨鯢）的狀態時說：「尾同於體，猶或不從」，就是說首尾一體相連本表示服從，但在亂世出

〔註15〕陸思賢：《神話考古》121～125 頁、165 頁，文物出版社 1995 年。陸思賢、李迪：《天文考古通論》，70～71 頁，紫禁城出版社 2000 年。陳久金：《陰陽五行八卦起源新說》，《自然科學史研究》第 5 卷 2 期，1986 年。

〔註16〕謝誠：《華夏文明的曙光》，《人民日報·海外版》2003 年 03 月 24 日第八版。

〔註17〕（清）嚴可均：《全上古三代漢魏六朝文》，上海古籍出版社 2009 年，448 頁。

現複雜的情形。由此對照甘肅天水馬家窯彩繪鯨鯢瓶，正是尾同於體的形態，就是把魚尾和魚頭相連，燒製這樣形狀異常的圖案，表示諸侯與天子同心同德。這就是馬家窯文化鯢瓶的真實含義。而仰韶文化時期的魚紋盆，鯨鯢的首尾斷開，尾巴比較大，即尾大不掉，顯然是被封的對象了。核之相關的考古報告，出土時雙魚盆被反扣，那麼，考古發現對象刑在細節上又作了一點補充。根據考古分析，仰韶文化和馬家窯文化距今皆有五六千年，顯然在傳說的神農氏時代封鯨鯢的象刑制度已經存在。另，甘肅慶陽博物館亦發現有類似圖案，可以相互印證。

第四節　上古象刑的流傳和評價

根據《漢書》的記載，西漢初年曾經封鯨鯢五處，但是人們常常關注的象刑不是封鯨鯢，而是畫衣冠異章服以為戮的治民方式。《全漢文》卷二漢文帝《除肉刑詔》（十三年五月）：

> 制詔御史：蓋聞有虞氏之時，畫衣冠異章服以為戮，而民弗犯，何治之至也？今法有肉刑三，而奸不止，其咎安在？非乃朕德之薄而教不明與？吾甚自愧。〔註18〕

漢武帝《詔賢良》（元光元年五月）說：「朕聞昔在唐虞，畫象而民不犯，日月所燭，莫不率俾。周之成康，刑錯不用，德及鳥獸，教通四海；海外肅慎、北發渠搜、氐羌徠服。」〔註19〕

漢武帝《元光五年策賢良制》制曰：「蓋聞上古至治，畫衣冠，異章服而民不犯；陰陽和，五穀登，六畜蕃，甘露降，風雨時，嘉禾興，朱草生，山不童，澤不涸；麟鳳在郊藪，龜龍遊於沼，河洛出圖書；父不喪子，兄不哭弟；北發渠搜，南撫交阯，舟車所至，人跡所及，跂行喙息，咸得其宜。朕甚嘉之。今何道而臻乎此？」〔註20〕

我們看到，一方面漢代封鯨鯢，另一方面畫衣冠異章服，但是文獻中論述古代象刑制度時不及封鯨鯢，似乎封鯨鯢作為象刑刑制被集體遺忘。也或因此，後代出現了法起於兵，法起於禮的爭論，更有象刑是否存在的爭論。《荀子‧正論》說：「世俗之為說者曰：『治古無肉刑而有象刑：墨黥；慅嬰；

〔註18〕（清）嚴可均：《全上古三代漢魏六朝文》，上海古籍出版社2009年，133頁。
〔註19〕（清）嚴可均：《全上古三代漢魏六朝文》，上海古籍出版社2009年，140頁。
〔註20〕（清）嚴可均：《全上古三代漢魏六朝文》，上海古籍出版社2009年，139頁。

共，艾畢；菲，對屨；殺，赭衣而不純。治古如是』。是不然，以爲治邪？則人固莫觸罪，非獨不用肉刑，亦不用象刑矣。以爲人或觸罪矣，而直輕其刑，然則是殺人者不死，傷人者不刑也。罪至重而刑至輕，庸人不知惡矣，亂莫大焉。」〔註21〕王先謙注說：「古之治世也……象刑，異章服，恥辱其形象，故謂之象刑也。」將象刑只解釋爲形象刑。其實禮樂征伐自天子出，用兵是依禮用兵，都是治國的規範和制度，所以《左傳》有禮樂征伐自天子出之言，孔子說天下有道，禮樂征伐自天子出；天下無道，禮樂征伐自諸侯出。東周王室式微，天子權威到漢代才重建，因此長期以來天子之德（封鯨鯢）不作話題也就不足爲怪。很顯然，封鯨鯢和畫衣冠、異章服是象刑的兩個面，前者爲治理國家的象刑制度，後者爲治理民眾的象刑制度，合起來就是古代的象刑制度。司馬遷《史記·五帝本紀》說：「南撫交阯、北發；西戎、析枝、渠廀、氐、羌；北山戎、發、息慎；東長、鳥夷，四海之內，咸戴帝舜之功。」〔註22〕《史記》的記載和漢代文武二帝的詔策有一個大致的傾向，即象刑是虞舜治國的成功經驗，應該是虞舜時代的象刑比較系統完備吧，但實際上生成很早。由於虞舜時代沒有文字，歷時彌遠，所以具體情況也不清楚。

根據史料記載，東漢以後封鯨鯢制度消失，成爲文學作品中帶有記憶性質的典實，但堆聚京觀依然存在。南北朝時南宋孝武帝大明三年（439），竟陵王劉誕在廣陵起兵反叛朝廷。孝武帝以始興王沈慶之爲車騎大將軍，帶兵討伐劉誕。沈慶之「帥眾攻城，身先士卒，親犯矢石」，數月後終於攻克廣陵，劉誕兵敗被誅殺。孝武帝在平定劉誕反叛後，下令把廣陵城中士民，無大小「悉命殺之」。經沈慶之請求，五尺以下獲免，其餘男子皆死，而女子則賞給軍人爲妻妾或爲婢女。最後被處死的仍有三千多人，負責行刑的校尉宗越首先把這三千人「刳腸抉眼，或笞面鞭腹，苦酒灌創，然後斬之」。孝武帝把殺掉的三千人「聚其首於石頭南岸爲京觀」。〔註23〕

又《通鑑》卷一八五又載：唐高祖武德元年（六一八），薛舉進逼高墌，泰王李世民帶領唐兵迎擊，適逢李世民患上瘧疾，不能指揮作戰，便吩咐行軍長史劉文靜、司馬殷開山：「薛舉懸軍深入，食少兵疾，若來挑戰，慎勿應

〔註21〕（清）王先謙《荀子集解》，中華書局 1988 年，326～328 頁。

〔註22〕（漢）司馬遷《史記》，中華書局 1982 年，43 頁。

〔註23〕（宋）司馬光著（元）胡三省音注《資治通鑒》卷一百二十九，北京：中華書局 1956 年，4048 頁。

也。」但劉、殷二人不聽勸告，私下「恃眾而不設備」並和薛舉軍隊戰於淺水原，結果唐兵「八總管皆敗，士卒死者什五六」。李世民被迫退回長安，薛舉「遂拔高墌，收唐兵死者爲京觀」。〔註24〕

又《舊唐書》卷一九也載：唐中和三年（八八三）三月，「沙陀軍與賊將（指唐末農民起義軍將領）趙章、尙讓戰於成店，賊軍大敗，適奔至良天坡，橫死三十里，王重榮築屍爲京觀」。〔註25〕看了以上記載，我們對古代的京觀應該有了大致的瞭解。

「京觀」一詞，最早見之於《左傳・宣公十二年》：潘黨曰：「君盍築武軍而收晉屍，以爲京觀」。〔註26〕杜預注曰：「積屍封土其上，謂之京觀。」〔註27〕

《資治通鑒・晉愍帝建興元年》有「掃除鯨鯢，奉迎梓宮」句。〔註28〕唐盧綸《奉陪渾侍中上巳日泛渭河》詩：「舟檝方朝海，鯨鯢自曝腮。」明李夢陽《鄱陽湖十六韻》詩：「力屈鯨鯢僕，聲回雁鶩呼。」太平天國洪仁玕《誅妖檄文》：「雍正、乾隆以下，姦奴和昇攬權，賣官鬻爵，荼毒等於鯨鯢。」康有爲《遣人入北尋幼博墓攜骸南歸》詩：「鯨鯢橫波斜日曛，誓起義師救聖君。」亦都提到鯨鯢，但是顯然東漢以後京觀只是作爲一個典故和意象來使用。

至於治民之象刑，漢代應劭《風俗通義》說：「《周禮》：『三王始作獄。』夏曰夏臺，言不害人，若游觀之臺，桀拘湯是也。殷曰羑里，言不害人，若於閭里，紂拘文王是也。周曰囹圄，囹、令，圄、舉也，言令人幽閉思愆，改惡爲善，因原之也。今縣官錄囚，皆言舉也。」〔註29〕又《周禮・秋官・司圜》說：「掌收教罷民，凡害人者，弗使冠飾而加明刑焉，任之以事而收教之。」〔註30〕鄭玄注：「弗使冠飾者，著黑幪，若古之象刑與？」按照鄭玄的觀點，象刑在西周時期已經不傳了。今檢《禮記・玉藻》說：「縞冠素紕，既

〔註24〕（宋）司馬光著（元）胡三省音注《資治通鑒》卷一百八十五，北京：中華書局 1956 年，5800～5801 頁。

〔註25〕（後晉）劉昫等撰《舊唐書》卷十九下，北京：中華書局，1975 年，714 頁。

〔註26〕（唐）孔穎達疏《春秋左傳正義》卷二十三，上海：上海古籍出版社，1997，1882～1883 頁。

〔註27〕（唐）孔穎達疏《春秋左傳正義》卷二十三，上海：上海古籍出版社，1997，1883 頁。

〔註28〕（宋）司馬光著（元）胡三省音注《資治通鑒》卷八十八，北京：中華書局，1956 年，2799 頁。

〔註29〕王利器《〈風俗通義〉校注》，中華書局 1981 年，585 頁。

〔註30〕《周禮》卷三十六，中華書局 1998 年，231 頁。

祥之冠也；垂緌五寸，惰遊之士也；玄冠縞武，不齒之服也。」〔註31〕縞冠素紕指素緣的縞制之冠，這本為喪服之冠，作為懶惰失業的人的服裝，帶有羞辱之義。不齒則是被拋棄的對象，說明象刑之風在西周依然成為制度。此外，還有周代的髡刑制度，即以髮代首。《周禮·秋官·掌戮》說：「髡者使守積。」〔註32〕髡首是刑罰的一種。戰國時代的屈原《涉江》說到楚國的接輿，也曾被髡首。又《晉書·陳壽傳》說「壽父為馬謖參軍，謖為諸葛亮所誅，壽父亦坐被髡」。〔註33〕《三國志》作者陳壽的父親因馬謖受了牽連，受了髡刑。髡刑是不是象刑的一種不知道，但無疑體現了象刑的法制精神。

〔註31〕 （清）陳澔注：《禮記》，上海古籍出版社1987年，168頁。

〔註32〕 《周禮》卷三十六，中華書局1998年，232頁。

〔註33〕 《晉書》卷八十二，上海古籍出版社1494頁。

第二章　中國古代帝王形象的動物
造型和民族風格

第一節　炎黃動物形象設計與民族風格

　　一直以來我們稱炎黃不稱黃炎，炎在黃前，蚩尤則鮮有提及。這是為什麼呢？

　　炎黃文化是中華民族最古老，也是最重要的文化。逐鹿之戰是我國歷史上炎黃爭霸定鼎中原的一場關鍵性的決戰。由於年代久遠，文字沒有記載，後代文獻表達自然語焉不詳，需要我們仔細理順觀察。最早記載這一事實的是《周易・繫辭下》說：

　　　　包犧氏沒，神農氏作，斫木為耜，揉木為耒，耒耨之利，以教天下，蓋取諸《益》。日中為市，致天下之民，聚天下之貨，交易而退，各得其所，蓋取諸《噬嗑》。神農氏沒，黃帝堯舜氏作，通其變。
　　　　[註1]

按照《周易》的記載，我們的祖先包犧氏，後來是神農氏，神農氏不行了，黃帝登上歷史舞臺，無關炎帝的片言隻語。這個時代，已經有木頭製作的勞動工具以及相應的市場交易。《淮南子・脩務訓》還有更具體的表述：「古者民茹草飲水，採草木之實，食螺蚌之肉，時多疾病毒傷之害。於是神農乃始教民播種五穀，相土地，宜燥肥土墝高下，嘗百草之滋味，水泉之甘苦，令

───────────────

〔註 1〕《周易》卷七，中華書局 1998 年，55 頁。

民知所避就。」〔註2〕說明神農時代實現了農耕，還有相應的醫藥衛生事業。《呂氏春秋‧愼勢》說：「神農十七世有天下，與天下同之也。」〔註3〕以一代大致25年計算，也有三百年的時間。神農氏時代最出名的是稷神。《禮記‧祭法》說：「是故厲山氏之有天下也，其子曰農，能殖百穀。夏之衰也，周棄繼之，故祀以爲稷。共工氏之霸九州也，其子曰后土。能平九州，故祀以爲社。」顯然，神農是因爲從事和發展農業得名，他的名字叫柱。是我國歷史上第一位稷神，創造了我國史前的第一次農業文明。隨著神農氏衰亡，當政者非神農氏之後，也就不祀，只到周民族發達起來，以周棄爲農神，是爲后稷。

《國語‧晉語四》最早較爲詳細地介紹了炎黃的關係說：

> 昔少典娶於有蟜氏，生黃帝、炎帝。黃帝以姬水成，炎帝以姜水成。成而異德，故黃帝爲姬，炎帝爲姜，二帝用師以相濟也，異德之故也。異姓則異德，異德則異類。異類雖近，男女相及，以生民也。同姓則同德，同德則同心，同心則同志。同志雖遠，男女不相及，畏黷敬也。黷則怨，怨亂毓災，災毓滅姓。是故娶妻避其同姓，畏亂災也。故異德合姓，同德合義。義以導利，利以阜姓。姓利相更，成而不遷，乃能攝固，保其土房。〔註4〕

炎黃是兄弟，幾乎同時強大，在婚姻制度上拒絕同姓婚姻，強調義利的統一，道德思想開始成熟。《史記》的記載與此相似：

> 蚩尤最爲暴，莫能伐。炎帝欲侵陵諸侯，諸侯咸歸軒轅。軒轅乃修德振兵，治五氣，蓺五種，撫萬民，度四方，教熊羆貔貅貙虎，以與炎帝戰於阪泉之野。三戰，然後得其志。蚩尤作亂，不用帝命。於是黃帝乃徵師諸侯，與蚩尤戰於涿鹿之野，遂禽殺蚩尤。而諸侯咸尊軒轅爲天子，代神農氏，是爲黃帝。天下有不順者，黃帝從而征之，平者去之，披山通道，未嘗寧居……而邑於涿鹿之阿。遷徙往來無常處，以師兵爲營衛。官名皆以雲命，爲雲師。置左右大監，監於萬國。萬國和，而鬼神山川封禪與爲多焉。

根據《史記》的記載，黃帝時代，神農氏衰弱，天下大亂，黃帝軒轅氏開始

〔註2〕何寧《淮南子集釋》，中華書局1998年，1311-1312頁。
〔註3〕秦呂不韋《呂氏春秋》，上海古籍出版社1996年，305頁。
〔註4〕《國語》，上海古籍出版社1981年，356頁。

征伐天下，因此取得了統治地位，炎帝和蚩尤爲最後被征服的部落。黃帝以雲命官，就是把官員的職務都從與雲有關的詞彙中。如雨師、風伯等，而最高職務的是雲師。黃帝的軍隊六師熊羆貔貅貙虎，皆以動物命名。這兩套職務的建設，構成了黃帝對中國政治體制的建設和創造。《列子‧黃帝》還有一些可補充的資料：「黃帝與炎帝戰於阪泉之野，帥熊、羆、狼、豹、貙、虎爲前驅，雕、鶡、鷹、鳶爲旗幟，此以力使禽獸者也。堯使夔典樂，擊石拊石，百獸率舞；簫韶九成，鳳凰來儀：此以聲致禽獸者也。」〔註5〕這裡講到旗幟形象的象徵表達方式，即旗幟圖案出自部落受封的職務名稱。

黃帝統一天下以後，炎帝、蚩尤等部落並沒有消失，而是作爲黃帝的臣屬，賦予各自的使命。《韓非子‧十過》說：「昔者黃帝俁鬼神於泰山之上，駕象車而六蛟龍，畢方並鎋，蚩尤居前，風伯進掃，雨師灑道，虎狼在前，鬼神在後，騰蛇伏地，鳳凰覆上，大合鬼神，作爲清角。」〔註6〕

黃帝泰山俁鬼神時，蚩尤居前，說明位置在上。虎狼在後表明黃帝的六師和蚩尤同時參加了這次祭祀鬼神的表演。

關於蚩尤，《路史‧蚩尤傳》說：「蚩尤姜姓，炎帝之裔也」。那麼，戰蚩尤實際上是炎黃之爭的繼續。《山海經》卷十四大荒東經記載蚩尤爲應龍所殺：

> 大荒東北隅中，有山名曰凶犁土丘。應龍處南極，殺蚩尤與夸父，不得復上。故下數旱，旱而爲應龍之狀，乃得大雨。東海中有流波山，入海七千里。其上有獸，狀如牛，蒼身而無角，一足，出入水則必風雨，其光如日月，其聲如雷，其名曰夔。黃帝得之，以其皮爲鼓，橛以雷獸之骨，聲聞五百里，以威天下〔註7〕

應龍是南方的部落，是應龍殺了夸父和蚩尤，蚩尤是部落的名稱，被殺後自然產生新的蚩尤。這裡提到的夔像牛，住在東北，那裏有凶犁土丘，即匈奴之丘，表明蚩尤、夸父和匈奴同屬一個部落聯盟。晉皇甫謐《帝王世紀》說：

> 神農氏，姜姓也。母曰任姒，有喬氏之女，名登，爲少典妃；遊於華陽，有神龍首感女登於常羊。炎帝人身牛首，長於姜水，有聖德，以火承木，位在南方主夏，故謂之炎帝。都於陳，作五弦之琴。凡八世，帝承、帝臨、帝明、帝直、帝來、帝哀、帝榆罔，又

〔註5〕楊伯峻《列子集釋》中華書局 1979 年，84 頁。

〔註6〕梁啓雄《韓子淺解》，中華書局 1961 年，69-70 頁。

〔註7〕黃震雲《名家講解山海經》，長春出版社 2011 年，220 頁。

日本起烈山，或時稱之一號魁隗氏，是爲農皇，或曰帝炎。諸侯夙沙氏叛不用命，炎帝退而修德，夙沙之民自攻其君，而歸炎帝，營都於魯，了重八封之數，究八八之體，爲六十四卦。在位百二十年而崩，葬長沙……炎帝神農氏，長於姜水，始教天下耕，種五穀而食之，以省殺生，嘗味草木，宣藥療疾，救天傷之命，百姓日用而不知，著本草四卷。蚩尤氏強，與榆網爭王於涿鹿之阿。」

《帝王世紀》中的炎帝人身牛首，經歷了八代，被黃帝打敗歸順。黃帝以鳥名官，以獸名師，按照這樣一個原則，炎帝爲牛形，應該是黃帝給炎帝部落的命名。之所以用牛，是因爲炎帝氏族重視農耕有關。炎帝強盛時，諸侯夙沙氏歸順，夙沙就是肅慎，西周建立的時候第一個從東部前去朝賀的部落。炎帝和夙沙後代爲六十四卦。司馬貞《三皇本紀》說法與此相似。〔註8〕

《史記·周本紀》記載，周武王伐紂成功之後，隨即「追思先聖王，乃褒封神農之後於焦」。先聖王和神農氏之後是一個系統兩個概念。先聖王肯定是黃帝以外的人，不然沒有必要隱秘名稱。《逸周書·嘗麥解》在談到炎黃之戰時說：「命赤帝分正二卿，命蚩尤於宇少昊，以臨四方，司上天未成之慶。蚩尤乃逐帝，爭於涿鹿之阿，九隅無遺，赤帝大儡。乃說於黃帝，執蚩尤，殺之於中冀。乃命少昊請司馬鳥師，以正五帝之官」。〔註9〕赤帝就是炎帝，周人不稱炎帝稱赤帝，如同後來將三足鳥改爲赤鳥一樣，以赤作爲國色。等於是告訴了我們西周和炎帝的關係。但是，西周姬姓，姬姓出自黃帝，這只能說明炎帝失敗後歸順過黃帝，但是子孫沒有忘記其眞正的祖先，所以當翦商之後，迫不及待地舉辦了追思先聖王的儀式，亦即炎帝的祭祀。既然赤帝（炎帝）祭祀打破了黃帝獨尊獨享的格局是西周。那麼，西周本爲炎帝的一支應該沒有問題。

《山海經·大荒北經》載：「蚩尤作兵伐黃帝。黃帝乃令應龍攻之冀州之野。應龍畜水。蚩尤請風伯雨師縱大風雨。黃帝乃下天女曰魃，雨止，遂殺蚩尤。魃不得覆上，所居不雨。叔均言之帝，後置之赤水之北。叔均乃爲田祖。」這裡的叔均，是周人的始祖之一。按《海內經》說：「后稷是播百穀。稷之孫曰叔均，是始作牛耕。」「有西周之國……有人方耕，名曰叔均。帝俊生后稷，稷降以百穀。稷之弟曰臺璽，生叔均。叔均是代其父及稷播百穀，

〔註8〕黃震雲《名家講解山海經》，長春出版社 2011 年，26 頁。
〔註9〕黃懷信等《逸周書彙校集解》，上海古籍出版社 2007 年，731～735 頁。

始作耕。」〔註10〕（《大荒西經》）我們看到稷之弟曰台璽，亦即台是后稷的老家。《史記》和《詩經》都明確記載后稷的母親家是有邰氏。正因爲周人的祖先是炎帝的一支，所以隨著西周的建元，炎帝地位得到尊重。

《史記‧封禪書》記載古者封泰山禪梁父者七十二家，秦靈公作吳陽上時，祭黃帝；作下時，祭炎帝，標誌著炎黃作爲中華文明的人文始祖正式確認。至少秦朝已經炎黃同祭。秦本是周的屬國，周室遷入宗周時立其國。因此，秦人的祭祀本自西周。炎帝作爲戰敗者，後代爲之隱晦，成爲赤帝，然後獲得與黃帝同等的地位，但秦時代黃帝的地位還在炎帝之上。漢得秦祚，因此相沿了這樣的傳統，又進一步將炎帝和神農氏合二爲一，再稱炎帝感神龍而生，因此炎帝位在黃帝之前。這與劉邦開始造反時自稱赤帝子正好相印證。〔註11〕

由上述我們看出，炎黃之戰後天下統一，炎帝和蚩尤的部落歸順黃帝，由原來農耕爲傳統的部落流落爲北方的游牧民族。

第二節　關於龍的由來演變和誤讀

龍作爲一種想像中的動物，在先秦，主要是代表上天的使者，與風雨有關，又常常是裝飾的圖像。傳言黃帝人首龍身交尾。從秦朝開始，自稱祖龍，龍成爲帝王的象徵。元朝黃帝著龍袍，大臣的服裝上繡上少一個爪子的龍，稱爲蟒，龍蟒成爲君臣的標誌和權力的象徵。但是，近幾十年來，龍再次成爲人們熱情關注的對象，各地爲了發展旅遊經濟，大力從事對龍的開發。其結果往往達不到預期，還造成很多巨大的浪費。因此，有必要從學術上正本清源，還龍的本來面目，以減少一些誤會和鬧劇。

一、四個中華第一龍和候選的中華第一龍

目前我們知道的被稱爲中華第一龍的近十個，最有名的就有四個。

1. 河南濮陽中華第一龍

1987 年 5 月，濮陽縣城西南的西水坡仰韶文化遺址內發現三個圖案，考古認爲 45 號墓有一條龍，1.78 米長。接著又在 176 號探方的灰坑中「發現」蚌殼擺的龍。第三條龍在 215 號探方的第四層下，背上還騎著一個人。見下圖。

〔註10〕黃震雲《名家講解山海經》，長春出版社 2011 年，238 頁。
〔註11〕參見黃震雲《漢代神話史》第三章，長春出版社 2010 年。

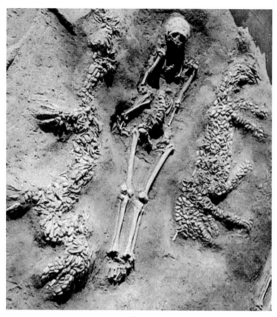

圖一

2. 內蒙古赤峰中華第一龍

　　1971 年，被考古界譽爲紅山文化象徵的「中華第一龍——紅山碧玉龍在赤峰市紅山文化遺址出土，赤峰市也因此被譽爲「中華玉龍之鄉。這條玉龍的由來出自一個農民，在休息時從地洞裏摸出來的。見下圖。

圖二

3. 甘肅甘谷中華第一龍

1957 年 10 月，甘肅甘谷出土了人面鯢魚彩陶瓶，其製造年代距今已有 5500 多年，充分體現了 5500 多年前新石器時代的文化形態，再現了先民們關於人類始祖神話的聯想。國家文物局專家考察後認爲，這是中國遠古神話中人類始祖伏羲的原形。1996 年 9 月，經國家文物局鑒定，認爲人面鯢魚彩陶瓶爲國家一級甲等文物，其圖案是傳說中龍的形象，是原始龍的雛形，是世界公認的原始氏族部落最早的圖騰，是中華第一龍。

圖三

4. 雲南許氏祿豐中華第一龍

圖四

2009 年 09 月 17 日 03：22.7 米長的「中國第一龍」——許氏祿豐龍化石赫然出現，這個龐然大物彷彿把人們帶回到上億年前的洪荒時代。中國雙脊龍，長 7 米、高 2.45 米，生長於中生代早侏羅紀，距今 1.8 億年，屬肉食恐龍，完整率為 90%。

以上是四個中華第一龍，消息都來自主流媒體，筆者也實地進行了全部查看，保護設施壯觀周到。在四個中華第一龍以外，還有為數不少的中華第一龍，主要有湖北黃梅龍、查海土玉龍、良渚文化龍等。與此相關地，全國各地陸續還有龍的發現的報導。這些中華第一龍的資格幾乎相似，都經過名家的認證，召開過國際學術討論會，都強調大力發展龍的經濟。而且每家只承認自己的是中華第一龍，別人的都不是。唯一都承認的是郵政，只要有第一龍發現，他們立即發行中華第一龍郵票。有時候還把幾個放在一起，如河南濮陽和內蒙赤峰的中華第一龍就是一套龍票中的兩張。有代表性的是《95濮陽龍文化與中華民族學術討論會論文集》（中州古籍出版社，2000 年）序言說，寶雞北首嶺是魚龍、內蒙和遼寧的是豬龍，湖北黃梅的是蛇龍、良渚的是無身龍，只有濮陽的是真正的中華第一龍。

實事求是說，只有雲南的許氏祿豐龍化石可以相對成為中華第一龍，在沒有發現更早的龍之前，這個中華第一龍的名稱當之無愧。而其它的都是誤讀。

二、誰是龍的傳人

經過筆者多年對文獻的查考，發現在《尚書》中提到堯的一位大臣名字叫龍，後來就幾乎沒有看到誰叫龍的。最早成自己是龍的是秦始皇。《史記‧秦始皇本紀》說：

> 始皇默然良久，曰：「山鬼固不過知一歲事也。」退言曰：「祖龍者，人之先也。」使御府視璧，乃二十八年行渡江所沈璧也。於是始皇卜之，卦得遊徙吉。遷北河榆中三萬家。拜爵一級。集解蘇林曰：「祖，始也。龍，人君象。謂始皇也。」

所謂龍人君象，就是說龍是君王的象徵。這是最早明確龍代表天子的文字。南宋薛尚功《歷代鍾鼎彝器款識法帖》卷第十六刻有同樣的文字說：「廿六年，皇帝盡併兼天下，諸侯黔首大安，立號為皇帝，乃詔宰相狀綰法度量，則不一歉疑者，皆明一之。元年制詔丞相斯去疾法度量盡，始皇帝為之者有刻辭

焉。今龍號而刻辭，不稱始皇帝，其於久遠也。如後嗣爲之者，不稱成功盛德刻之詔，故刻，左使勿疑。」今龍號而刻辭非常明確表示從秦始皇開始以龍爲號，以代替始皇帝的稱呼。因此，龍成爲天子象徵確實從秦始皇開始。與中華民族看不出有多少關係。

秦始皇爲什麼要自稱祖龍呢？究其原因，可能與陰陽術有關，《史記‧封禪書》在提到五行五德之說時曾經提到西周文王鳳鳴岐山的事情，但已經被陰陽學家說成是赤鳥而不是鳳凰了，同時提到的還有夏朝土德，青龍止於郊之說，又言秦文公出獵獲黑龍，所以秦朝是水德，既然是水德，當然要找出代表性的祥瑞，所以龍就作爲祥瑞，作爲帝王標誌產生了。說到底，龍是陰陽術的產物，根本沒有必要將其神化。

漢朝的開國皇帝劉邦出身草莽，把龍作爲神秘力量，爲自己打天下提供天的力量背景，而陳勝吳廣利用的是狐狸。其實狐狸也不是隨便說的，傳說大禹的妻子就是狐狸，九尾狐就是要得到天下的標誌，這在《詩經》中有相應的表達。龍，經過漢高祖、漢武帝的利用、認同、強化，形成了完整的龍爲代表的帝王文化。從劉邦的出身看，《史記‧高祖本紀》劉邦的母親，夢與神遇。是時雷電晦暝，太公往視，則見蛟龍於其上。已而有身，遂產高祖。從其長相看，《史記‧高祖本紀》說高祖這個人，長著龍顏，美鬚髯。從其狀態看，《史記》說秦始皇發現「東南有天子氣」，呂后也看到劉邦在的地方常有雲氣。高祖心喜，沛中子弟或聞之，多欲附者矣。再從其行爲看，劉邦打天下叫斬白蛇起義。

劉邦取得政權以後，他雖然承認自己是天子，但不太堅持說他是赤蛇了，而是把自己打扮成黑蛇，爲什麼呢？因爲天上的四弟中有赤帝了，所以他要列入五帝的行列只好改成黑色。以後歷代的皇帝就穿龍袍，生氣叫龍顏大怒。

但是，只有皇帝穿著龍袍，他們又覺得不自在，覺得很孤單。《元史》卷七十八輿服一說：「龍謂五爪二角者」爲皇家和蒙古人專用，但職官不可以龍鳳配飾。這就是標準的龍象。明代出現龍和蟒的區別，根據明沈德符《野獲編》少一爪的龍就是蟒，清朝延續了這樣的體制。《清史稿》卷一百三就有明確的記載，皇帝、皇子服飾上是正面繡五爪龍。將龍和蟒分開，固然有尊卑差別，但更多地是爲了現實君臣的親近，以蟒爲象龍之形，這樣龍不會孤立。區別不僅在爪的數量上，以及裝飾時候的色彩及其數量上。像清代的蟒袍，親王、郡王，通繡九蟒。貝勒以下至文武三品官、郡君額駙、奉國將軍、一

等侍衛，皆九蟒四爪。文武四五六品官、奉恩將軍、縣君額駙、二等侍衛以下，八蟒四爪。文武七八九品、未入流官，五蟒四爪。（《欽定大清會典》卷四十七）。龍在明代、清代發展最快，像北京北海的九龍壁有 635 條龍，天安門上有 2600 條龍，故宮太和殿有 12654 條龍，加上陰陽術龍脈之說的推動，好像我們這個民族就是龍族了。

那麼，龍究竟是什麼呢？學術界有一種先在的影像，就是認爲龍是中華民族的象徵，不假思索地引證，實際上是嚴重的誤讀。聞一多先生在《伏羲考》中說：

> 龍究竟是什麼東西呢？我們的答案是：他是一種圖騰，並且是只存在於圖騰中而不存在於生物界中的一種虛擬的生物，因爲它是由許多不同的圖騰糅合成的一種綜合體……龍族的諸文化才是我們的眞正的本位文化，所以數千年來我們自稱華夏，歷代帝王都說是龍的化身，而以龍爲符應……總之，龍是我們立國的象徵。只到民國成立，隨著帝王制的消亡，，這觀念才被放棄。然而說放棄，實地裏並未放棄。正如政體是民主代替了君主，從前作爲帝王象徵的龍，現在變成爲每一個中國人的象徵了。

根據聞一多的表述，龍是封建主義的標誌。說我們中國人是龍的傳人，完全是誤讀，也是我們的一個不光彩的負擔。

那麼，爲什麼香港的歌曲唱我們是龍的傳人呢？這與香港特殊的情況有關。香港從清朝直接租借給英國，無意識的記憶中龍的圖像就是中國帝王的標誌，龍和祖國異質同構。大清滅亡後，朝廷的翰林們有紛紛到香港開書院講學，又強化了這一思維。

三、四個中華第一龍究竟是什麼

玉玦在先秦兩漢的文獻中習見，但先儒並沒有解釋全面清楚。如《九歌·湘君》說：「捐余玦兮江中，遺余佩兮澧浦。採芳洲兮杜若，將以遺兮下女。時不可兮再得，聊逍遙兮容與。」王逸《楚辭章句》說：「玦，玉佩也，先王所以命臣之瑞，故與環即還，與玦即去也。」「佩，瓊琚之屬，言己雖見放逐，常思念君，設欲遠去，猶捐玦佩置之水崖，冀君求己，示有還意。」〔註12〕按照王逸的解釋，玦佩都是玉器，也就是禮器，是不同禮儀的標誌，但是什

〔註12〕王逸《楚辭章句》，嶽麓書社，1994 年版，61 頁。

麼禮，王逸根本不清楚。之前的《詩經・芄蘭》中也提到韘，但寫作韘。這幾個偏旁不同的字或從韋或從衣，是否是一個字？是不是只是製作材料不同才有了不同的寫法呢，和玦有沒有關係呢？考《左傳》閔公二年說：

> 冬，十二月，狄人伐衛。衛懿公好鶴，鶴有乘軒者。將戰，國人受甲者皆曰：「使鶴！鶴實有祿位，余焉能戰？」公與石祁子玦，與甯莊子矢，使守，曰：「以此贊國，擇利而為之。」……太子帥師，公衣之偏衣，佩之金玦。狐突御戎，先友為右。梁餘子養御罕夷，先丹木為右，羊舌大夫為尉。先友曰：「衣身之偏，握兵之要，在此行也，子其勉之，偏躬無慝，兵要遠災，親以無災，又何患焉？」狐突歎曰：「時，事之徵也；衣，身之章也；佩，衷之旗也。故敬其事，則命以始，服其身則衣之純，用其衷則佩之度。今命以時卒，閟其事也；衣之尨服，遠其躬也；佩以金玦；棄其衷也。服以遠之，時以閟之；尨涼，冬殺，金寒，玦離，胡可恃也？雖欲勉之，狄可盡乎？」梁餘子養曰：「帥師者，受命於廟，受脤於社，有常服矣。不獲而尨，命可知也。死而不孝，不如逃之。」〔註13〕

上引資料是比較早的一條關於玦的材料，也是相對詳細的一則。根據資料我們看出，衛懿公戰場授命，贈之以玦，說明玦是高度重視和信任的標誌，也是成命的禮器，與戰爭有關。玦亦並不是僅僅用玉，還可以用金，佩之可以看成是衷的象徵。究其原因，與西周的射禮有關。國之大事為祀及戎，箭是重要的兵器，因此製作講究，將帥們會用玉料，也會用金來做。在周代三禮中，射玦不僅在戰場上用，在大射禮和鄉射禮和士喪禮中都非常重要。《儀禮・大射禮》說：「司射適次，袒決遂，執弓，挾乘矢於弓外，見鏃於弣，右巨指鈎弦。自阼階前曰：『為政請射』。」鄭玄注說：「司射，射人也，次若今時更衣處，張葦席為之，耦次在洗東南，袒左，免衣也。決猶闓也，以象骨為之，著右巨指，所以鈎弦而闓之，遂，射韝也，以朱韋為之。」〔註14〕按照鄭玄的解釋，玦的本字是決，是用象骨做成，戴在右大拇指上，放箭時就更能用上力，也不至於傷到手。弣以弓旁，是說這個字與弓箭有關，弣實際上就是韘，是襯在決裏的，不然決就不牢固，使不上勁，容易滑落。

〔註13〕《漢魏古注十三經》之《左傳》鄭玄注，北京，中華書局 1998 年版，90-92頁。

〔註14〕《漢魏古注十三經》之《儀禮》鄭玄注，北京，中華書局 1998 年版，93 頁。

　　射禮中用決，是決弦，也就是射玦，而士喪禮也要用決，表示訣別，在屍體入殮的時候要固定其兩隻手，交叉在胸前，這個過程叫設決。鄭玄說：「決，以韋爲藉有牸，牸內端爲紐，外端有橫帶」。〔註15〕這樣的握手禮業已爲考古所證明。陳公柔《士喪禮、既夕禮中所記載的喪葬制度》〔註16〕介紹的戰國時候的墓葬確實存在著這一現象。和文獻材料剛好互證。《說文解字》韋部也說：「韘，射決也，所以拘弦，以象骨韋繫著右巨指」。〔註17〕牸就是絲帶，扣在決裏。這樣我們算是搞清楚決的組成和來源作用了。決是一個整體，包括決，外面的器物，和襯在裏面的帶子，而決的材料除了象骨以外，尚有韋、金、玉等。作爲射禮和喪禮使用的玦，見下圖一。

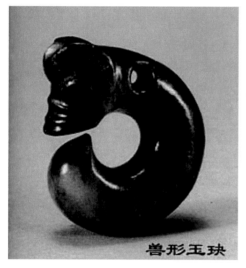

獸形玉玦

　　將決的性質、組成和作用考證出來以後，我們再看楚辭《九歌・湘君》說：「捐余玦兮江中，遺余佩兮澧浦。」顯然，捐和遺是互文，而玦與佩也是同一個東西，就是決。王逸《楚辭章句》說：「玦，玉佩也」〔註18〕，沒有說其結構，所以，人們都以爲這個玦是錯字，或者是佩在身上的掛件。那麼，佩就是牸，只是稱呼的不同罷了。

　　又《楚辭・九歌・湘夫人》說：「聞佳人兮召予，將騰駕兮偕逝；捐余袂兮江中，遺余褋兮醴浦。」〔註19〕這裡的袂和褋，實際上就是決和韘。學界

〔註15〕嘉慶甲戌宋本重刊《儀禮鄭氏注》卷十二，3 頁。
〔註16〕《考古學報》1956 年 4 期。
〔註17〕許慎《說文解字》，中華書局 1963 年版，113 頁。
〔註18〕王逸《楚辭章句》，嶽麓書社，1994 年版，62 頁。
〔註19〕王逸《楚辭章句》，嶽麓書社，1994 年版，66 頁。

普遍認可戴震《方言疏證》卷四的解釋：「禪衣，江淮南楚之間謂之褋，關之東西謂之禪衣……古謂之深衣。」〔註20〕禪衣即女子內衣。」褋衣是女子內衣，但不代表褋都是女子內衣，褋有內、裏邊的意思，所以蝶衣是內衣，兩者不是一回事。袂和褋就是決和韄，蓋形近被後人妄改，二湘末尾所表達的是同一個意思。褋衣絲綿為之則為褋，以革為之則是韄，但在不同的場合，名稱指代都有一些差異。《離騷》說：「吾令豐隆乘雲兮，求宓妃之所在。解佩纕以結言兮，吾令蹇修以為理。紛總總其離合兮，忽緯繣其難遷。夕歸次於窮石兮，朝濯髮乎洧盤。保厥美以驕傲兮，日康娛以淫遊。雖信美而無禮兮，來違棄而改求。覽相觀於四極兮，周流乎天余乃下。」〔註21〕從《離騷》的文字看，褋又稱佩纕，有時候也稱佩。所謂信美而無禮隱約地說明解佩是一種禮節。

考《詩經·衛風·芄蘭》說：「芄蘭之支，童子佩觽。雖則佩觽，能不我知？容兮遂兮，垂帶悸兮。芄蘭之葉，童子佩韘。雖則佩韘，能不我甲？容兮遂兮，垂帶悸兮。」〔註22〕毛傳以為是「刺惠公也，驕而無禮，大夫刺之。」也是將佩韘看成是禮儀。佩玦決不僅僅是在一種禮中適用，射禮和喪禮都有佩決，但有一定的區別，《士喪禮》說：「纊極二」，鄭玄注說：「生者以朱韋為之，死用纊又二，明不用也。」〔註23〕《儀禮》等書，最早出現是在戰國時期，顯然用決和纊極之禮應該是周禮，所以《芄蘭》所言是射禮之成年之射，在戰國諸子之前我們還沒有看到這樣的文獻和這樣的墓葬的形制特點，根據陳公柔《士喪禮、既夕禮中所記載的喪葬制度》〔註24〕的報告，用決纊的墓葬特點在戰國時期。所以，楚國的楚辭提到的玦，顯然是周禮的延續和進一步的發展，或者說發生了變化。《周禮》中有很多資料說到執器，如《宗伯》說：

> 以九儀之命，正邦國之位。一命受職，再命受服，三命受位，
> 四命受器，五命賜則，六命賜官，七命賜國，八命作牧，九命作伯。
> 以玉作六瑞，以等邦國。王執鎮圭，公執桓圭，侯執信圭，伯執躬
> 圭，子執谷璧，男執蒲璧，以禽作六摯，以等諸臣。孤執皮帛，卿
> 執羔，大夫執鴈，士執雉，庶人執鶩，工商執雞。以玉作六器，以

〔註20〕戴震《方言疏證》，中華書局 1998 年版，21 頁
〔註21〕王逸《楚辭章句》，嶽麓書社，1994 年版，30 頁。
〔註22〕《毛詩正義》北京大學出版社 1999 年版，239 頁。
〔註23〕《漢魏古注十三經》之《儀禮》鄭玄注，北京，中華書局 1998 年版，238 頁。
〔註24〕《考古學報》1956 年 4 期。

禮天地四方。以蒼璧禮天，以黃琮禮地，以青圭禮東方，以赤璋禮
南方，以白琥禮西方，以玄璜禮北方。皆有牲幣，各放其器之色。
〔註25〕

顯然，在《詩經·芄蘭》時代玦主要用在射禮和喪禮中，而射禮關於國是，
喪禮則有訣別的意思，與玦相對的就是環，就是圓滿迴環的意思。最早這樣
對用的是在戰國時代。《國語·晉語》說：「驪姬使奄楚以環釋言，四年復為
君。」〔註26〕顯然春秋之初，玉環已經可以作為還來適用，利用了環的諧音，
但並沒有成為固定的禮節。《荀子·大略》說：「絕人以玦，返玦以環。」〔註
27〕不用說這是最早的玦環之儀禮的記錄，所以可以肯定這一禮儀出現時間在
戰國後期。對此禮儀記載最詳細的是《白虎通疏證》卷五諫諍說：

> 天子置左輔、右弼、前疑、後承，以順。左輔主修政，刺不法。
> 右弼主糾，紀周言失傾。前疑主紀度，定德經。後承主匡正常，考變
> 失。四弼興道，率主行仁。夫陽變於七，以三成，故建三公，序四諍，
> 列七人。雖無道，不失天下，杖群賢也。諸侯之臣諍不從得去何？以
> 屈尊申卑，孤惡君也。去曰：「某質性頑鈍。言愚不任用，請退避賢。」
> 如是君待之以禮，臣待放；如不以禮待，遂去。君待之以禮奈何？曰：
> 「予熟思夫子言，未得其道。今子不且留，聖人之制，無塞賢之路，
> 夫子欲何之？」則遣大夫送至於郊。必三諫者何？以為得君臣之義。
> 必待放於郊者，忠厚之至也。冀君覺悟能用之。所以必三年者，古者
> 臣下有大喪，君三年不呼其門，所以復君恩。今己所言，不合於禮義，
> 君欲罪之可得也。《援神契》曰：「三諫，待放，復三年，盡悱悱也。」
> 所以言放者，臣為君諱，若言有罪放之也。所諫事已行者，遂去不留。
> 凡待放者，冀君用其言耳，事已行，災咎將至，無為留之。《易》曰：
> 「介如石，不終日，貞吉。」《論語》曰：「三日不朝，孔子行。」臣
> 待放於郊，君不絕其祿者，示不合耳。以其祿參三分之二與之，一留
> 與其妻、長子，使得祭其宗廟。賜之環則反，賜之玦則去，明君子重
> 恥也。《王度記》曰：反之以玦，其待放者，亦與之物，明有分土無

〔註25〕《漢魏古注十三經》之《周禮》鄭玄注，北京，中華書局1998年版，119-120
頁。

〔註26〕《國語》，上海古籍出版社1978年版，295頁。

〔註27〕《荀子》，上海古籍出版社1996年版，276頁。

分民也。〔註28〕

根據以上的記載我們看出，為了君臣關係的體面，出現了三諫待放之類的禮儀，時間在百家爭鳴、重士的戰國後期。所以二湘的玦和佩都是這些禮儀中的具體行為禮器。但是，這一儀式之禮，除了在玦的形制、構成上與過去的決禮一致以外，射禮的影子也沒有完全消失。又《白虎通疏證》卷五諫諍說：

> 射正何為乎？曰：射義非一也。夫射者，執弓堅固，心平體正，然後中也。二人爭勝，樂以德養也。勝負俱降，以宗禮讓，故可以選士。夫射者，發近而制遠也，其兵短而害長也，故可以戒難也。所以必因射助陽選士者，所以扶助微陽而抑其強，和調陰陽，戒不虞也。何以知為戒難也？《詩》曰：「四矢反兮，以禦亂兮。」因射習禮樂，射於堂上何？示從上制下也。《禮》曰：「賓主執弓請升，射於兩楹之間。」天子射百二十步，諸侯九十步，大夫七十步，士五十步。明尊者所服遠，卑者所服近也。〔註29〕

圖二　作為任臣禮器的玦

射禮分大射與鄉射，是很複雜的有多種層面表達的大禮，其中還有一條

〔註28〕陳立《白虎通疏證》，中華書局 1994 年版，329-331 頁。

〔註29〕陳立《白虎通疏證》，中華書局 1994 年版，246-247 頁。

就是「獻賢能之書」，具有選人的作用〔註30〕。我們知道屈原曾經在放流中回到朝廷，過去一直不得而知。其實二湘是南楚的九歌，九歌本是夏朝的禮樂，利用降神的方式表達人們的願望，屈原在二湘裏說帝子降兮北渚，目眇眇兮愁予。聞佳人兮召予，將騰駕兮偕逝之類的話，正是降神以後得到吉兆，重返朝廷的理由，而降神以後舉行的顯然就是鄉射禮，這個鄉射禮在詩中雖然沒有環的記載，但根據《周禮》有貢士的任務，而且是三年一次，這也是為什麼屈原一直致意君主，寫了那麼多作品的重要原因。二湘有拋棄玦和佩的記載，就是先解開外面的玦，再除去你面的佩，那麼最後接過來的就是環，所以二湘的結尾都是捐余玦兮江中，遺余佩兮澧浦，玦在前這樣一個順序。適證屈原在洞庭湖放流之時曾經作為選士重返朝廷。《詩經·芃蘭》的射禮主要是說惠公年輕，但是作成人裝扮，以具有戰爭性質的射禮之制，顯示威儀，引起大臣不滿，而楚辭二湘承其而下，利用夏代古歌的方式和周代射禮的儀式表現人才選拔任賢之義，與此本意相似，至於離開訣別用玦，則利用了周代喪禮的性質特徵。楚辭九歌十一首，一個共同的特點就是先降神，後述人事，這是屈原對古代九歌的改造，王逸在注釋中已經作出說明。過去我們總認為詩騷之間沒有什麼關係，通過以上關於射禮的演變我們看出，之間確實有傳承關係，但也有一些區別，圖一的玦就是作為春秋戰國以前的射禮和喪禮適用的玦，而圖二則完全是作為與環相對的任臣禮器，屈原時代雖然在理論上是任臣禮器，但從文獻看，與古代的射禮、喪禮用的玦形制上沒有什麼區別。

第三節　《山海經》的色調和怪物設計原理

《山海經》是我國先秦時期一部由大司徒通過廣泛調查、瞭解、考訂的記錄以陝西、洛陽為基本軸線的商周時期祖國山川、河海、風物的一部學術著作，具有禮典性質，有十分重要的學術價值和歷史地位。由於書寫方式古老，因此顯得詭異難懂，古今不測。

《山海經》寫滿山都是金銀是什麼意思？《山海經》從五臧山經到後面的十三經在寫到山的時候都稱山上有金銀玉，非常費解，實際上這與五行、五方、五德相始終有關。按《史記·封禪書》說：

〔註30〕《漢魏古注十三經》之《儀禮》鄭玄注，北京，中華書局 1998 年版，45 頁。

秦始皇既併天下而帝，或曰：「黃帝得土德，黃龍地螾見。夏得木德，青龍止於郊，草木暢茂。殷得金德，銀自山溢。周得火德，有赤鳥之符。今秦變周，水德之時。」於是秦更命河曰「德水」，以冬十月爲年首，色上黑，度以六爲名，音上大呂，事統上法。

司馬遷敘述的是秦漢時代流行的五行相生相剋思想。秦始皇確立秦爲水德的原因是「昔秦文公出獵，獲黑龍，此其水德之瑞」。秦文公確實曾經出外打獵，期間夢到黃蛇，但沒有關於黑龍的敘述。由此看來，秦始皇爲了把秦定爲水德，以附會五德終始說，就編造了關於黑龍的故事，爲五行說異化，有了水德尚黑的定律，秦朝代周就擁有了合理的理論根據。

五行說最早見於《尚書》，但只是名稱，錢穆認爲是月令之學。從資料看，五行往往以太陽爲中心，和五方、天氣、生活密切相關，後來才和五種物質和五種道德結合，形成相始終，相生相剋的關係。《呂氏春秋》對五德終始說作出過系統闡釋。其十二紀依照孟春、仲春、季春、孟夏、仲夏、季夏、孟秋、仲秋、季秋、孟冬、仲冬、季冬排列，認爲春季是太皞主時，尚青，木德盛；夏季炎帝主時，尚赤，火德盛；秋季少皞主時，尚白，金德盛；冬季顓頊主時，尚黑，水德盛。在夏、秋之間的季夏，作者認爲是中央之位，黃帝主時，尚黃，土德盛。那麼，木生火，火生土，土生金，金生水，水還要生木，按照四季循環，一直推進下去。可以看出，這已經是典型的五德相生說了。五德相勝說在《呂氏春秋·有始覽》有類似的說明，就是金勝木，木勝土，土勝水，水勝火，火勝金，就像季節的變化。這就形成了一個循環，以後的王朝可以延續循環下去。

根據上面的敘述我們看出，在陰陽五行思想的大致框架內，歷代帝王的政治思想都強調陰陽、五行功能，陰陽以太陽爲核心，歲星爲參照，體現了天的精神；五行還表示政權的色彩和風格，以及存在的理由。《山海經》的作者認爲其時代要繼承夏代的木德，夏得木德，青龍止於郊，草木暢茂，因此，每座山都要記載草木種類和生長情況。殷得金德，銀自山溢，周人要同時繼承殷商之得，所以要記錄山上的金銀。山上沒有那麼多的金銀，從殷商時代銀自山溢看，指的應是山光氣象，也就是銀白色的光芒，這樣，我們就可以認定《山海經》中的金銀、玉石實際上既指石頭的狀態、質地，也指山上的石頭上閃動的光芒。按《楚辭·招魂》又《穆天子傳》卷二說：「天子乃賜曹奴之人戲□黃金之鹿，白銀之麋，貝帶四十，朱四百裹，戲乃膜拜而受。」

把色彩看成是物質元素，黃金就是金黃色，白銀就是銀白色。也許當時的金銀根本就不是物質，而是色彩，而玉只要就其質地光滑圓潤而言。如果我們將《山海經》金玉銅鐵銀適當統計一下就會發現，山上和山南主要是金，而山北主要是銀鐵，玉可能與質地有關，所以南北往往都有。所以，這一疑難問題，也是歷來迴避或者誤解的問題，應該有一個新的認識角度了。

除了上面敘述的五行五德思想以外，也有經驗型的判斷，但比較容易分清。《管子》地數篇說：「桓公問於管子曰：『請問天財所出？地利所在？』管子對曰：『山上有赭者，其下有鐵。上有鉛者，其下有銀。一曰。上有鉛者，其下有鉆銀，上有丹沙者，其下有鉆金。上有慈石者，其下有銅金。此山之見榮者也。苟山之見榮者，謹封而為禁，有動封山者，罪死而不赦。』」上有磁鐵下有銅金固然未必全對，但確實有一些道理，表明我國早期的礦冶科學主要靠經驗。據此，則凡是說山下有什麼金銀的基本上都是告訴我們，他們並沒有看到什麼，而是根據山上的物質判斷的。

從陰陽術和經驗探礦兩方面去理解《山海經》對金屬物質的記錄描寫，那麼還有什麼會不清楚的呢！

山海經的怪物和殘缺的人體某某尸是什麼意思？

古代的祭祀需要神主，神主就是供奉於宗廟的祭像，質地不一，有的是泥土，有的是木頭等。甲骨文以及商代的金文就稱之為「主」。後來「主」又用作祖的稱謂。西周時期，曾用木頭為神主叫尸，春秋時代神主亦用各類木材製造，例如《公羊傳》上便提到或用桑木或用栗木作神主（文公二年）。《論語・八佾》還具體談到上古製造木主的用材：「夏后氏以松，殷人以柏，周人以栗。」還有石製的神主，古文字就寫成「祏」。《左傳・昭公十八年》說：「（子產）使祝史徙主祏於周廟。」學界認為，1985 年出土於殷墟後崗的十來件玉器就是神主。就是說，商代的神主是可以用玉來製造的。《山海經》中央山系第五還有尸水，以合天地，顯然水作為尸，是山神的靈魂附屬處。並沒有相應的玉器作埋沈，只有嬰用吉玉，所以以玉作為神主有一定的可能性，但是秦人沒有這樣的方式。所以，《山海經》不可能出自秦人之手。

《白虎通》說：「祭所以有尸者何？鬼神聽之無聲，視之無形，升字阼階，仰視榱桷，俯視几筵，其器存，其人亡，虛無寂寞，思慕哀傷，無可寫泄，故座尸而食之。」（中華書局，1994 年版，580 頁）周公祭太山，周召公為尸。尸的作用就是把虛無的東西用形象來體現，以增加親近實用感。至於用什麼

東西代替，雖有約束，但五花八門。《山海經》中有很多國家叫尸，實際就是某種職務和名稱，在祭祀時擔任的職務，而尸主的樣子各色都有，這是根據始祖死的時候形象來製作的，如果死的時候頭被砍了，那麼其後代立的尸就是無頭的神像，傳說中使用各種武器之類的，也會在尸上表現出來。因此《山海經》中大量的什麼什麼尸的國家就是指這些成為尸之前的祖先的形狀，主要是死時候的形狀。這種習慣，直接影響到對佛教的造像。如有的佛操蛇，就表示其成佛前兇猛，蛇是其武器。有的三頭，就是成佛前有三個頭，等等。一種傳統的文化規則，將放射出多元文化的影像，這是文化傳承的規律。

第三章　馬王堆帛畫飛天和藍色絲綢之路

　　湖南長沙馬王堆出土的系列圖畫，以色彩鮮豔、圖案精美、內容豐富聞名。由於缺少必要的參照，因此對於壁畫的解釋多處於推測狀態，也就沒有得到社會的廣泛認可。

第一節　戰國駕雲昇天的宇宙情懷

　　1973 年，在湖南省長沙市子彈庫一號墓出土了一幅圖，後人稱爲「人物御龍圖」，現藏湖南省博物館。見圖一。

　　「人物御龍圖」是由湖南省博物館《新發現的長沙戰國楚墓帛畫》〔註 1〕一文命名的，比較得到學界的認可，也以專有名稱被廣泛適用。帛畫產生的時間在戰國中期晚段，畫長 37.5 厘米，寬 28 厘米。畫幅出土時平放在槨蓋板與棺材之間，因此一般以爲應是引魂昇天的銘旌，其中的人物理解爲巫師。可是，巫師在沒有主人的情況下表演昇天，那麼是巫師昇天還是主人昇天呢？顯然不入情理，圖畫中人物與巫師無法證明有

圖一

〔註 1〕湖南省博物館：《新發現的長沙戰國楚墓帛畫》，《文物》1973 年 7 期。

什麼關係，也因此有人認爲畫中有一條魚，所以認爲人物是河伯〔註2〕。河伯當然也是猜想。但這些圖畫沒有標出主題，當然也就只能靠推斷和猜測了。按楚辭《河伯》說：

與女遊兮九河，沖風起兮橫波。乘水車兮荷蓋，駕兩龍兮驂螭。

登崑崙兮四望，心飛揚兮浩蕩。日將暮兮悵忘歸，惟極浦兮寤懷。

魚鱗屋兮龍堂，紫貝闕兮珠宮。靈何爲兮水中？乘白黿兮逐文魚，

與女遊兮河之渚，流澌紛兮將來下。子交手兮東行，送美人兮南浦。

波滔滔兮來迎，魚鄰鄰兮媵予。〔註3〕

楚辭中描繪的河伯乘兩龍在飛奔，沖波逆折，氣勢浩蕩，這在畫圖上看不到，所以文獻和本圖之間差異太大了一些。漢畫中有很多河伯與水靈的圖案，都駕魚車，如圖二〔註4〕，很容易識別。所以帛畫不能認定與河伯有關。儘管如此，帛畫中的魚、鳥和龍（船）以及出土時候擺放的位置應該說都是很有價值的信息，所以關鍵是要弄明白這些信息，那麼圖畫的含義就容易曉白了。

圖二　2-77 水神出行圖

〔註2〕劉信芳：《關於子彈庫楚帛畫的幾個問題》，見《楚文藝論集》，湖北美術出版社 1991 年版。

〔註3〕（戰國）屈原《河伯》，見蔣驥《山帶閣注楚辭》62～63 頁，上海古籍出版社，1984 年版。

〔註4〕《中國畫像石全集》第二冊 77 圖，69 頁，山東美術出版社 2000 年版。

一、魚的色彩和含義

在戰國的帛畫和漢代的帛畫、漢代的畫像石等造型中，魚是常見的物象，有的是一條魚，有的是兩條魚，如圖三左邊在卷雲紋上有一條魚，而圖四則是兩條魚〔註 5〕。山東武梁祠漢畫像上凡是一個魚的都題有文字：「白魚，武王渡孟津，入於王舟。」雙魚的題爲「比目魚，王者幽明無不衙則至。」顯然都有特定的含義，不能根據數字的累加來分析推斷。根據漢代畫像石題錄的文字我們看出，長沙馬王堆漢墓帛畫像龍一樣的東西實際就是卷雲圖案，卷雲紋上有一魚，就是白魚。根據《史記・周紀》說：「武王渡河，中流，白魚躍入王舟中，武王俯取以祭……諸侯皆曰：『紂可伐矣。』」〔註6〕帛畫中的白魚，是大吉大利的象徵，而圖四中的雙魚爲比目魚。

圖三

圖四

二、鳥的名稱和作用

《山海經》中有很多關於鳥的靈怪的記載，有三足鳥、九頭鳥等，這些在漢代畫像石中都有刻畫表現。賈誼在《惜誓》中說：「飛朱鳥使先驅兮，駕

〔註 5〕圖三見《中國畫像石全集》第五冊 39 圖，29 頁，圖四見第三冊 212 圖，197頁，山東美術出版社等 2000 年版。

〔註 6〕（漢）司馬遷《史記》周紀，17 頁，上海古籍出版社 1986 年版。

太一之象輿。蒼龍蚴虯於左驂兮，白虎騁而爲右騑。」〔註7〕另外，亦有戰國帛畫可以佐證，見圖五〔註8〕，因此帛畫中的鳥是朱鳥無疑，是帶領靈魂昇天的先驅者。

圖五

三、卷雲紋的類型和名稱

在圖一中，人物長裙輕卷，表示正在飛天，但腳下的一個弧形的東西，持人物御龍說的認爲是人駕駛著龍在天上。我們知道，目前見到的資料還沒

〔註7〕（清）嚴可均輯《全上古三代漢魏六朝文》，209頁，中華書局1958年版。
〔註8〕圖五見《中國繪畫全集》第一冊，1頁，文物出版社1997年版。

有一個人駕駛一條龍的，傳說中的黃帝乘龍成仙的故事出自漢代人的編造，這個圖畫出現的時間在戰國或稍後，所以更不可能。圖一中的弧形物是很典型的卷雲紋，一般稱為蔓草卷雲紋，大同小異，見下圖六、圖七〔註9〕，根本不是什麼龍，歷史上也沒有這樣粗糙刺裂，勢如爛草造型的龍。

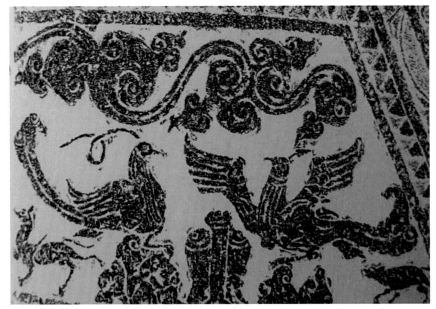

圖六

圖七

〔註 9〕圖六、圖七分別見山東美術出版社《中國畫像石全集》第三冊第 148，130 頁、
72 圖，58 頁，2000 年版。

四、帛畫的名稱和作用

帛畫來自墓中的槨蓋板與棺材之間值得關注。在這兩者之間放的東西在古代其實很有講究。

《禮記·檀弓上》說：「國子高曰：『葬也者，藏也。藏也者，欲人之弗得見也。是故衣足以飾身，棺周於衣，槨周於棺，土周於槨，反壤樹之哉。』」〔註10〕就是說把衣服放在棺材裏面的四周，而棺木外面也有很多東西，用來裝飾棺材，叫棺飾。《禮記》卷十三說：「飾棺，君龍帷三池，振容。黼荒，火三列，黻三列。素錦褚，加僞荒。纁紐六。齊，五采五貝。黼翣二，黻翣二，畫翣二，皆戴圭。魚躍拂池。君纁戴六，纁披六。大夫畫帷二池，不振容。畫荒，火三列，黻三列。素錦褚。纁紐二，玄紐二。齊、三採三貝。黻翣二，畫翣二，皆戴綏。魚躍拂池。大夫戴前纁後玄，披亦如之。士布帷布荒，一池，揄絞。纁紐二，緇紐二。齊，三採一貝。畫翣二，皆戴綏。士戴前纁後緇，二披用纁。」〔註11〕在棺材上要佩有很多棺飾，有畫有幃。這是說的是兩周時的事情，但從這個戰國後期墓畫看，只有這幅錦繡圖，說明儀禮比較儉省。這幅圖既然是加在棺材上的，當然是棺飾。至於名稱，《儀禮》卷十三說：「陳明器於乘車之西，折橫覆之。抗木橫三縮二，加抗席三，加茵用疏布，緇翦有幅，亦縮二橫三。器西南上綪、茵，苞二、筲二、黍稷麥、甕三、醯醢屑。幕用疏布、甒二、醴酒。幕用功布，皆木桁久之。」〔註12〕「出宮踊襲，至於邦門。公使宰夫贈玄纁束。主人去杖不哭，由左聽命。賓由右致命。主人哭拜稽顙。賓升，實幣於蓋。降，主人拜送。復位，杖乃行。至於壙，陳器於道東西北上，茵先入，屬引。主人袒，眾主人西面北上，婦人東面，皆不哭，乃窆。主人哭踊無筭，襲，贈用制幣玄纁束。拜稽顙，踊如初。卒袒，拜賓，主婦亦拜賓。即位，拾踊三，襲。賓出則拜送。藏器於旁加見，藏苞筲於旁，加折，卻之加抗席，覆之加抗木，實土三。主人拜鄉人，即位踊襲如初，乃反哭。」〔註13〕我們不妨稱爲茵。

由上述可見，下葬的時候，陳器在道東，茵先入，具有招魂導引性質作用，主人朝西往北，婦人在東，不能哭泣，然後再葬。茵成爲棺飾，《儀禮》中的記載的情況已經被 1951 年到 1954 年在長沙的五里碑、識字嶺、仰天湖、

〔註10〕 《漢魏古注十三經》，見鄭玄注《禮記》，26 頁，中華書局 1998 年版。
〔註11〕 《漢魏古注十三經》，見鄭玄注《禮記》，163 頁，中華書局 1998 年版。
〔註12〕 《漢魏古注十三經》，見鄭玄注《儀禮》，191 頁，中華書局中，1998 年版。
〔註13〕 《漢魏古注十三經》，見鄭玄注《儀禮》，196 頁，中華書局中，1998 年版。

左家公山、楊家灣出土的戰國墓葬性質證實的確如此。那麼從出土的位置看，這幅畫應該叫茵。因為墓主人的地位比較高貴，所以能用昂貴的絲綢為之。

那麼，圖案的內容是什麼呢？巫師昇天當然是猜測，河伯也不當。圖案的性質實際上就是戰國墓葬中的茵，也就是棺飾，上面的圖案的內容就是普通的墓主人昇天圖。

第二節　馬王堆1號墓的軒轅氏宇宙情懷

1972年，湖南長沙馬王堆1號漢墓出土的帛畫，是我國至今出土的帛畫中最大最完整的漢代彩繪帛畫。畫面呈「T」字形，上部寬92厘米，下部寬47.7厘米，長205厘米。畫面布局精巧，線條流暢，描繪精細，色彩絢麗，蘊含深厚，氣勢恢弘，充分反映了漢初繪畫藝術的風格和成就。現藏湖南省博物館。從其安置的位置看，帛畫是棺飾，名稱叫茵。見圖。〔註14〕

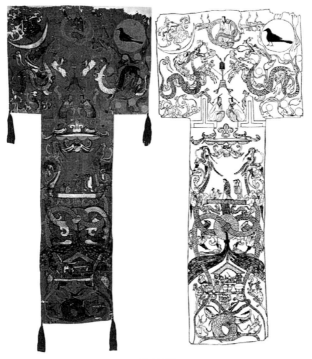

線描圖

〔註14〕又見文物出版社、浙江美術出版社《中國繪畫全集》1997年版第4、5、6、7、8圖。

2-196 揚幡招魂圖〔註15〕

　　對於這幅圖畫，歷來解釋很不一致。《馬王堆一號漢墓發掘簡報》認爲整個畫面縱向分爲天上、人間、地府三部分，分別以門闕和巨人托舉的平面爲分界線。〔註16〕商志橝認爲帛畫內容分爲兩部分，基本上以帛畫本身的形狀作爲分割的依據，即「T」型的橫頭爲上半部分，豎幅爲下半部，上下兩部分分別描繪了「天國」和「蓬萊仙島」的場景。〔註17〕顧鐵符和唐蘭也認爲畫面分兩部分，但與商不同的是，這兩部分表現的是天上人間，且人間部分表現的全部是墓主生活的場景。安志敏認爲是巨人爲托地的神祇，又基本同意簡報的說法〔註18〕。孫作雲也持「三部分」觀點，但是與《簡報》不同的是，孫認爲門闕和兩龍交界處爲分割線。第一層爲天上景象，第二層表現死者將要昇天，第三層是死者生前宴飲的場面。〔註19〕王伯敏認爲，三部分有著順承關係的——自下而上分別是地載人間、顯示死者生前榮華的人間世界、表示死者的靈魂獲得「天祐」的天國情境。〔註20〕劉敦願認爲神是燭陰燭龍到東漢被伏羲女媧代替〔註21〕。郭沫若在《文物》1973年1期撰文認爲是女媧，反對之前的學者認爲此帛畫的作用是「引魂昇天」，認爲其作用應爲「招魂復

〔註15〕山東美術出版社等《中國畫像石全集》，2000年，2冊，196圖。

〔註16〕文物出版社，1972年。

〔註17〕《長沙馬王堆一號漢墓非衣試釋》，《文物》1972年9期。

〔註18〕《長沙新發現的西漢帛畫淺析》，《考古》1973年1期。

〔註19〕《長沙馬王堆一號漢墓出土畫蟠考釋》，《考古》1973年1期。

〔註20〕《馬王堆一號漢墓帛畫並無「嫦娥奔月」》，《考古》，1973年3期。

〔註21〕《馬王堆西漢帛畫中的若干神話問題》，《文史哲》1978年4期。

魂」，整幅畫面表現的都是地下世界。(《桃都、女媧、加陵》)。金維諾《談長沙馬王堆三號漢墓帛畫》認爲：「馬王堆一、三號墓 T 字形帛畫，是死者身份、名氏的標誌用來招魂、導引的它所體現的是封建迷信思想，畫上日、月、升龍』也是封建統治者權威的象徵」〔註 22〕論文不可避免打上了評法反儒特殊年代的政治烙印。李建毛在《美術史論》1993 年第 4 期發表《馬王堆兩幅 T 形帛畫之比較研究》中，對它們的形制和內容進行了詳細的辨析。其他大多數學者往往只在別的論文中，簡略地稱 3 號墓 T 形帛畫與 1 號墓的大同小異，主題亦爲「引魂昇天」。少數學者則認爲兩帛畫的主題都是招魂。導引和昇天意思都是招魂。

　　馬雍、金景芳、唐蘭等認爲畫幡是銘旌。安志敏《長沙新發現的西漢帛畫試析》(《考古》1973 年第 1 期)、孫作雲《長沙馬王堆一號漢墓出土畫幡考釋》〔註 23〕和馬雍《論長沙馬王堆一號漢墓出土帛畫的名稱和作用》〔註 24〕均認爲它應是畫幡銘旌，後來金景芳發表文章認爲，還是銘旌的可能性大一些。這些文章大部分沒有證據，推測爲主。安志敏的文章比較受到推崇。文章引《禮記·檀弓》孔穎達正義一段文字，對這種旌旗作了綜合詳細的分析說，送葬之旌計有三種：一曰乘車之旌，二曰車之旌，三曰銘旌。天子備此三旌，士無車之旌，只有其它兩種。至於諸侯和卿大夫，則經文不具。孔疏引熊氏（北朝末年的學者熊安生）之說，認爲大夫以上都有車之旌，與天子同。我們所見的是其中哪一種呢？首先可以排除「乘車之旌」，因爲上引孔疏說得明白，乘車之旌是不入壙的。當棺柩入壙之後，將乘車之旌載在柩車上運回，所以決不會在墓中發現乘車之旌⋯⋯至於車之旌與銘旌二者，據孔疏所云，都是入壙之物。但《周禮·春官·司常之職》講「大喪共銘旌，連車之旌，及葬亦如之」，說明「車之旌」是同車一道入壙的。推測是銘旌。文章先入爲主，首先是確定這就是旌，其次以天子喪葬來類比，根本不能成立。同時，馬王堆漢墓中並未見到車的痕迹。

　　對於帛畫的名稱。商志樈認爲是非衣，原因是棺飾上有非衣二字。既然棺飾上說非衣就是說不是衣服，所以從嚴格定義來說作爲名稱不能成立，重複原話，排除其爲不是衣服，應該沒有錯。其次是銘旌。帛畫畫幡上繫有絆，

〔註22〕《文物》1974 年第 11 期。
〔註23〕《考古》1973 年第 1 期。
〔註24〕《考古》1973 年第 2 期。

四角垂穗。《西漢帛畫》一書（文物出版社編印，1972 年）的《說明》說，「一簡上寫著『非衣一，長丈二尺』」，說明不是衣服，而不是衣服的還不是這一件。竹簡上已經說了非衣一，長丈二尺，就是爲了與衣服相區別，怎麼可以說非衣就是名稱呢？

銘的歷史非常悠久，最早的失傳的是《黃帝銘》，《大學》中有成湯盤銘，西周開始，凡事皆樂銘記。銘在器物，未見有帛書繪畫，既然銘就有記錄，但帛畫沒有相關記載，因此不可能是銘旌。招魂幡也有圖可徵〔註 25〕。漢代畫像石中的招魂幡，至今沒有多少變化，因此，帛畫不是招魂幡明確。

對於畫面具體內容的闡釋，一直爭論不休。主要集中在人首蛇身像，十日並出圖，托地巨人畫，兩蛇奉璧儀注等部分。

在畫面上端天上部分正中的人首人身蛇尾的形象，《長沙馬王堆一號漢墓》發掘報告和《西漢帛畫》以及安志敏、劉敦願等文章都認爲是燭龍，即燭陰。所引文獻有《楚辭·天問》：「日安不到，燭龍何照？」《山海經·海外北經》和《大荒西經》：「有神人面蛇身而赤……其瞑乃晦，其視乃明……風雨是謁，是燭九陰，是謂燭龍」。安志敏認爲人首蛇身的燭龍，到了東漢已爲伏羲、女媧所代替。郭沫若在《桃都、女媧、加陵》一文〔註 26〕認爲只能解爲女媧，原在天上稱帝，後來女媧與伏羲並提，是對儒家思想讓了半步，然後全步退讓，女媧作爲天帝的存在便完全渺茫了。

人首蛇身形象左方爲彎月。據《長沙馬王堆一號漢墓發掘簡報》稱：「上面繪有蟾蜍、兔，下有嫦娥奔月的場面。」而王伯敏《馬王堆一號漢墓帛畫並無「嫦娥奔月」》〔註 27〕明確指出沒有嫦娥，也沒有「奔月」的故事。按傳說嫦娥奔入月宮之後，變成了蟾蜍。帛畫倘使正在奔月，怎麼在月上又畫有蟾蜍呢。「帛畫中的月下女子」是墓主人。

十日並出。右方畫著一個大太陽和八個小太陽以及扶桑樹。大太陽中有一隻黑色的神鳥，多數學者認爲是金烏，而蕭兵在《馬王堆帛畫與〈楚辭〉》〔註 28〕認爲帛畫所繪太陽裏的黑色神鳥不像烏鴉，也非三足，這是和日鳥不同的另一個日中神鳥，很可能是《天問》中提到的陽離。爲什麼一號墓「非衣」帛畫上是八個小太陽和一個大太陽，而不是如傳說中的「十日並出」，《簡

〔註 25〕山東美術出版社出版等，《中國畫像石全集》，2000 年，第二冊，196 圖。
〔註 26〕《文物》1973 年第 1 期。
〔註 27〕《考古》1979 年第 3 期。
〔註 28〕《考古》1979 年第 2 期。

報》的解釋是「可能另一個日爲扶桑樹所遮掩」，安志敏、孫作雲文也認爲是被數擋住了，而蕭兵提出「我國古代確實有九日神話與帛畫一致」。劉敦願的文章說：「我很懷疑所描寫的是地府或陰間的情景」，認爲羿射九日後，九個被射落的太陽來到了陰間，爲人生的「長夜」服務。何介鈞、張維明《馬王堆漢墓》也表述了相似的看法：帛畫中所描繪的景象，顯然與羿射九日的神話無關。但爲什麼只有九個太陽而不是十個呢？對這個問題有各種各樣的推測。《楚辭・遠遊》：說「朝濯髮於湯谷兮，夕日希余身兮九陽」，《後漢書・仲長統傳》說：「沆瀣當餐，九陽代燭」，都認爲有一個太陽在天上值班的時候，九個太陽在夜間休息。這裡所繪可能是晚間的九個太陽。」〔註29〕羅琨在《關於馬王堆漢墓帛畫的商討》〔註30〕認爲：「馬王堆帛畫太陽下面的幾個圓點代表的是星辰……可能是北斗星」。

帛畫最下面托舉代表大地的白色板狀物的裸體巨人，安志敏認爲是象徵「載地的神祇」，馬雍認爲是鯀，「鯀既治水而犧牲，其神又入於羽淵，則魚玄似當是水府之神。」由於認爲帛畫下部是海洋，因此蕭兵認爲「帛畫海洋部分實在不涉及鯀治水，……《帛畫》托地巨人實在更像海神禺疆」。並引《山海經・大荒北經》：「北極之神名禺強，靈龜爲之使」。蕭兵說：「禺強旁已繪有兩隻巨龜。」而孫作雲卻另有說法，認爲這托地的力士就是當時的奴隸。而整個帛畫的下部，《西漢帛畫》說是「地下」，馬雍說是「水府」，蕭兵認爲是海洋。但各家都認爲在這一部分的畫面與《楚辭》：「鴟龜曳銜」的故事有關。各家以外，尚有文章多篇。亦有稱爲外星人，機器人（見穆寶鳳《「九日」與「二龍穿璧」的生殖和祈福意義闡釋──論馬王堆一號墓帛畫的主題意義》〔註31〕，之類，爲學界增笑，不足爲訓。就是蕭兵禺強靈龜爲之使，查今本《山海經》也沒有查到，當自有本，不敢妄言。下面分解解讀，然後合而斟酌，帛畫內容自然也就清楚了。

漢代的畫像和帛畫之間在基本精神、設計理念方面基本相同，因此列出一些漢代畫像石的圖案，並簡要說明以後，上圖有關解釋是與不是也就清楚了，不用一一批評。下面兩張是到處可見的兩張漢畫像石圖案。

圖一中的伏羲是主神，和長沙漢墓的主人神性、神形一致，但是伏羲只

〔註29〕文物出版社，1982 年。

〔註30〕《文物》1972 年第 9 期。

〔註31〕《美與時代》2009 年 4 期。

有一個尾巴，又不相交。圖二，伏羲和女媧交尾，表示夫妻，之間還有一個主神，那就是天帝，也就是太一，圖二是漢武帝時代或者以後的作品。

圖一　　　　　　　　　　　　　　圖二

下面是北斗七星圖 6-172〔註 32〕，石刻中的鳥爲北斗之神靈。

6-172

〔註32〕山東美術出版社、河南美術出版社、浙江美術出版社，《中國漢畫像全集》，2000年。第六冊，172 圖。

　　下面的是嫦娥奔月圖 6-205，石刻圖案中的月亮至少在七個以上，月亮上有蟾蜍，嫦娥正在向月宮飛去。嫦娥的形態亦是人首蛇身。

6-205〔註 33〕

　　后羿射日，石刻中的后羿射日，射的是鳥，也就是太陽的魂靈。扶桑樹形態則無定制。

3-130〔註 34〕

〔註 33〕山東美術出版社等《中國漢畫像全集》，2000 年出版，第六冊，205 圖。
〔註 34〕山東美術出版社等《中國漢畫像全集》，2000 年出版，第三冊，130 圖。

上列這些圖可以很清晰地說明，T形帛畫不是嫦娥奔月，也不是后羿射日和北斗七星。

關於帛畫的名稱

《禮記·檀弓上》說：「國子高曰：『葬也者，藏也。藏也者，欲人之弗得見也。是故衣足以飾身，棺周於衣，槨周於棺，土周於槨，反壤樹之哉。』」〔註35〕就是說把衣服放在棺材裏面死人的四周，而棺木外面也有很多東西，用來裝飾棺材，叫棺飾。《禮記》卷十三說：「飾棺，君龍帷三池，振容。黼荒，火三列，黼三列。素錦褚，加偽荒。纁紐六。齊，五采五貝。黼翣二，黻翣二，畫翣二，皆戴圭。魚躍拂池。君纁戴六，纁披六。大夫畫帷二池，不振容。畫荒，火三列，黻三列。素錦褚。纁紐二，玄紐二。齊、三採三貝。黻翣二，畫翣二，皆戴綏。魚躍拂池。大夫戴前纁後玄，披亦如之。士布帷布荒，一池，揄絞。纁紐二，緇紐二。齊，三採一貝。畫翣二，皆戴綏。士戴前纁後緇，二披用纁。」〔註36〕在棺材上要佩有很多棺飾，有畫有幃。這是說的是兩周時的事情，但從這個戰國後期墓畫看，只有這幅錦繡圖，說明儀禮比較儉省。這幅圖既然是加在棺材上的，當然是棺飾。至於名稱，《儀禮》卷十三說：「陳明器於乘車之西，折橫覆之。抗木橫三縮二，加抗席三，加茵用疏布，緇翦有幅，亦縮二橫三。器西南上綪、茵，苞二、筲二、黍稷麥、甕三、醯醢屑。幂用疏布、鬲二、醴酒。幂用功布，皆木桁久之。」〔註37〕「出宮踊襲，至於邦門。公使宰夫贈玄纁束。主人去杖不哭，由左聽命。賓由右致命。主人哭拜稽顙。賓升，實幣於蓋。降，主人拜送。復位，杖乃行。至於壙，陳器於道東西北上，茵先入，屬引。主人祖，眾主人西面北上，婦人東面，皆不哭，乃窆。主人哭踊無箅，襲，贈用制幣玄纁束。拜稽顙，踊如初。卒祖，拜賓，主婦亦拜賓。即位，拾踊三，襲。賓出則拜送。藏器於旁加見，藏苞筲於旁，加折，卻之加抗席，覆之加抗木，實土三。主人拜鄉人，即位踊襲如初，乃反哭。」〔註38〕因此對這幅棺飾我們不妨稱為茵。

由上述可見，下葬的時候，陳器在道東，茵先入，具有招魂導引性質作用，主人朝西往北，婦人在東，不能哭泣，然後再葬。茵成為棺飾，《儀禮》中的記載的情況已經被1951年到1954年在長沙的五里碑、識字嶺、仰天湖、

〔註35〕《漢魏古注十三經》，見鄭玄注《禮記》，中華書局，1998年，26頁。
〔註36〕同上，163頁。
〔註37〕《漢魏古注十三經》，見鄭玄注《儀禮》，中華書局，1998年，191頁。
〔註38〕同上，196頁。

左家公山、楊家灣出土的戰國墓葬性質證實的確如此。那麼從出土的位置看，這幅畫應該叫茵。因爲墓主人的地位比較珍貴，所以能用昂貴的絲綢爲之。

關於人首蛇身像

圖一中間的人首蛇身像，與一般不同的是兩點，第一蛇的色彩是黃色，二是交尾。《山海經》中記載黃帝的軒轅氏的文字比較多。

圖一

資料一《山海經》北山三經說：

> 又東北二百里，曰軒轅之山，其上多銅，其下多竹。有鳥焉，其狀如梟而白首，其名曰黃鳥，其鳴自詨，食之不妒。[註39]

資料二《山海經》第七說：

> 軒轅之國在此窮山之際，其不壽者八百歲。在女子國北。人面蛇身，尾交首上。窮山在其北，不敢西射，畏軒轅之丘。在軒轅國北。其丘方，四蛇相繞。此諸夭之野，鸞鳥自歌，鳳鳥自舞；鳳皇卵，民食之；甘露，民飲之，所欲自從也。百獸相與群居。在四蛇北。其人兩手操卵食之，兩鳥居前導之。龍魚陵居在其北，狀如狸。一曰鰕。即有神聖乘此以行九野。一曰鼈魚在夭野北，其爲魚也如

〔註39〕袁珂《山海經校注》，上海古籍出版社，1980年，91頁。

鯉。〔註40〕

根據《山海經》的記載，黃帝軒轅氏人面蛇身，尾交首上，與圖畫中的形象表述完全一致，黃帝是就色彩黃色而言。神話中人首蛇身的很多，但是都沒有交尾首上和黃色這兩個標誌，所以圖象只能是黃帝軒轅氏，表明墓主人是黃帝的後裔。黃帝的後代很多，根據《山海經》，北海海神禺京，東海海神禺䝞分別是黃帝的孫子和兒子。

關於十日代出

帛畫中的太陽有九個，一個是大的，八個是小的。過去論者往往從楚辭和漢代資料中找到九陽，因此認爲有九陽之說，有十陽之說。實際上都是無奈之舉。楚辭《招魂》說得很明白：「魂兮歸來，東方不可以托些！長人千仞，惟魂是索些。十日代出，流金鑠石些。彼皆習之，魂往彼釋些。」明確指出，太陽是十個，因爲代出，也就是替換出，所以少了一個，那是在天上。這種選取材料只選對自己想法有利的做法，乾嘉學派就批評過，認爲有一有力的反證觀點亦不成立。《山海經》中也有十日有關的記載。

資料一《山海經》第七說：

> 女醜之屍，生而十日炙殺之。在丈夫北。以右手鄣其面。十日居上，女醜居山之上。〔註41〕

資料二《山海經》第九說：

> 雨師妾在其北，其爲人黑，兩手各操一蛇，左耳有青蛇，右耳有赤蛇。一曰在十日北，爲人黑身人面，各操一龜。〔註42〕

資料三海外東經說：

> 下有湯谷。湯谷上有扶桑，十日所浴，在黑齒北。居水中，有大木，九日居下枝，一日居上枝。〔註43〕

資料四《山海經》第十四說：

> 東南海之外，甘水之間，有羲和之國。有女子名曰羲和，方日浴於甘淵。羲和者，帝俊之妻，生十日。〔註44〕

〔註40〕同上，221～224頁。
〔註41〕同上，218頁。
〔註42〕同上，263頁。
〔註43〕同上，260頁。
〔註44〕同上，381頁。

資料五大荒東經說：

> 大荒之中，有山名曰孽搖頵羝，上有扶木，柱三百里，其葉如
> 芥。有谷曰溫源谷。湯谷上有扶木。一日方至，一日方出，皆載於
> 烏。〔註45〕

《山海經》記載的日為十日，可見十日說在當時是流行的。根據《山海經》，十日有具體的居住的地方叫湯谷。從帛畫我們看出，畫面上有九個太陽，一個很大，而且位置在上面，意思就是將要出山的意思，如果圖在畫面下面則表示要落山。既然這個要出還沒有出，那麼在天上的要落當然還沒有落，所以我們見到的神仙世界出現九日正常，要是十個那就壞事了，十日並出顯然是最大的天災。太陽居住的樹叫扶桑或者扶木。方位在東方，也正因為如此，古人形成了尚東的習俗。掌管太陽的是帝俊妻羲和。這實際上昭示著一天分十個時辰是羲和的功德。與《左傳》昭公七年十日說，即十分時辰說完全一致。而到戰國時期，如楚辭作天十二分，顯然劃分更為仔細了。

或言帛畫是后羿射日、嫦娥奔月、北斗星，這些亦為猜測。我們知道后羿射日是射向烏，也就是太陽的靈魂，而不是具體的太陽，漢代畫像石中這方面的圖案很豐富，可以參看。北斗星，是七個，不是九個，星座中也沒有烏。漢代後期，太陽神烏出現三隻腳，那是神話異態，不足為怪。三隻腳的烏最早見於《淮南子》，時間就比較遲了。太陽烏的名字叫烏，金烏亦是後人所讚美神化之詞。

關於常儀浴月

《後漢書・王符傳》言甘泉。羲和不同於常儀。《史記・曆書》索隱引《世本》云：「黃帝使羲和占日，常儀占月，臾區占星氣，伶倫造律呂，大橈作甲子，隸首作算數，容成綜此六術而著調曆也。」按《山海經》卷十六說：「大荒之中，有山名日月山，天樞也。吳妲天門，日月所入。有神，人面無臂，兩足反屬於頭山，名曰噓。顓頊生老童，老童生重及黎，帝令重獻上天，令黎邛下地，下地是生噎，處於西極，以行日月星辰之行次。」〔註46〕「有女子方浴月。帝俊妻常羲，生月十有二，此始浴之。」〔註47〕常儀在《呂氏春秋》勿躬篇中作尚儀，皆為音近書寫異態。日月當空，只有黃帝作為超自然

〔註45〕同上，354 頁。
〔註46〕袁珂《山海經校注》，上海古籍出版社，1980 年，402 頁。
〔註47〕袁珂《山海經校注》，上海古籍出版社，1980 年，405 頁。

力的天帝，才擁有這樣的畫面。顯然，畫中的常儀正在浴月，月為上弦月，表示每月的開始，與開始浴月正好對應。月下二龍飛舞，二龍與下圖中兩蛇剛好呼應。龍下面是蔓草卷雲紋，表示在天上仙界。

圖二

關於丹朱翼飛

在華蓋和人首鳥身下（孫作雲言是翼鳥，什麼叫翼鳥，就是其生造的詞，說明他不懂。也有的認為是鴟鴞）之下是一位拄杖的老婦人，應該就是墓的主人辛追。祭祀用的有鼎、壺等盛著貢品，其左右兩邊各有一隻鳳鳥與兩蛇。與軒轅黃帝身邊的鶴一起，構成了上下均有鳥飛翔的境界。按王褒《九懷‧匡機》說升仙時，「奢蔡兮踴躍，孔鶴兮迴翔。」劉向《九歎‧遠遊》說昇天時，「駕鸞鳳以上游兮，從玄鶴與鷦明；孔鳥飛而送迎兮，騰群鶴於瑤光。」很顯然上面的 3 和 2 的鶴群是孔鶴，而下面飛翔向上的是鳳凰。以帷幕為界，在當中畫一老嫗，拄杖立。老姻身著有雲氣紋的彩衣，前有二男子跪迎，手中各捧一案，後有三女子侍從。這老嫗就是女主人辛追。從她的面龐豐盈，比較屍身的面貌，應該說畫得神形兼備。按王延壽《魯靈光殿賦》（並序）說：

> 粵若稽古，帝漢祖宗，濬哲欽明。殷五代之純熙，紹伊唐之炎精。荷天衢以元亨，廓宇宙而作京。敷皇極以創業，協神道而大寧……於是詳察其棟宇，觀其結構，規矩應天，上憲觜陬。倔佹雲起，欽離㩋，三間四表，八維九隅，萬楹叢倚，磊砢相扶，浮柱岹嵽以星懸，漂嶢嶢而枝拄。飛梁偃蹇以虹指，揭蘧蘧而騰湊……飛禽走獸，

因木生姿。奔虎攫挐以梁倚，仡奮臂而軒鬐。蛟龍騰驤以蜿蟺，頷若動而躨跜。朱鳥舒翼以峙衡，騰蛇蟉虯而繞榱。白鹿子於樽櫨，蟠暾宛轉而承楣。狡兔跧伏於柎側，猨狖攀椽而相追。玄熊冉炎以斷斷，卻負載而蹲跠……上紀開闢，遂古之初。五龍比翼，人皇九頭。伏羲鱗身，女媧蛇軀。鴻荒樸略，厥狀睢盱。煥炳可觀，黃帝唐虞。軒冕以庸，衣裳有殊。下及三后，淫妃亂主。忠臣孝子，烈士貞女。賢愚成敗，靡不載敘。〔註48〕

在《靈光殿賦》中，我們看到，諸侯王的宮室建築非常豪華。其中飛禽走獸很多，未必都有神性。但蛟龍、奔虎、朱鳥、白鹿、猿狖等為其突出表現的對象，就不是一般意義的動物了。戰國時代，人們把龍、虎、鳳、龜四大神物配合於四方，成為左青龍、右白虎、前朱雀、後玄武的天文格局，成為「四靈」或「四神」。而辛追墓葬的帛畫已經開始形成這樣的格局。在辛追的腳下是一塊萬字紋踏板，這與長沙戰國楚墓中墓主人飛天時候的踏板是一致的，就是說上天不是靠雲彩，而是要一塊踏板承載。踏板下面與戰國楚墓不同，戰國楚墓是依靠雲彩，因此腳下是蔓草卷雲紋，而辛追墓主形象是一個形象。這個形象很多人都說是怪物，實際上就是弄不懂是什麼罷了。我們認為，這就是丹朱。按《山海經》有幾條關於丹朱的資料。

資料一《山海經》第十二說：「帝堯臺、帝嚳臺、帝丹朱臺、帝舜臺，各二臺，臺四方，在崑崙東北。大蜂其狀如螽。朱蛾其狀如蛾。」〔註49〕從上述可知，丹朱曾經稱帝。又《山海經》卷十七說：「西北海外，黑水之北，有人有翼，名曰苗民。顓頊生驩頭，驩頭生苗民，苗民釐姓，食肉。有山名曰章山。」〔註50〕丹朱是顓頊之子。《山海經》卷六說：「讙頭國在其南，其為人人面有翼，鳥喙，方捕魚。一曰在畢方東。或曰讙朱國。厭火國在其國南，獸身黑色。生火出其口中。一曰在讙朱東。」〔註51〕又《山海經》卷十五說：「有人焉，鳥喙，有翼，方捕魚於海。大荒之中，有人名曰驩頭。鯀妻士敬，士敬子曰炎融，生驩頭。讙頭人面鳥喙，有翼，食海中魚，杖翼而行。維宜芑苣，穋楊是食。有驩頭之國。」〔註52〕

〔註48〕費振剛等《全漢賦》，1993年，北京大學出版社，527頁。
〔註49〕袁珂《山海經校注》，上海古籍出版社，1980年，313頁。
〔註50〕同上，436頁。
〔註51〕同上，189～190頁。
〔註52〕同上，378～379頁。

由上述我們看出，資料中共同的地方是丹朱形象：人面、有翼、鳥喙，靠翼飛行。資料表明，雖然丹朱是顓頊的的子孫，但是丹朱（驩頭）生苗民，而苗民被堯舜流放到三危，因此其後代就有了鯀孫子的身份，成爲四凶子弟。驩頭作爲國家，其子孫當然也叫驩頭。兩條資料表現的是兩個時代，而不是一人多事。因此，在華蓋下飛翔，載著辛追飛翔的就是驩頭。與主神黃帝在宗族關係上剛好映襯呼應。

關於巫咸通天

按照過去論者的說法，圖三是巨人或者怪人。其實這是最容易認識的一個形象。按《山海經》第十六說：「大荒之中，有山名曰豐沮玉門，日月所入。有靈山，巫咸、巫即、巫盼、巫彭、巫姑、巫眞、巫禮、巫抵、巫謝、巫羅十巫，從此升降，百藥爰在。〔註53〕根據上述我們看出，大荒之中有十巫，以巫咸爲首。又《山海經》第七說：「女醜之屍，生而十日炙殺之。在丈夫北。以右手鄣其面。十日居上，女醜居山之上。巫咸國在女醜北，右手操青蛇，左手操赤蛇。在登葆山，群巫所從上下也。並封在巫咸東，其狀如彘，前後皆有首，黑。女子國在巫咸北，兩女子居，水周之。一日居一門中。」〔註54〕巫咸最容易識別

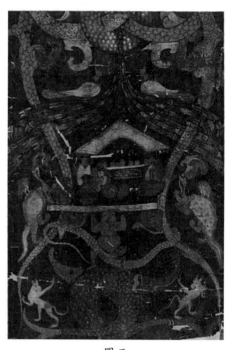

圖三

就在於其幾個標誌，一是右手操青蛇，左手操赤蛇，二是十日居上，其位置在下面。三是巫咸通神，因此手操二蛇直接到達辛追的踏板，表示將辛追送到天堂。過去，學界沒有注意到蛇的顏色，因此凡是操兩蛇者都作爲巫咸來解釋。有此三點，就只有唯一的解釋了，這就是巫咸。

關於兩蛇之間的玉璧

按蛇與玉璧本來沒有關係，但是在巫咸的操縱下，兩蛇奉璧。過去解

〔註53〕 袁珂《山海經校注》，上海古籍出版社，1980 年，396 頁。
〔註54〕 同上，219～220 頁。

釋相關的圖案我們都習慣用二龍穿璧來命名，實際上應該是兩蛇奉璧。商周以來，以璧禮神成爲傳統，也是上帝能夠幫助人類成神仙的基本禮節。《尚書・金縢》說：「武王有疾……周公立焉，植璧秉珪，乃告大王、王季、文王。史乃冊祝曰：『……爾之許我，我其以璧與珪，歸俟爾命；爾不許我，我乃屏璧與珪。』」〔註55〕就是說周公祈禱三代祖宗救武王的命，他的禮物就是 璧和珪，如果不許，那他就不會把這些玉器給他們（沉埋）。因此，璧珪是得到上帝許可，安排凡人昇天的可行的禮器。這就是兩蛇奉璧的根本原因和目的。西周的玉器制度具有法律效應，其系統性亦空前絕後，不必一一敘述了。

關於玄龜

在最底層承擔負重的是龜，這一點沒有疑問。但是這是什麼龜也有很多爭論，爭論的根據多來自各自的經驗，並沒有多少文獻根據。按《山海經》第一說：「又東三百七十里曰杻陽之山。其陽多赤金。其陰多白金。有獸焉，其狀如馬而白首，其文如虎而赤尾，其音如謠，其名曰鹿蜀，佩之宜子孫。怪水出焉，而東流注於憲翼之水。其中多玄龜，其狀如龜而鳥首虺尾，其名曰旋龜，其音如判木，佩之不聾，可以爲底。」〔註56〕根據帛畫，確實具有如龜而鳥首虺尾的特點，因此，其承載巫咸的就是玄龜。

宇宙的形成、人類的生存，人神的關係是我國古代神話形成表現的基礎與重要內容。《國語》認爲，宇宙具有一體化的特徵，天地是人爲分開的；天地分開以後，人神分離關係產生，並提出確切的時間是在顓頊時代。考《國語・楚語下》說：「及少皞之衰也，九黎亂德，民神雜糅，不可方物。」〔註57〕又《國語・楚語下》說：「顓頊受之，乃命南正重司天以屬神，命火正黎司地以屬民，使復舊常，無相侵瀆，是謂絕地天通。」〔註58〕就是說天地原來相通，人與神是社會動亂時期區分開後產生的，目的是爲了政治。韋昭注《國語・楚語》說：「言重能舉上天，黎能抑下地，另相遠，故不復通也。」〔註59〕其說法雖源自《尚書・呂刑》，但《尚書》只是說絕地天通，並沒說神民之分，所以這一說法應出自後人的創造，時間在《尚書》之後，那麼其來源應該是周代神話傳說。

〔註55〕漢魏古注十三經《尚書》卷八，中華書局，1998年，44頁。
〔註56〕袁珂《山海經校注》，上海古籍出版社，1980年，3頁。
〔註57〕徐元誥撰，王樹民等點校《國語集解》，中華書局，2002年，514頁。
〔註58〕同上，515頁。
〔註59〕同上，516頁。

戰國時期人們已經懷疑這一說法的眞僞。《國語‧楚語》說：「昭王問於觀射父，曰：『《周書》所謂重、黎實使天地不通者何也？若無然，民將能登天乎？』」〔註60〕從這幾條資料看，我國古代對宇宙的起源還應該有分天學說，其記錄時間在周代《尙書》成形時，然後逐步演繹變化。絕地通天的分天學說不僅具有神話學價值，對我們認識宇宙的形成，以及後來對神權的批判應該說都有一定的積極意義。按照《史記‧五帝本紀》與《楚世家》，顓頊「載時以象天，依鬼神以制義，治氣以教化，絜誠以祭祀。」〔註61〕命令重、黎爲火正，光照天下等等的一系列行爲的記載看，顓頊時代的宇宙科學已經比較發達，但沒有全面上昇到科學的層面，後來竟演變爲祭祀鬼神的形式。

　　根據上面的分解論證，我們看出來，帛畫表現了天地人三位一體的宇宙情懷，絕地通天的世界格局，以及墓主人奔向極樂世界的過程與方式。

第三節　臺灣安平「劍獅」的玄龜象齒造型

　　臺灣《中時電子報》2011 年 08 月 11 日，洪榮志臺南報導，臺南市安平區長林國明提出將安平劍獅推向國際舞臺，認爲劍獅是臺灣三百年來的守護神。見下面的圖一

圖一　　　　　　　　　　　　　　　　　　　　圖二

〔註60〕同上，512 頁。
〔註61〕司馬遷《史記》，中華書局，2005 年，11 頁。

常見的，也可以說標準的劍獅圖見
圖二，府城下放著一個扁平的圖象，腿
在彎曲的支撐著，表示承重。劍獅一說，
於史無徵，只是流行的叫法。其實，這
就是歷史上有名的玄龜。關於玄龜，已
屢見於各種經典文獻，不必多言。至於
具體的形象，在馬王堆一號墓中有所表
現，見圖三（截圖）

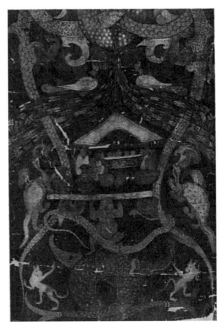

圖三

　　玄龜背負的是大地，與「劍獅」承重
的府城意思相近。按《山海經》第一說：
「又東三百七十里曰杻陽之山。其陽多赤
金。其陰多白金。有獸焉，其狀如馬而白
首，其文如虎而赤尾，其音如謠，其名曰
鹿蜀，佩之宜子孫。怪水出焉，而東流注
於憲翼之水。其中多玄龜，其狀如龜而鳥
首虺尾，其名曰旋龜，其音如判木，佩之不聾，可以為底。」〔註62〕根據帛畫，
確實具有如龜而鳥首白頭虺尾的特點，因此，其承載巫咸的就是玄龜。

　　考《國語‧楚語下》及其韋昭注、《尚書‧呂刑》、《史記‧五帝本紀》與
《楚世家》，我們知道，我國古代對宇宙的起源有分天學說，就是說古代人神
雜居，後來分開，因此整個宇宙的結構分為天上、人間和地下。地需要承載，
因此就有玄龜支撐四極的說法。

　　如果從圖象上看，二者的確近似，但是，玄龜嘴裏沒有劍獅的劍，這又
是怎麼回事呢？按《詩經》和明‧鄭若庸《玉玦記‧博弈》說：「大具南金，
驪珠璞玉，玄龜象齒。」就是說玄龜嘴里長著能夠護衛的牙齒，像象牙一樣。
因此象牙演變成為現代意義的劍。

　　這種情況，在古代非常習見，如漢代畫像石將羊腿化成除妖的利器就是
這一類。見圖四。

　　圖四是山東漢畫像石中的一塊，羊角成為掐妖的手。這和牙變成劍是一
個道理。因此我們知道，安平的劍獅，實際上就是玄龜。玄龜的功能多元，
有納福、辟邪、承重等。

〔註62〕袁珂《山海經校注》，上海古籍出版社，1980年，3頁。

圖四

第四章　漢代石刻鯀禹治水與神話傳說

第一節　伯禹愎鯀與龍馬圖騰

　　先秦時代的歷史，以三王禪讓和鯀禹治水最有影響，但也最爲複雜，前者是社會政治的，而鯀禹治水是社會的也是關於自然的，因此也就相對多了一層瞭解的途徑。在儒家宣揚禪讓風範的文字以外，如《古竹書紀年》等卻記載著堯舜禹地位的取得都經歷過殊死的搏鬥，根本不存在禪讓，但其眞僞具體已經很難考訂了。鯀禹治水的故事不像三王事迹那麼曲折，關係神話圖騰，因此，我們理順神話圖騰的表達方式反而似乎更容易方便瞭解當時的實際情形。最早記錄鯀禹事迹的是《山海經》和楚辭的《天問》，但明確說鯀禹沒有血緣意義上的父子關係。《山海經》中記載鯀禹的資料就是以下幾條，首先是關於鯀的妻子說：

> 　　有人焉，鳥喙，有翼，方捕魚於海。大荒之中，有人名曰驩頭。鯀妻士敬，士敬子曰琰融，生驩頭。頭人面鳥喙，有翼，食海中魚，杖翼而行。維宜芑苣，穋是食。有驩頭之國。

> 　　大荒之中，有山名曰不咸，有肅愼氏之國。蜚蛭，四翼。有蟲，獸身蛇身，名曰琴蟲。有人名曰大人。有大人之國，釐姓，黍食。有大青蛇，黃頭，食塵。有榆山。有鯀攻程州之山。……黃帝生駱明，駱明生白馬，白馬是爲鯀。

按照這樣的記載，鯀的妻子出自飛鳥氏族，過著漁牧業爲主的生活，而鯀是皇帝的後代，已經成爲白馬氏族形式，應當是游牧民族，互相結爲婚姻。接

著是關於鯀禹開天闢地的功績和治理洪水的經歷：

> 帝俊有子八人，三身生義均，義均是始爲巧倕，是始作下民百巧。后稷是播百穀。稷之孫曰叔均，是始作牛耕。大比赤陰，是始爲國。禹、鯀是始布土，定九州。

> 炎帝之妻，赤水之子聽訞生炎居，炎居生節並，節並生戲器，戲器生祝融。祝融降處於江水，生共工。共工生術器，術器首方顛，是復土穰，以處江水。共工生后土，后土生噎鳴，噎鳴生歲十有二。洪水滔天。鯀竊帝之息壤以埋洪水，不待帝命。帝命祝融殺鯀於羽郊。鯀復生禹。帝乃命禹卒布土以定九州。

在鯀禹之前，炎帝的子孫也曾治理洪水，但在長江一線，那麼鯀禹治水顯然在黃河流域爲主，最後禹治水成功。舊以爲息壤爲神土，帝是上帝，但與下文不符，因爲下面殺鯀的是帝堯，如果帝堯是上帝，他不當保留神土不去治水，所以息壤應該是帝堯的領地，被鯀用來塡充洪泉，觸犯了帝堯的根本利益，所以鯀被殺害。但是作爲一種推測，我們不能就此下這樣肯定的結論，尚需進一步深入研究。

《山海經》的寫作時間雖然不能完全確定，但根據西漢劉向《上山海經表》說：「侍中奉車都尉光祿大夫臣秀領校，秘書言校，秘書太常屬臣望所校《山海經》凡三十二篇，今定篇爲一十八篇。《山海經》者，出於唐虞之際。昔洪水洋溢，漫衍中國，民人失據，崎嶇於丘陵，巢於樹木。鯀既無功，而帝堯使禹繼之。禹乘四載，隨山刊木，定高山大川。益與伯翳主驅禽獸，命山川，類草木，別水土。四嶽佐之，以周四方，逮人跡之所希至，及舟輿之所罕到。內別五方之山，外分八方之海，紀其珍寶奇物，異方之所生，水土草木禽獸昆蟲麟鳳之所止，禎祥之所隱，及四海之外，絕域之國，殊類之人。禹別九州，任土作貢，而益等類物善惡，著《山海經》。皆聖賢之遺事，古文之著明者也。其事質明有信。孝武皇帝時嘗有獻異鳥者，食之百物，所不肯食，東方朔見之，言其鳥名，又言其所當食，如朔言。問朔何以知之，即《山海經》所出也。孝宣皇帝時，擊磻石於上郡，陷得石室，其中有反縛盜械人。時臣秀父向爲諫議大夫，言此貳負之臣也。詔問何以知之，亦以《山海經》對。其文曰：『貳負殺窫窳，帝乃梏之疏屬之山，桎其右足，反縛兩手。』上大驚。朝士由是多奇《山海經》者，文學大儒皆讀學，以爲奇可以考禎祥變怪之物，見遠國異人之謠俗。故《易》曰：『言天下之至賾而不可亂也。』博

物之君子，其可不惑焉。」

　　根據劉向的表，《山海經》是唐虞時代的書，是年代最早的古籍，但從內容看，記錄的歷史事迹到周代的都有，所以可以肯定著作大致是在周代形成。從戰國開始，人們將周代的典籍後邊加上經，所以有五經六經之說。劉向上《山海經》，書後邊已經有經字，顯然應該是春秋戰國以前的文字，時間確實很早。按照劉向的記載，書的作者是大禹與其大臣益等。東周以後，戰火頻仍，能夠把全國各地包括邊遠地區的物產、歷史、生活詳細記錄丈量的可能性已經沒有。就文風而言，也不是《山海經》這樣的表達方式，《左傳》明顯與其有些相似，但記事功能明顯增強。所以，把《山海經》的形成確定在周代的時限，不會有多大的問題。就是說，《山海經》是最早直接記錄鯀禹事迹的著作，也就最為可靠。但是，我們從中得到的信息是，第一，沒有說大禹是鯀的兒子，而明確說鯀妻士敬，士敬子曰琰融，生驩頭。頭人面鳥喙，有翼，食海中魚，杖翼而行。維宜芑苣，穋是食。有驩頭之國。後來雖然有鯀三年化為大禹的說法，但是化，而不是生。《山海經》言生孩子是生也不是化。《山海經》說：「炎帝之孫伯陵，伯陵同吳權之妻阿女緣婦，緣婦孕三年，是生鼓、延、殳。始為侯，鼓、延是始為鍾，為樂風。」也是懷孕三年的事，但是生孩子。化實際上是神話與變化形成，所以能夠在兩個男人之間發生，他們是聯盟首領的替換，而不是生孩子形成的父子關係。第三，鯀是黃帝聯盟的繼承人，神形，也就是圖騰是白馬。白馬對黃帝來說，圖騰也發生了變化。檢《史記・五帝本紀》說：「自黃帝至舜禹，皆同性而異其國號，以彰明德。故黃帝為有熊，帝顓頊為高陽。」黃帝「教熊、羆、貔、貅、貙、虎，以與炎帝戰於阪泉之野，三戰，然後得其志」。表明黃帝就是有熊氏。黃帝是部落首領，其部下聯盟有熊、羆、貔、貅、貙、虎等。鯀禹都是有熊氏，是黃帝的後裔。在黃帝時代，他們只是嫡系的組成，不是獨立的部落。到鯀的時代，以白馬為圖騰，顯然是由黃帝的熊變成了鯀，圖騰由熊變成了白馬，已經獨立。這是比較肯定的歷史。那麼，《山海經》中，「洪水滔天。鯀竊帝之息壤以堙洪水，不待帝命。帝命祝融殺鯀於羽郊。鯀復生禹。帝乃命禹卒布土以定九州。」的記載的意思並不複雜，所謂鯀復生禹，就是鯀失敗以後又成了大禹的天下，復就是很平常的字又的含義，但是他們依然都是有熊氏，是同姓。第四，比較費解的是鯀竊帝之息壤以堙洪水，不待帝命。帝命祝融殺鯀於羽郊。既然息壤能夠治水，是神土，帝堯為什麼不自己用來治水，而

鯀偷了他又去殺鯀呢！所以，息壤是帝堯的樂土領地，鯀布土時私自損壞了樂土。從帝命二字看，這個帝就是帝堯，而不是上帝。所以，鯀的治水方式觸及損害了帝堯的利益，因此被殺。《白虎通》說：「禹姓姒氏，祖以薏生。殷姓子氏，祖以玄鳥子也。周姓姬氏，祖以履大人迹生也。」也否定為鯀所生的說法。

鯀被殺的情景後世著作多有傳錄，最早把鯀禹看成是父子關係的是司馬遷。《史記‧夏本紀》說：

> 當帝堯之時，鴻水滔天，浩浩懷山襄陵，下民其憂。堯求能治水者，群臣四嶽皆曰鯀可。堯曰：「鯀為人負命毀族，不可。」四嶽曰：「等之未有賢於鯀者，願帝試之。」於是堯聽四嶽，用鯀治水。九年而水不息，功用不成。於是帝堯乃求人，更得舜。舜登用，攝行天子之政，巡狩。行視鯀之治水無狀，乃殛鯀於羽山以死。天下皆以舜之誅為是。於是舜舉鯀子禹，而使續鯀之業。

> 禹乃遂與益、后稷奉帝命，命諸侯百姓興人徒以傅土，行山表木，定高山大川。禹傷先人父鯀功之不成受誅，乃勞身焦思，居外十三年，過家門不敢入。薄衣食，致孝於鬼神。卑宮室，致費於溝淢。陸行乘車，水行乘船，泥行乘橇，山行乘檋。左準繩，右規矩，載四時，以開九州，通九道，陂九澤，度九山。令益予眾庶稻，可種卑溼。命后稷予眾庶難得之食。食少，調有餘相給，以均諸侯。

根據司馬遷的記載，鯀與帝堯有很大的矛盾，帝堯的理由是鯀負命毀族，這負命現在還難以說是誰的命，毀族應該是重建，鯀以白馬為圖騰，大概就是毀族的結果，但顯然，鯀很有勢力，又得到四嶽的支持，可是治水 9 年沒有成功，被帝堯安排舜把他殺掉。這種故意從大禹的害怕和大禹多年不入家門的對比中顯得非常清晰。鯀在帝堯時代是伯爵身份。《國語‧周語下》說「其在有虞，有崇伯鯀，播其淫心，稱遂共工之過，堯用殛之於羽山。」但司馬遷說舜舉鯀子禹，禹傷先人父鯀功之不成受誅，就表示鯀是大禹的父親，這是漢代的事情。但同時的《淮南子》涉及大禹治水共十二處，其中十一處俱言禹以疏導之法治洪水，但「墜形訓」云：「禹乃以息土填洪水以為名山，掘崑崙墟以下地。中有增城九重，高一千里百一十四步二尺六寸。」又《韓非子‧五蠹》說：「天下大水，而鯀、禹決瀆。」說大禹治水也填土，而鯀也疏導，就是說不存在治水失誤的事情。所以鯀被殺還是在於和帝堯有矛盾。

　　就是不待帝命、鯀負命毀族之類的理由。《呂氏春秋・恃君覽》說的更爲尖銳：「堯以天下讓舜，鯀爲諸侯，怒於堯曰：『得天之道者爲帝，得地之道者爲三公。今我得地之道，而不以我爲三公？』以堯爲失論，欲得三公，怒甚猛獸，欲以爲亂，比獸之角能以爲城，舉其尾能以爲旌。召之不來，仿佯於野，以患帝舜。於是，殛之於羽山，加之以吳刀。」顯然，以爲城，舉其尾能以爲旌，召之不來，仿佯於野，以患帝舜才是被殺的眞正理由。按照《山海經》的說法，中國的城市就是鯀開始建造的，但是隔絕了與諸侯的往來，把自己孤立了。《淮南子・原道訓》說：「昔者夏鯀作九仞（或作三仞）之城，諸侯背之，海外有狡心。禹知天下之叛也，乃壞城平池，散財物，焚甲兵，施之以德，海外賓伏，四夷納職，合諸侯於塗山，執玉帛者萬國。故機械之心藏於胸中，則純白不粹，神德不全。在身者不知，何遠之所能懷？」

　　到大禹時代，看到了城市帶來的負作用，所以壞城平池，散財物，焚甲兵，施之以德，海外賓伏，四夷納職，合諸侯於塗山，最後取得了勝利。這一事實，已錄在正史，《左傳・哀公七年》說：「禹會諸侯於塗山，執玉帛者萬國。」按照《史記》，帝堯時代社會並不安定，經過四次鎮壓異己才安定天下，歷史上稱爲四罪。《尚書・舜典》稱「流共工於幽州，放驩兜於崇山，竄三苗於三危，殛鯀於羽山，四罪而天下咸服。」沒有說明理由。這裡的驩兜就是《山海經》鯀妻士敬，士敬子曰琰融生驩頭的那個驩頭，可見舜對鯀家族幾乎是趕盡殺絕。

　　舜接受四嶽的建議，伯禹作司空，平水土。大禹取代了鯀的位置。其作爲，《吳越春秋・越王無余外傳》記載相對豐富曲折，也與《史記》一致：

　　　　舜與四岳舉鯀之子高密。四岳謂禹曰：「舜以治水無功，舉爾嗣考之勳。」禹曰：「俞！小子敢悉考績，以統天意，惟委而已！」禹傷父功不成，循江溯河，盡濟甄淮，乃勞身焦思以行，七年，聞樂不聽，過門不入，冠掛不顧，履遺不躡，功未及成。愁然沉思。……禹乃東巡，登衡岳，血白馬以祭，不幸所求。禹乃登山，仰天而嘯。因夢見赤繡衣男子，自稱：「玄夷蒼水使者，聞帝使文命於斯，故來候之。非厥歲月，將告以期。無爲戲吟，故倚歌覆釜之山。」東顧謂禹曰：「欲得我山神書者，齋於黃帝岩岳之下，三月庚子，登山發石，金簡之書存矣。」禹退，又齋。三月庚子，登宛委山，發金簡之書，案金簡玉字，得通水之理。復返歸岳，乘四載以行川，始於

霍山，徊集五岳。詩云：「信彼南山，惟禹甸之。」遂巡行四瀆，與
益、夔共謀。行到名山大澤，召其神而問之山川脈理、金玉所有、
鳥獸昆蟲之類及八方之民俗、殊國異域土地里數，使益疏而記之，
故名之曰《山海經》。禹三十未娶，行到塗山，恐時之暮，失其度制，
乃辭云：「吾娶也，必有應矣。」乃有白狐九尾造於禹，禹曰：「白
者，吾之服也。其九尾者，王之證也。」塗山之歌曰：『綏綏白狐，
九尾痝痝。我家嘉夷，來賓爲王。成家成室，我造彼昌。天人之際，
于茲則行。』明矣哉！禹因娶塗山，謂之女嬌，取辛、壬、癸、甲，
禹行。十月，女嬌生子啓。啓生不見父，晝夕呱呱啼泣。禹行，使
大章步東西，豎亥度南北，暢八極之廣，旋天地之數。禹濟江，南
省水理，黃龍負舟，舟中人怖駭，禹乃啞然而笑曰：「我受命於天，
竭力以勞萬民。生，性也；死，命也。爾何爲者？」顏色不變，謂
舟人曰：「此天所以爲我用。」龍曳尾舍舟而去。……民去崎嶇，歸
於中國。堯曰：「俞！以固冀於此。」乃號禹曰伯禹，官曰司空，賜
姓姒氏，領統州伯，以巡十二部。

這段話看起來像《山海經》，但有很多的文化信息，首先是血白馬以祭，就是
說得到白馬氏族亦即本民族的支持，其次齋於黃帝岩嶽之下，就是獲得有熊
氏的約定，本民族的認可，再者，與塗山氏結爲婚姻，最後黃龍負舟，鯀禹
關係進入新時代。關於與塗山氏爲婚姻，《左傳·哀公七年》說：「禹會諸侯
於塗山，執玉帛者萬國。」就是說已經聯繫了諸侯與四方，鞏固了自己的地
位。又《《國語·晉語八》說：「昔者鯀違帝命殛之於羽山，化爲黃熊，以入
羽淵。」又，《說苑·十八》說：「化爲黃熊，以入於羽淵，是以夏郊，三代
舉之」。鯀爲什麼要化爲黃熊呢？應該說與部族圖騰淵源有關。《世本·帝系》
說：「禹納塗山氏之女，曰嬌，是爲攸女。」《史記索引》引「《系本》曰『塗
山氏女名女媧。』」可見，塗山氏爲女媧部族。女媧部族治水有成功的經驗，
形成煉五彩石補天神話，那麼大禹治水顯然借助了東夷，以女媧族爲代表的
諸侯的力量。一般認爲，塗山氏就在安徽當塗，在帝堯時代爲東夷，東夷九
族，力量強大。東西部落形成婚姻對國家的統一與政權的穩定非常重要。因
此通婚由來已久。《史記·五帝本紀》：「黃帝居軒轅之丘，而娶於西陵之女，
是爲嫘祖。嫘祖爲黃帝正妃，生二子，其二曰昌意。」昌意，顓頊之父，顓
頊產伯鯀。嫘祖是西部羌族，所以大禹與東夷原來就有姻親。《三國志·魏書

卷五》說「在昔帝王之治天下，……故西陵配黃，英娥降嬀」。西陵指黃帝的妻子，原爲西陵部落的女子，就是後世說的嫘祖，即養蠶取絲的創始人。英娥傳說爲堯之二女，嫁給舜。《漢書》卷八十五《谷永杜鄴傳》：「堯遭洪水之災，天下分絕爲十二州，制遠之道微，而無乖叛之難者，德厚思深，無怨於天下也。」可見帝堯與嫘祖的婚姻也是因爲洪水造成天下分裂時代的產物。後來人們美化爲德厚思深。這是大禹與東夷通婚的基礎與原因。

《山海經》中記載鯀與妻子的關係說，鯀妻士敬，士敬子曰琰融，生驩頭。頭人面鳥喙，有翼，食海中魚，杖翼而行。維宜芑苣，穆是食。有驩頭之國。其中，人面鳥喙是東夷的象徵，是飛鳥氏族。暗示鯀也是東西聯盟性質的婚姻，但這個東夷氏族似乎力量不大，所以只有一個驩頭之國爲立足點。而大禹與塗山氏則不同。

《尚書‧益稷》說：「禹曰：予娶於塗山，辛壬癸甲，啓呱呱而泣，予弗子，唯荒度土功。弼成五服，至於五千。」《史記‧五帝本紀》說：「予娶於塗山，辛壬癸甲，啓呱呱而泣，生啓予弗子，以故能成水土功。輔成五服，至於五千里……」非常清楚指出治水成功，娶於塗山是關鍵，塗山氏具有五千里江山。《吳越春秋‧越王無餘外傳》引塗山之歌曰：「綏綏白狐，九尾痝痝。我家嘉夷，來賓爲王。成家成室，我造彼昌。」明顯表示了擁有實力支持大禹爲王的意願。可見治水成功與爲王都得到了塗山氏的支持。但是，諸侯中也不是很順利。《國語‧魯語下》記載「吳伐越，墮會稽，得骨焉，節專車。吳子使來好聘，且問之仲尼曰『丘聞之，昔禹致群神與會稽之山，防風氏後至，禹殺而戮之，其骨節專車。』」然張衡《思玄賦》云：「集群神之執玉兮，疾防風之食言。「食言」二字，顯然表示對大禹的不滿。晉張華《博物志‧外國》說防風氏死後，其二臣猶「以塗山之戮，見禹怒而射之」，則防風氏蓋曾阻撓禹統一天下，故禹借機殺之。

歷史上的禪讓都有不同的解釋。就堯舜禪讓也有資料記載是逼宮。《竹書紀年‧五帝紀》》「黃帝既仙去，其臣有左徹者，削木爲黃帝志之像，帥諸侯朝奉之。」「黃帝死後七年，其臣左徹乃立顓頊。」（同上）「顓頊產伯鯀，是維若陽，居天穆之陽。」（同上）又《竹書紀年‧五帝紀》說：「舜囚堯於平陽，取之帝位。」「舜囚堯，復堰塞丹朱，是不與父相見也。」「后稷放帝子丹朱于丹水。」（同上）禹殺益，傳位給兒子也不輕鬆。《史記‧五帝本紀》記載了啓殺益的事。又《戰國策》卷29、燕1《燕王噲既立》說：「禹授益而

以啓爲吏，及老，而以啓爲不足任天下，傳之益也。啓與支黨攻益而奪之天下，是禹名傳天下於益，其實令啓自取之。」《拾遺記》卷 1 說：「在位十年，有五老遊於國度。舜以師道尊之，言則及造化之始。舜禪於禹，五老去，不知所從，舜乃置五星之祠以祭之，其夜有五長星出。」實際上暗示大禹登上天子位置得到五嶽的支持。不是一般的禪讓。

《左傳》莊公二十二年說，「姜，太嶽之後也。」韋昭注：「伯夷，四嶽之族。」《山海經·海內經》說：「伯益生西嶽，西嶽生先龍，先龍始生氐羌。」表明，西羌是四嶽的後裔。《史記·六國年表》說：「禹興於西羌。」《荀子·大略》說：「禹學於西王國。」《孟子》說：『禹生於石紐，西夷人也。」陸賈《新語》指出：「大禹出於西羌。」《路史》說：「禹長於西羌，西夷之人也。」還有如《韓詩外傳》等均作大禹是西羌人。根據上面的資料，我們看到，西羌是四嶽的後裔，大禹興於西羌，就是說從那裡發跡。其原因就是從鯀開始就得到了四嶽的支持。四嶽等之未有賢於鯀者，願帝試之，也具有感情色彩，應該說四嶽對大禹家族的支持從黃帝時代就已經開始了。

《吳越春秋》與《山海經》以及《國語·晉語八》、《說苑·十八》、《潛夫論·賢難》等等都說鯀死後化爲黃熊。這個黃熊並非人物與動物的互相變化，而是姓氏圖騰部族的關係表現。《史記·五帝本紀》說：「自黃帝至舜禹，皆同性而異其國號，以彰明德。故黃帝爲有熊，帝顓頊爲高陽。」黃帝「教熊、羆、貔、貅、貙、虎，以與炎帝戰於阪泉之野，三戰，然後得其志」。表明黃帝就是有熊氏。黃帝是部落首領，其部下聯盟有熊、羆、貔、貅、貙、虎等。鯀禹也是有熊氏，是黃帝的後裔。所以，鯀死後化爲黃熊，在水中則爲能。《吳越春秋》說：「禹三十未娶，行到塗山，恐時之暮，失其度制，乃辭云：「吾娶也，必有應矣。」乃有白狐九尾造於禹，禹曰：「白者，吾之服也。其九尾者，王之證也。」塗山之歌曰：「綏綏白狐，九尾痝痝。我家嘉夷，來賓爲王。成家成室，我造彼昌。」天人之際，於茲則行，明矣哉！禹因娶塗山，謂之女嬌，取辛壬癸甲。禹行十月，女嬌生子啓。啓生，不見父，晝夕呱呱啼泣。禹行，使大章步東西，豎亥度南北，暢八極之廣，旋天地之數。禹濟江，南省水理，黃龍負舟，舟中人怖駭，禹乃啞然而笑曰：「我受命於天，竭力以勞萬民。」這裡的塗山氏的圖騰就是狐狸，不僅如此，還有氏族之歌。正因爲我造彼昌，所以有熊氏與塗山氏的婚姻是政治聯盟，應該是比較清楚的了。而鯀和大禹都是用熊民族，鯀失敗以後就是回到有熊氏爲平民，所以

一個詞，因此復與愎是一個含義的不同版本，而不是說鯀生大禹的過程。迄
今爲止，古代神話中，華夏民族還沒有男人生孩子的記錄，所以這裡不會例
外。《山海經》與《史記》都言鯀禹治水是布土爲主，鯀還修過城市，也有決
河山的記載，像《淮南子》、《墨子》都這麼說，因此鯀禹在治水方式上沒有
區別，問題出在鯀和帝堯的矛盾上，所以鯀很快被殺害。由於四嶽的力量，
治水只能從鯀的部落中重新推舉出人，經過了三年的時間，大禹取得了這樣
的機會。治水中的神奇事情並不多，最有名的就是河海應龍。《廣雅·釋魚》
說：「有鱗曰蛟龍，有翼曰應龍，有角曰勛龍，無角曰螭龍。龍能高能下，能
小能巨，能幽能明，能短能長，淵深是藏，敷和其光。」這是有翅膀的龍，
與上面的黃龍又不同。總之，龍逐漸向大禹靠近，由負舟到幫助大禹治水。
而大禹本身的形象也漸漸與龍接近。皇甫謐《帝王世紀》曰：「己山行，見流
星貫昴，夢接意感，生禹於石紐。虎鼻大口，足文履己。」雖然與流星有關，
但也開始有動物成分。《孝經·援神契》曰：「舜龍顏大口，手握褒。宋均注
曰：握褒，手中有褒字，喻從勞苦受褒飾，致大祚也。」《括地圖》曰：「禹
誅防風，夏德盛，二龍降之。禹使范氏御之以行。」這時候，龍還是神物，
沒有人格化，但已經與夏發生了密切的關聯。後來，龍幾乎與古代帝王都發
生了關係。《春秋元命苞》曰：「黃帝龍顏。」《尸子》曰：「禹長頸鳥喙，貌
亦惡矣。天下從而賢之者，好學也。」根據《尸子》，大禹已經與應龍合二而
一了，應龍就是大禹。不僅如此，黃帝、舜等都是龍的樣子。至於二龍降之，
顯然龍瑞就是禹德的象徵了。再後來，就有「鯀死，三歲不腐。剖之以吳刀，
化爲黃龍。」（《山海經·海內經》注）的記載了。在戰國前，像《易經》也
說到龍，飛龍在天，潛龍勿用，亢龍有悔，都不是帝王天威。到戰國莊子，
還說：肩吾問於連叔曰：「吾聞言於接輿，大而無當，往而不返。吾驚怖其言
猶河漢而無極也，大有徑庭，不近人情焉。」連叔曰：「其言謂何哉？」「曰
『藐姑射之山，有神人居焉。肌膚若冰雪，淖約若處子；不食五穀，吸風飲
露；乘雲氣，御飛龍，而遊乎四海之外；其神凝，使物不疵癘而年穀熟。』
吾以是狂而不信也。」龍不是天的象徵，是突出的能量的化身。又：孔子見
老聃歸，三日不談。弟子問曰：「夫子見老聃，亦將何規哉？」孔子曰：「吾
乃今於是乎見龍。龍，合而成體，散而成章，乘乎雲氣而養乎陰陽。把人傑
出的人比喻爲龍，但不是專門的稱呼。因此，我們肯定，大禹是龍的象徵是
戰國時候形成的。並且，由於圖騰時代的結束，後人只能是附會而不是原創，

所以，很零碎。《周禮・夏官》說：「馬八尺曰龍。」又《呂氏春秋・本味》說：「馬之美者，青龍之匹，遺風之乘。非先爲天子，不可得而具。天子不可彊爲，必先知道。道者止彼在己，己成而天子成，天子成則至味具。」可見到秦代的時候，在駿馬就是龍的基礎上，成爲天子的象徵，龍文化就此形成，而所謂龍馬精神也就是發展成功的意思了。《天問》中說：「焉有石林，何獸能言。焉有虯龍，負熊以遊。」就是指鯀回歸爲熊，禹化爲龍的圖騰替換的歷史，似乎屈原並不理解。而後代則進入傳說神話與神話歷史化時代。就大禹變成龍的傳說神話看，也不是毫無淵源根據。《帝王世紀》曰：「禹，姒姓也。其先出顓頊。顓頊生鯀，堯封爲崇伯，納有莘氏女曰志。是爲修已，見流星貫昴，又吞神珠，意感而生禹於石紐。名文命，字高密，長於西羌，西夷人也。堯命以爲司空，繼鯀治水。十三年而洪水平。堯美其績，乃賜姓姒氏，封爲夏伯，故謂之伯禹。」顓頊的老師就是老龍，大禹的姒性，按照聞一多的說法就是巳，也就是蛇。這大概是大禹成爲龍的又一個立足點吧。

第二節　大禹治水神話與漢代石刻

鯀處在鴻水滔天的時代，治水九年，只是沒有成功，所以，大禹又治水經過十三年，那麼，合起來帝堯時代的洪水歷時 20 多年。不至於到只會堵不會疏導的地步。《尚書・舜典》說舜命大禹「汝平水土」。又《國語・鄭語》：「夏禹能單平水土以品處庶類者也。」就是說，塡土堵水是舜的命令與治水方略，也是鯀禹的治水措施。《韓非子・五蠹》說：「天下大水，而鯀、禹決瀆。」說明鯀治水方法有疏導行爲。禹知責任重大，事涉安危，所以治水十三年，司馬遷稱過家門是不敢入，比較符合事實。《史記》說：「禹乃遂與益、后稷奉帝命，命諸侯百姓人徒以傅土，行山表木，定高山大川。」禹卒布土以定九州。傅土、布土，就是平水土，也是大禹的治水方法之一。《淮南子》涉及大禹治水共十二處，其中十一處俱言禹以疏導之法治洪水，但「墜形訓」云：「禹乃以息土塡洪水以爲名山，掘崑崙墟以下地。中有增城九重，高一千里百一十四步二尺六寸。」表明鯀禹治水都是堵疏導並用，治水方法正確。《說苑・貴德》記載：「古者溝防不修，水爲民害。禹鑿龍門，闢伊闕，平治水土，使民得陸處」。那麼，從治水的情況看，平治水土還是必須，沒有什麼不對。

《漢書》卷五十七下《司馬相如傳》也說：「昔者，洪水沸出，泛濫衍溢，民

人升降移徙，崎嶇而不安。夏后世戚之，乃堙洪原，決江流河，瀝沈淡災，東歸之於海，而天下永寧。」可見堙洪原是治水壖土的必然方式，本身沒有什麼不對的地方。鯀治水九年被殺，大禹爲什麼十三年不被殺害呢？

《呂氏春秋·恃君覽》說：「堯以天下讓舜，鯀爲諸侯，怒於堯曰：『得天之道者爲帝，得地之道者爲三公。今我得地之道，而不以我爲三公？』以堯爲失論，欲得三公，怒甚猛獸，欲以爲亂。比獸之角能以爲城，舉其尾能以爲旌。召之不來，仿佯於野，以患帝舜。於是，殛之於羽山，加之以吳刀。」表明帝堯、舜都與鯀有矛盾，原因是帝堯的不公。其結果如《淮南子·原道訓》說：「昔者夏鯀作九仞（或作三仞）之城，諸侯背之，海外有狡心。禹知天下之叛也，乃壞城平池，散財物，焚甲兵，施之以德，海外賓伏，四夷納職，合諸侯於塗山，執玉帛者萬國。故機械之心藏於心中，則純白不翠，神德不全。在身者不知，何遠之所能懷？」

鯀得罪了帝堯，自己乾脆築起城池，以防不測，結果，適得其反。《尚書》、《史記》等史書都說大禹的謙恭賢能，與此表達一致。鯀負命毀族，大概就是指此這些，明顯與帝堯對抗，對諸侯不信任，而當時帝堯的力量很大。《揚子雲集》卷 1 說：「昔者堯有天下，舉大綱，命禹夏殷周屬其子不膠者，卓矣！唐虞象刑，惟明夏后肉闢三千不膠者，卓矣！堯親九族，協和萬國。」而大禹反鯀之道而行之，聯合諸侯，因此，成霸王之業。考之《國語》「鯀鄣洪水而殛死，禹能以德修鯀之功。」也是此意。《尚書》、《史記》等都強調會塗山是禹治水成功的重要原因，就是說諸侯的力量是大禹沒有被殺與治水成功，與登上帝王位置等都起了重要作用。

按《左傳》莊公二十二年說，「姜，太嶽之後也。」韋昭注：「伯夷，四嶽之族。」《山海經·海內經》說：「伯益生西嶽，西嶽生先龍，先龍始生氐羌。」表明，西羌是四嶽的後裔。《史記·六國年表》說：「禹興於西羌。」《荀子·大略》說：「禹學於西王國。」《孟子》說：『禹生於石紐，西夷人也。」陸賈《新語》指出：「大禹出於西羌。」《路史》說：「禹長於西羌，西夷之人也。」還有如《韓詩外傳》等均作大禹是西羌人。根據上面的資料，我們看到，西羌是四嶽的後裔，大禹興於西羌，就是說從那裡發迹。其原因就是得到了四嶽的支持。四嶽等之未有賢於鯀者，願帝試之，也具有感情色彩，應該說四嶽對大禹家族的支持從黃帝時代就已經開始了。實際上，西部政治集團亦由此形成。

大禹與塗山氏的婚姻是政治婚姻，所以典籍都有記錄。《尚書·益稷》說：

「禹曰：予娶於塗山，辛壬癸甲，啓呱呱而泣，予弗子，唯荒度土功。弼成五服，至於五千。」《史記‧五帝本紀》說：「予娶於塗山，辛壬癸甲，啓呱呱而泣，生啓予弗子，以故能成水土功。輔成五服，至於五千里……」非常清楚指出治水成功，娶於塗山是關鍵。《吳越春秋‧越王無余外傳》引塗山之歌曰：「綏綏白狐，九尾痝痝。我家嘉夷，來賓爲王。成家成室，我造彼昌。」明顯表示了支持大禹爲王的意願。可見治水成功與爲王都得到了塗山氏的支持。但是，諸侯中也不是很順利。《國語‧魯語下》記載「吳伐越，墮會稽，得骨焉，節專車。吳子使來好聘，且問之仲尼曰『丘聞之，昔禹致群神與會稽之山，防風氏後至，禹殺而戮之，其骨節專車。』」然張衡《思玄賦》云：「集群神之執玉兮，疾防風之食言。「食言」二字，顯然表示對大禹的不滿。晉張華《博物志‧外國》說防風氏死後，其二臣猶「以塗山之戮，見禹怒而射之」，則防風氏蓋曾阻撓禹統一天下，故禹借機殺之。禹至此又得到了東部力量的支原。

大禹是黃帝的後裔，屬於有熊氏，所以，當鯀失敗時就回到部落，恢復熊的身份，因其治水有能，所以入水爲黃能，黃當然就是黃河的象徵。當大禹面對塗山氏的時候也就作爲部落的代表，所以就是有熊氏，就是熊。

但是儒家爲三王諱，有意迴避與曲解這段歷史，以致於顯得混亂與不明不白。如堯舜禹禪讓，實際是逼宮，鯀被殺，是權力鬥爭，而孔子避諱。在《論語》中孔子說堯：「大哉！堯之爲君也。巍巍乎！唯天爲大，唯堯則之。蕩蕩乎，民無能名焉。巍巍乎其有成功也，煥乎其有文章。」已經誇耀到極致，而對鯀隻字未提。

但是大禹的成功，主要依賴於治水的便利與成功，所以繪畫中的大禹就是一副披星戴月的救世主模樣，見圖一、二、三。

大禹治水，根據史料，有一些能臣，主要有益、皋陶、橫革、后稷、夔等。《莊子‧成相第二十五》說：「禹傅土，平天下，躬親爲民行勞苦。得益、皋陶、橫革、直成爲輔。」《尚書》中主要記錄了益、皋陶、后稷、夔隨大禹治水與平天下的事迹。《魏書》中還有契：「唐、虞之君，委任稷、契、夔、龍而責成功，及其罪也，殛鯀而放四凶。」（《魏書》卷十六）《戰國策》卷11、齊4《齊宣王見顏斶》說：「是以堯有九佐，舜有七友，禹有五丞，湯有三輔，自古及今而能虛成名於天下者，無有。」禹有五丞當即這五人。

（一）皋陶

《尚書‧舜典》說：「帝曰：『皋陶，蠻夷猾夏，寇賊奸宄，汝作士。』」

說明皋陶在國家困難時期得到帝堯的重用。《尚書》中還有專章《皋陶謨》敘述其安民、道德、典禮事迹。後來有很多的傳說。王充《論衡·是應》說：『皋陶治獄，其罪疑者，令獬豸觸之。獬豸者，一角之羊也，性知有罪罪，有罪則觸，無罪則不觸。故皋陶敬羊，起坐事之。」《說文》十說：「似山牛，一角。古者決訟，令觸不直。」「古者神人以廌遺黃帝。黃帝曰；『何食何處。』曰食薦，夏處水澤，冬處松柏。」

（二）后稷

《尚書》中有《益稷》講述益與后稷的《益稷》有皋陶與大禹的對話，有益與后稷的事迹，后稷主要是農業與食品的生產供應，對大禹治水當爲後勤保障。《詩·大雅·生民》、《史記·周本紀》記載：「周后稷，名棄。其母有邰氏女，曰姜原，姜原爲帝嚳元妃。姜原出野，見巨人迹，心忻然悅，欲踐之，踐之而身動，如孕者，居期而生子。以爲不詳，棄之隘巷，馬牛過者，皆群不踐。徙置之林中，適會山村多人，遷之，而棄渠中冰上，飛鳥以其翼覆薦之，姜原以爲神。」根據《山海經·海內經》：「后稷是播百穀，稷之孫曰叔均，是始作牛耕。」這樣看，后稷就是農神，所以，牛羊、飛鳥都天然順從他。而他死後，據《海內西經》，葬在氐羌西。《列仙傳》中《赤斧》說：「赤斧者，巴戎人。爲碧雞祠主簿。能作水澒煉丹與硝石，服之三十年，反如童子，毛髮生皆赤。後數十年，上華山取禹餘糧餌，賣之於蒼梧滇江間。累世傳見之，手掌中有赤斧焉。」取禹餘糧，說明大禹治水的糧食供應也主要來自西部，而且非常充足，後來成爲神話的糧食標誌。

（三）益

《尚書》中有《益稷》講述益與后稷的《益稷》，說他爲舜馴鳥獸。從《大禹謨》看，益是舜的寵臣，推動大禹帝德廣運，政在養民。《孟子·滕文公下》說：「舜使益掌火，益烈山澤而焚之，禽獸逃匿。禹疏九河……然後中國得而可食。」《漢書·地理志》說：「伯益知禽獸。」《後漢書·蔡邕傳》說：「伯翳綜聲於鳥語。」在治水過程中，據《史記·秦本紀》，他幫助大禹平水土發揮過重要作用。治水成功後，他便幫助舜馴服鳥獸。舜賜給他嬴姓，據說後來成了嬴姓（秦國王族）的祖先。《戰國策》卷29、燕1《燕王噲既立》說：「禹授益而以啓爲吏，及老，而以啓爲不足任天下，傳之益也。啓與支黨攻益而奪之天下，是禹名傳天下於益，其實令啓自取之。」「堯舜舉賢，禹獨與子」（《淮南子 齊俗篇》高誘注）。神話中，他的代表形象就是燕子或者鳳凰。

（四）夔

夔，爲舜的樂官；龍爲諫官。有傳說夔、龍皆龍之子。《尚書・舜典》說：「帝曰：『咨，四嶽，有能典朕三禮？』僉曰：『伯夷。』……讓於夔、龍。」「帝曰：『夔！命汝作樂，教冑子……』」，《山海經・大荒東經》描寫夔是：「狀如牛，蒼身而無角，一足，出入水則必有風雨，其光如日月，其聲如雷，其名曰夔」。《史記》說：「於是夔行樂，祖考至，群后相讓，鳥獸翔舞，《蕭韶》九成，鳳凰來儀，百獸率舞，百官信諧。」《呂氏春秋・察傳》、《韓非子・外儲說》、《論語》說魯哀公問於孔子曰：「樂正夔一足，信乎？」孔子曰：「昔者舜欲以樂傳教於天下，乃令重黎舉夔於草莽之中而進之，舜黎又欲益求人，舜曰：『夫樂，天地之精也，得失之節也，故唯聖人能爲和樂之本也，夔能和之以平天下，若夔者一而足矣。』故曰『夔一足』，非一足也。」神話當中的夔，在《山海經・大荒東經》中是狀如牛，一足，出入水則有風雨。其聲如雷。其形貌在《說文》中作如龍一足，或者有角。可見，形制大致相似而已。

（五）契

《尚書・舜典》引舜話說：「契，百姓不親，五品不遜。汝作司徒，教敷五教在寬。」說明契的工作主要是教化。《史記・殷本紀》說，三人行浴，見玄鳥墮其卵，簡狄取吞之，因孕生契。或云女修織，玄鳥隕卵，女修吞之，生子大業。他長大後幫助大禹治水成功。那麼，他顯然是玄鳥氏的後代。

上述五位臣工都是大禹治水的能臣，各有自己的本事與神形。其中，益是鳳凰，秦朝的祖先。夔似牛，一角。契是玄鳥，商朝的祖先。后稷是周的祖先。大致這些都是西戎，與大禹或是同種，或是姻親關係，那麼，大禹治水的重要力量在西戎無疑。之後與塗山氏聯盟，所以，取得了治水的勝利，成爲三皇之一。

對這樣歷時數十年，治水與爭霸天下的事情，在先民的生活中產生了很大影響。因此，不僅在典籍當中，就是詩辭當中都有充分的表現。《詩經》中，直接表現歌頌大禹治水的詩歌主要有幾首，但是重要就是在商與周的雅頌詩中。寫周朝的有《文王有聲》、《韓奕》、《閟宮》，寫商朝的主要有《長發》，而十五國風隻字未提。《文王有聲》說：

豐水東注，維禹之績。四方攸同，皇王維辟。皇王烝哉！……

詩歌主要敍述文王武功建國。但是，能夠對大禹進行高度評價，原因就是后稷參與了大禹的治水成功，大禹與周是姻親關係。因此二而一、一而二。《尚

書‧禹貢》中就有「入於渭、亂於河」、「東會於灃，又東會於涇」的記載。
正因為大禹治水成功，所以周朝把他與開國的君主文王一樣作為歌頌的對
象，表示不忘其所從來。《韓奕》寫武王之後諸侯韓國朝天子的事情：「奕奕
梁山，維禹甸之，有倬其道。韓侯受命，王親命之、纘戎祖考，無廢朕命。
夙夜匪解，虔共爾位。朕命不易，榦不庭方，以佐戎辟。」按《尚書‧禹貢》
說：「華陽、黑水惟梁州。」「入於渭、亂於河」。就是說韓國是原來的梁州，
是大禹治理黑水以後形成的，因此，韓侯祭祀歌頌，也是表示不忘其所從來。
《閟宮》寫大禹平水土，后稷開始播百穀。把歌頌祖先定位到大禹、后稷，
顯然體現了二者的血緣與政治關係。詩歌說：「閟宮有侐，實實枚枚。赫赫姜
嫄，其德不回。上帝是依，無災無害。彌月不遲，是生后稷。降之百福，黍
稷重穋。稙穉菽麥。奄有下國，俾民稼穡。有稷有黍，有稻有秬。奄有下土，
纘禹之緒。后稷之孫，實維大王。居岐之陽，實始翦商。至于文武，纘大王
之緒。致天之屆，于牧之野。無貳無虞，上帝臨女。敦商之旅，克咸厥功。
王曰叔父，建爾元子。俾侯于魯。大啓爾宇，為周室輔。」而在商頌中，《長
發》是對商朝歷史的回憶與歌頌，都是祭祀文字。《長發》說：「濬哲維商，
長發其祥。洪水芒芒，禹敷下土方，外大國是疆。幅隕既長。有娀方將，帝
立子生商。玄王桓撥，受小國是達，受大國是達。率履不越，遂視既發。相
土烈烈，海外有截。」把歷史從大禹治水時代開始，原因與周朝一樣，殷商
的祖先契是大禹的助手與臣工。這些詩歌實際上都是具有史詩性質的作品。
這些作品在周朝能夠保存，而不是像甲骨文一樣入土為安，沒有隨著殷商文
化一起被毀滅的原因，就是在大禹時代，他們具有血緣，是部落聯盟。通過
《詩經》關於大禹的詩歌我們看出，大禹西戎聯盟是《詩經》商頌的保存原
因，而十五國風詩歌沒有大禹治水的故事，是因為他們當時不是聯盟，所以
就是塗山之歌：「綏綏白狐，九尾痝痝。我家嘉夷，來賓為王。成家成室，我
造彼昌。」這樣的詩歌也沒有能夠進入三百篇中，毫無疑問，《詩經》是周代
編輯而成，不會到春秋中葉。例外的是《有狐》說：「有狐綏綏，在彼淇梁。
心之憂矣，之子無裳。」塗山之歌曰：「綏綏白狐，九尾痝痝。我家嘉夷，來
賓為王。成家成室，我造彼昌。有狐綏綏，在彼淇厲。心之憂矣，之子無帶。
有狐綏綏，在彼淇側。心之憂矣，之子無服。」這首詩歌顯然已經把塗山氏
演變成女性妻子的形象了。在衛地傳唱，就是說是殷商文化的體現，而殷商
文化更接近於夏文化，至周則大部分歷史被塗改或者刪去了，只剩下很少的

一部分。從歷史與文學的關係看，眞實的部分比較簡單，多在關鍵使用上。而一些歷史由於政治的原因抽象成情感表達的類型，失去原貌。

在楚辭中，屈原由於不存在商周那樣的政治糾葛，所以，比較能夠平和地表達評論這段歷史，藉以抒發自己的情感。對堯舜禹都採取歌頌的態度。《離騷》說：「昔三后之純粹兮，固眾芳之所在。雜申椒與菌桂兮，豈維紉夫蕙茝！彼堯舜之耿介兮，既遵道而得路。何桀紂之昌披兮，夫唯捷徑以窘步。」「后辛之菹醢兮，殷宗用而不長。湯禹儼而祗敬兮，周論道而莫差。舉賢鯀而授能兮，循繩墨而不頗。」他認爲，三皇都很偉大，能夠發揮賢能的作用。但是畢竟年代久遠，有時他自己也不清楚是非。《天問》說：「鴟龜曳衘，鯀何聽焉！順欲成功，帝何刑焉。永遏在羽山，夫何三年不施？伯禹腹鯀，夫何以變化？纂就前緒，遂成考功。何續初繼業，而厥謀不同？洪泉極深，何以窴之？地方九則，何以墳之？河海應龍，何盡何歷？鯀何所營？禹何所成？」對堯舜高度讚美，而對大禹的種種傳述採取懷疑態度。對與塗山氏的聯盟也感到費解。「禹之力獻功，降省下土四方。焉得彼嵞山女，而通之於台桑。閔妃匹合 厥身是繼。」又說：「湯禹久遠兮，邈不可慕也！」就屈原的詩歌看，他對久遠的歷史與傳說已經作爲歷史相信，神話歷史化了。但對近代的歷史傳說持懷疑態度。由此看來，神話的歷史化是逐步進行的，政治立場關係起到了重要作用。就這個角度說，古代的文學，哪怕就是原典《詩經》也不能當成歷史來看，只是參考，更多的是文學藝術。

詩辭藝術以外，就是圖畫。從有些文字記載，如屈原的《招魂》當中，漢賦裏都有大量的歷史圖畫的記載，但是那些圖畫除了文字與出土文獻以外，基本上已經沒有了。對大禹治水故事表達比較充分的繪畫藝術就是漢代畫像石。見下圖一、二、三。

三幅圖都是徐州出土的漢代畫像石，收錄在《徐州漢畫像石》（北京，中國世界語出版社，1995年12月出版）以及《中國漢代畫像石全集》中。《圖錄說明》指出，圖一「炎帝升仙，銅山苗山（出土）。畫面右上方圓形內刻玉兔和蟾蜍，是爲月的象徵。左上方刻炎帝，頭帶斗笠，身批蓑衣，一手持耒耜，一手牽鳳凰，圖下方刻神牛銜草。」圖二「黃帝升仙，銅山苗山（出土）。該圖與圖一相對稱，畫面左上方圓形內刻三足鳥，是爲日的象徵，右上方刻黃帝有熊氏，人身熊首，生有翅翼。中部刻一有翼之馬，爲黃帝乘之而仙的飛黃，下方刻一象。」

應該說解釋有一定的道理，但是對應起來馬上就會發現說明比較草率。首先對圖象的認識上就有失誤。圖象上人物拿的是耒錨而不是耒耜，人物赤腳，著蓑衣，褲腳高高挽起。這不可能是炎帝，炎帝是火神祝融，不是這樣的神形。炎帝與鳳凰、牛也沒有必然的聯繫。圖二中的馬也不是飛黃。飛黃形制小。《淮南子·覽冥訓》高誘注說：「飛黃，乘黃也，出西，狀如狐，背上有角，壽千歲。」畫面上的馬就是馬，與之根本不同。臺灣師範大學同行在 2003 年 2 月舉辦的兩岸三地國際學術討論會上（徐州）也否定了這樣的解釋。實際上，這是很典型的大禹治水傳說故事。

圖一、圖二畫的是大禹治水。考《莊子·天下》說：

> （墨子稱道）「禹艱險不避，「親自操槀耜，而九雜天下之川。腓無……，脛無毛，沐甚風，櫛疾雨，置萬國。禹，大聖也，而形老天下也如此。」

又，《韓非子·五蠹》說：

> 「禹之王天下也，身執耒錨，以為民先，股無完……脛不生毛。雖臣虜之勞，不苦於此矣。」

《漢書》卷五十七下《司馬相如傳》說：

> 昔者，洪水沸出，泛濫衍溢，民人升降移徙，崎嶇而不安。夏后戚之，乃堙洪原，決江疏河，灑沈澹災，東歸之於海，而天下永寧。當斯之勤，豈惟民哉？心煩於慮，而身親其勞，躬傶胼胝無胈，膚不生毛，故休烈顯乎無窮，聲稱浹乎于兹。

又，張衡《東京賦》：

> 慕唐虞之茅茨，思夏后之卑室。邊讓《章華臺賦》：思夏禹之卑宮，慕有虞之土階。

從上引資料我們看出，大禹卑宮室，身執耒錨，胼胝無胈，膚不生毛，與圖象正一致。而太陽、月亮正是象徵著白天黑夜。鳳凰就是上面說的伯益，神形是鳳凰。下面的是夔，像牛，一角掘地。圖二是其中的一部分。月亮與上圖聯繫起來就是夜以繼日。中間的是馬，鯀的神形。《山海經·海內經》說：「黃帝生駱明，駱明生白馬，白馬是為鯀。」鯀就是與黃帝一樣的有熊氏。馬下面為象。按《山海經·南次三經》說：「禱過之山，……其下多象。」郭璞注：「象，獸之最大這者，長鼻，大者牙長一丈，性妒，不畜淫子。」《韓非子·十過》說：「師曠曰：『不可，昔者黃帝合鬼神於泰山之上，駕象車而

六蛟龍，畢方並轄。蚩尤居前，風伯進掃，雨師灑道，虎狼在前，鬼神在後，騰蛇伏地，鳳凰覆上，大合鬼神，作爲清角。』」是象爲駕車之用，以進黃帝而先鬼神，所以，位置很重要。後來的車前做成象鼻就源於此。《國語・周語下》說：「共之從孫四嶽佐之，高高下下，疏川導滯，鍾水豐物，封崇九山，決汨九川，陂障九澤，豐殖九藪，汨越九原，宅居九隩，合通四海。故天無伏陰，地無散陽，水無沈氣，火無災，神無閒行，民無淫心，時無逆數，物無害生。帥象禹之功，度之於軌儀，莫非嘉績。克厭帝心。皇天嘉之，祚以天下，賜姓曰『姒』，氏曰『有夏』，謂其能以嘉祉殷富生物也。祚四嶽國，命以侯伯，賜姓曰『姜』，氏曰『有呂』，謂其能爲禹股肱心膂，以養物豐民人也。」所謂象禹之功就是說大禹的前面還有象是治水的英雄，成爲黃帝的近侍。上面是鯀。說明大禹治水以黃帝爲根基，又以鯀爲基礎，得道昇天。圖案有熊已經超過了月亮，以及天堂。而圖三最爲簡單，指有熊氏的啓戰勝飛鳥益，因此是熊吞鳥圖形。通過這些圖形我們看出，漢代畫像石對歷史的表現，也是以勝利者的經歷作爲表現對象，既有抽象的也有形象的。漢代畫像石是勝利者的過程與結果的藝術，有一定的曲折的蘊涵，值得我們重視。畫像是藝術的還原，不是歷史。

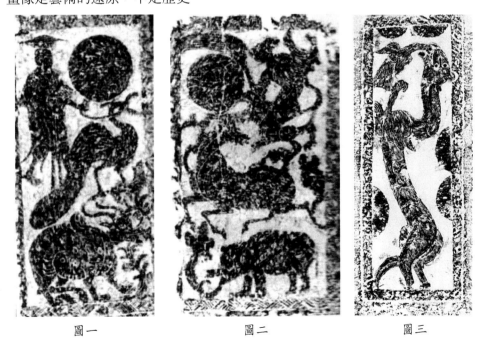

圖一　　　　　　　圖二　　　　　　　圖三

第三節　犀牛的形制和功能

遼寧義縣遼代奉國寺裏的民俗博物館陳列有一把鐵質鍘刀，見下圖。

圖一　攝影：彭善國教授（吉林大學）

鍘刀是什麼時代製造？用途是什麼？似乎還沒有引起我們的關注。鍘刀的主要作用是切草和行刑，切草爲民間常用，行刑主要用於執行生命刑即腰斬或殺頭，戲劇裏關於行刑用鍘刀的故事很多。河南豫劇就有四大鍘，即《鍘趙王》、《鍘美案》、《鍘郭嵩》、《鍘郭槐》四個經典劇目。但檢《說文解字》，在這部漢代的字典裏還沒有鍘這個字，所以，漢代肯定沒有鍘刀，一直到遼代行均《龍龕手鑒》，也沒有這個字。那麼，民俗傳言三代以來就有鍘刀的說法也就不可信。最著名的是包公的三把鍘刀：龍頭鍘、虎頭鍘和狗頭鍘。但是，翻閱《宋史·包拯傳》和徐忠明《包公故事——一個考察中國法律文化的視角》一書，並沒有發現包公製作過這樣的鍘刀。元代作家馬致遠創作的著名散曲《借馬》，其中就有一句「軟煮料草鍘底細」，可見早期的鍘刀用來鍘草用，鍘刀的起源應在元代。作爲鍘刀的適用當然也就在元代和元代之後。民國時期，革命烈士劉胡蘭死在敵人的鍘刀下，可見用鍘刀殺人確實存在，並且一直到民國時代。

鍘刀的形制就整體看，是一個牛的形狀，類似的形狀不止一個。

圖二

　　圖三是 1969 年在武威出土的漢代犀牛圖，現存甘肅省博物館，名字叫獨角獸。

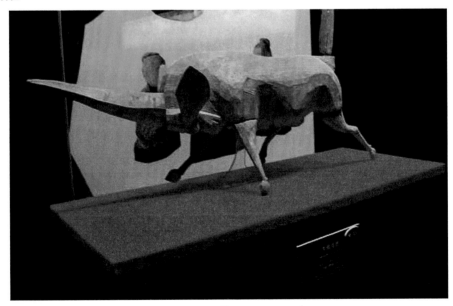

圖三

圖四是 1956 年甘肅省酒泉市下清路 18 號出土的漢代獬豸，現存甘肅省博物館。

圖四

開封市東北五華里的鐵牛村北，即當年黃河之南堤岸處，蹲臥著一頭係翻模工藝鑄造的鐵質怪獸，獨角朝天，怒目圓睜，兩肢前撐，背城面河。于謙親撰銘文於犀背，曰《鎮河鐵犀銘》：「百鍊玄金，溶爲眞液。變幻靈犀，雄偉赫奕。塡禦堤防，波濤永息。安若泰山，固如磐石。水怪潛形，馮夷斂迹。城府堅完，民無墊溺。雨順風調，男耕女織。四時循序，百神効職。億萬閭閻，措之枕席。惟天之休，惟帝之力。爾亦有庸，傳之無極。正統十一年歲在丙庚五月吉日浙人于謙識。

徵引了這些圖片以後，我們大致可以看圖說話了。顯然圖一、三、五都是犀的造型，而不是獨角獸或者異獸。這不用懷疑。那麼，犀的造型的文化意義是什麼呢？考《段注說文》記載說「犀，南徼外牛，一角在鼻，一角在頂，似豕，從牛，尾聲。段注：《爾雅》、《山海經》郭注，劉欣期《交州記》皆云有三角，一在頂上，一在額上，一在鼻上。鼻上角短小，按《晉》語，角犀豐盈……郭璞云形似水牛，豬頭，說各不同也。」[註1] 就是說犀有一些

〔註 1〕《段注說文》，成都古籍書店 1981 年，55 頁。

顯著的特徵，頭上有一個角，體型像豬。將這個要件與上面三個圖象對照可
以證明。而圖五于謙的《鎮河鐵犀銘》，犀牛具有神性，可以鎮水厭精，代替
天之休，帝之力。爲什麼犀牛具有這樣的功能，而其他的牛沒有呢？考宋代
李昉《太平廣記》卷二九一說：

> 李冰爲蜀郡守，有蛟歲暴，漂墊相望，冰乃入水戮蛟。己爲牛
> 形，江神龍躍，冰不勝。及出，選卒之勇者數百，持彊弓大箭，約
> 曰：「吾前者爲牛，今江神必亦爲牛矣。我以太白練自束以辨，汝當
> 殺其無記者。」遂呼吼而入。須臾雷風大起，天地一色。稍定，有
> 二牛鬥於上。公練甚長白，武士乃齊射其神，遂斃。從此蜀人不復
> 爲水所病。至今大浪衝濤，欲及公之祠，皆瀰瀰而去。故春冬設有
> 鬥牛之戲，未必不由此也。祠南數千家，邊江低圯，雖甚秋潦，亦
> 不移適。有石牛，在廟庭下。唐大和五年，洪水驚潰。冰神爲龍，
> 復與龍鬥於灌口，猶以白練爲誌，水遂漂下。左綿、梓、潼，皆浮
> 川溢峽，傷數十郡，唯西蜀無害。（出《成都記》）〔註2〕

圖五

根據《太平廣記》的記載，李冰化牛戮蛟、都龍，因此保證蜀地風調雨順。
又，漢代應劭《風俗通義》〈新秦篇〉記載：

〔註2〕中華書局1981年，2316頁。

　　秦昭王聽田貴之議，遣李冰爲蜀郡太守，開成都兩江，漑田萬頃，無復水旱之災，歲大豐熟。江水有神，歲取童女二人以爲婦，不然，爲水災。主者白出錢百萬以行聘，冰曰：「不須，吾自有女。」到時，裝飾其女，當以沈江水，徑至神祠，上神坐，舉酒酹曰：「今得傅九族，江君大神，當見尊顏，相爲進酒。」冰先投杯，但澹澹不耗，冰厲聲曰：「江君相輕，當相伐耳。」拔劍，忽然不見，良久，有兩蒼牛鬥於岸旁，有閒，冰還，流汗，謂官屬曰：「吾鬥大極，當相助也，若欲知我，南向腰中正白者，我綬也。」主簿乃刺殺北面者，江神遂死，後無復患。蜀人慕其氣決，凡壯健者，因名冰兒。

　　秦昭王聽田貴之議，以李冰爲蜀守，開成都兩江，造興漑田，萬頃以上，始皇得其利以併天下，立其祠也。〔註3〕

《風俗通義》的記載似更接近事實，但與神對話，兩蒼牛相鬥，與《太平廣記》引《成都記》的內容沒有太大的本質差別。故事出在秦代，但成爲傳說形制確實是在漢代，將李冰治水的故事演化成犀牛鬥蛟畢竟需要一定的時間。將生活中的英雄神化是我國文學的一個傳統，而將神話歷史化則又成爲史學的一個特質。我們看漢代幾幅關係犀牛的圖形。圖5-182像犀，也有點像虎豹，十分兇猛。圖5-191更像牛，彼此雖有相似，也有一些差異。

5-182〔註4〕

圖5-91

〔註3〕中華書局1981年，583～584頁。

〔註4〕山東美術出版社、河南美術出版社、四川美術出版社、浙江美術出版社出版《中國畫像石全集》，2000年。其中5-182，表示第五冊182圖。下同。

圖 6-215 和圖 6-10 兩幅圖則更顯威猛。其中圖 6-215 如犀牛，後面緊隨著的是天馬，展翼飛翔；而 6-10 像虎，但虎帶有翅膀，也就是飛虎。

6-215

6-10

虎又是另一個神話傳說了。根據《風俗通義》記載：「《黃帝書》：『上古之時，有荼與鬱壘昆弟二人，性能執鬼，度朔山上立桃樹下，簡閱百鬼，無道理，妄爲人禍害，荼與鬱壘縛以葦索，執以食虎。』於是縣官常以臘除夕，飾桃人，垂葦茭，畫虎於門，皆追效於前事，冀以衛凶也。……故用葦者，欲人子孫蕃殖，不失其類，有如薊葦。茭者，交易，陰陽代興也。虎者，陽物，百獸之長也，能執搏挫銳，噬食鬼魅。」〔註5〕這是關於門神的傳說，即神荼和鬱壘。正因爲虎被按上了翅膀，所以後來與漢代逐疫用的魌頭以及司法用的獬豸以及鎮邪用的方相氏往往難以辨析。又晉宗懍《荊楚歲時記》說：

帖畫雞戶上，懸葦索於其上，插桃符其傍，百鬼畏之。按：魏議郎董勳云：今正、臘旦，門前作煙火、桃人，絞索松柏，殺雞著門戶逐疫，禮也。《括地圖》曰：「桃都山有大桃樹，盤屈三千里，上有金雞，日照則鳴。下有二神，一名鬱，一名壘，並執葦索以伺不祥之鬼，得則殺之。應劭《風俗通》曰：「黃帝書稱上古之時，兄弟二人曰荼與鬱，住度朔山上桃樹下，簡百鬼，鬼妄撟人，援以葦索，執以食虎。於是縣官以臘除夕飾桃人，垂葦索，虎畫於門，效前事也。〔註6〕

《荊楚歲時記》將《莊子》桃樹鎮鬼的理論和鬱壘、虎食鬼魅連在一起，這大概就是民俗的特點吧，將諸事累加表達一個類似的概念或主張。

唐代杜甫有《石犀行》詩，原注：「李冰作石犀五頭以厭水精，穿石犀溪於江南，名犀牛里。」其詩云：『君不見秦時蜀太守，刻石立作三犀牛。自古雖有厭勝法，天生江水向東流。蜀人矜誇一千載，汎溢不近張儀樓。今年灌口損戶口，此事或恐爲神羞。終藉堤防出眾力，高擁木石當清秋。先王作法皆正道，鬼怪何得參人謀。嗟爾三犀不經濟，缺訛只與長川逝。但見元氣常調和，自免洪濤恣凋瘵。安得壯士提天綱，再平水土犀奔茫。」〔註7〕

杜甫的詩歌算是揭開了石犀鎮水的眞實面目，這不是傳說，而是眞實的歷史。立石犀鎮水，只是當時的一種厭勝的方術。很顯然，都江堰水利工程變成了石犀的功勞了。都江堰是實體，石犀是神形，而鎮水除精，風調雨順則是其神的特質了。

〔註5〕《風俗通義》卷八，中華書局 1981 年，367～368 頁。

〔註6〕湖北人民出版社 1985 年，16 頁。

〔註7〕杜甫《石犀行》，《全唐詩》卷二一九，中華書局 1979 年版，2303 頁。

這樣我們可以總結一下，無論是石頭還是鐵的犀牛形物體都與鎮水有關，甘肅威武與當地的水災密切相關，河南開封則與黃河水患對應，義縣的鍘刀用犀牛形狀，可以肯定義縣當年有很大的水患，那麼處理牲口飼料用的鍘刀就用了犀牛的形狀，來自一個古老的傳說。這個習俗來自西南四川都江堰。而其源頭則是周代以來的獬豸，即羊，之後，獬豸失去羊形，明顯是被犀牛替代了，而方相氏則成了鎮墓獸。

第五章 漢代的成仙漆畫帛畫

第一節 夸父逐日和成仙漆畫

　　油漆在我國發現和使用的歷史悠久，戰國時期著名的學者莊子就擔任過漆園吏的職務，漆器製品更是豐富多樣。唐代張彥遠的《歷代名畫記》說：「漢武創置秘閣，以聚圖書；漢明雅好丹青，別開畫室；又創鴻都門以集奇藝，天下之藝雲集。及董卓之亂，山陽西遷；圖書縑帛，軍人皆取爲帷囊，所收而西七十餘乘，遇雨道艱，半皆遺棄。」漆畫是不是奇藝不好考證，但是漢代盛行漆畫完全是事實。

　　1973 年，湖北江陵鳳凰山八號墓出土了一件西漢漆龜盾，畫面人們不識。考古工作者推測並解釋爲正面畫一種人和一神獸。神人作人首，人身。禽足、眼、口、鼻，結構均很清楚，身著十字花紋的寬袖上衣和長褲。怪獸昂首曲身，伸開兩足，與神人同一方向，奔走欲飛。龜盾背面，畫兩個相向而立的人物，亦身穿十字花紋的寬袖上衣和長褲，腰束帶，足穿鞋。右一人身佩長劍，是現實生活中的人物。漆龜盾圖見下。

圖一

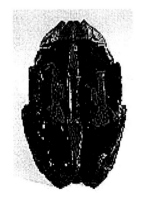

圖二

　　我們認爲，圖一爲夸父追日圖案，而圖二通過中間的建木祈禱，可能是巫師用來祈雨用的法器。《山海經》北次二經說：

　　　　又北三百五十里，曰梁渠之山，無草木，多金玉。修水出焉，而東流注於雁門，其獸多居暨，其狀如彙而赤毛，其音如豚。有鳥焉，其狀如夸父，四翼、一目、犬尾，名曰囂，其音如鵲，食之已腹痛，可以止衕。〔註1〕

又《山海經》東山經說：

　　　　又南三百里，曰犲山，其上無草木，其下多水，其中多堪刊之魚。有獸焉，其狀如夸父而彘毛，其音如呼，見則天下大水。〔註2〕

又《山海經》海外北經說：

　　　　夸父與日逐走，入日。渴欲得飲，飲於河渭；河渭不足，北飲大澤。未至，道渴而死。棄其杖，化爲鄧林。〔註3〕

又《山海經》大荒東經說：

　　　　大荒東北隅中，有山名曰凶犁土丘。應龍處南極，殺蚩尤與夸父，不得復上。故下數旱，旱而爲應龍之狀，乃得大雨。〔註4〕

又《山海經》大荒北經：

　　　　大荒之中，有山名曰成都載天。有人珥兩黃蛇，把兩黃蛇，名曰夸父。后土生信，信生夸父。夸父不量力，欲追日景，逮之於禺谷。將飲河而不足也，將走大澤，未至，死於此。應龍已殺蚩尤，又殺夸父，乃去南方處之，故南方多雨。〔註5〕

將以上資料綜合一下我們看出，首先，夸父來自北方，形狀像鳥，與囂相似；其次，又像野獸；第三，有被應龍所殺和渴死兩種結局；第四夸父是后土的後代，珥兩黃蛇，把兩黃蛇。按夸父爲炎帝之後，共工氏之子后土之孫。《山海經》海內經說：「炎帝之妻，赤水之子聽訞生炎居，炎居生節並，節並生戲器，戲器生祝融，祝融降處於江水，生共工，共工生術器，術器首方顛，是復土穰，以處江水。共工生后土，后土生噎鳴，噎鳴生歲十有二。」〔註6〕又

〔註1〕袁珂《山海經校注》，上海古籍出版社，1980年，83頁。
〔註2〕袁珂《山海經校注》，上海古籍出版社，1980年，103頁。
〔註3〕同上，238頁。
〔註4〕同上，359頁。
〔註5〕同上，427頁。
〔註6〕同上，471頁。

海外北經和《左傳》昭公十九年。丁山《中國神話與民族》根據《國語》認爲后土是稷柱，位列後，也就是田神，即後來的司徒。〔註7〕所謂夸父逐日就是爭奪天下，是炎黃之爭的繼續。油漆畫中的夸父在形象上很接近於文字中描述的夸父，在天上飛行的就是太陽神金烏，像烏鴉，也像一般的鳥。夸父既然渴死，那麼他就是乾旱的象徵，因此本圖表述的就是祈求風調雨順的願望，以龜甲形爲之，主要是爲了增加其神力。

第二節　關於臨沂金雀山成仙帛畫

　　山東臨沂金雀山 9、13、14 號墓出土長條狀帛畫 1 件、帛畫殘片 2 處。9 號墓帛畫類似馬王堆帛畫。見下圖。又見文物出版社、浙江美術出版社《中國繪畫全集》1997 年版第 17、18 圖。金雀山帛畫時間爲西漢，絹本設色，縱二〇〇、橫四二厘米，由山東省博物館藏。一九七六年出土於山東臨沂金雀山九號漢墓，時代屬西漢前期。帛畫呈長條形，剝蝕較重，出土時覆蓋於棺蓋上，其用途當然是茵。漢墓地點位於臨沂市中心地區，和王羲之故居相鄰。墓道主人是位將軍，墓室朝陽，是斜放的，主要原因是前面有銀雀山，金雀山和銀雀山名稱與墓沒有關係，命名主要根據是山上的一種花的名稱，這種花在沂蒙山還有。墓道之所以斜，主要原因是爲了避開前面的銀雀山，屬於轉風水，但其相鄰的婦人墓就沒有這些講究。當然也有的墓方向對準家鄉，但墓主身份不是很清楚，所以無從查證。左圖爲原圖，右圖是截取其部分，爲了清晰觀賞。

　　畫面分爲天上、人間、地下三部分。畫幅最上面繪有日、月和祥雲。這幅圖中的太陽和馬王堆一樣，鳥是兩足，所以這個鳥不能簡單解釋爲三足烏差一隻腳，而很可能是東夷的圖騰鳳凰。與馬王堆不同的是圖象多出了祥雲，月亮上有一定的圖案，顯然關於月亮的傳說更爲豐富了，所以時間要晚於馬王堆帛畫。日月之下的圖案像雲，也像樹，計三件，也很像蓬萊三山。漢代畫像石中的三山並不是我們想像的多麼宏偉，其實很簡單，不複雜，與本圖比較相像。

　　中間部分有五個層面，有華麗的建築，依次是人物活動場面，次第排列爲五層。分出層次，這與漢代畫像石的表達是一致的。有墓主人（端坐右方

〔註 7〕商務印書館，2005 年，267 頁。

的老年婦人）燕居場景、舞樂、迎送賓客、老嫗問醫和紡績以及角觝等內容。畫幅的最下端繪有白虎和手持弓劍駕馭青白二龍的方相氏。最下面的圖案似乎很像陰間。這是一個新的氣象。

　　就圖畫看，並沒有要求昇天的願望，只是設想死後的生活，日月當空，享受生前的富貴，這一點和馬王堆墓主完全不同，一可能是身份的差異，二應是思想的務實。在圖的最下方是一塊版，版下當即地下，下面有神祇承載。

　　戰國和漢代的帛畫中涉及到神話的主要就是這些，由於圖象不夠清晰，原作難以見到，所以肯定會有一些誤差敘述，但大致不會錯。從上述我們看出，戰國時期的帛畫神話主要體現了當時人們的昇天願望。而漢代的神話分別表達了人們希望長壽享樂的願望和昇天的理想。漢武帝以後的神話以太一為尊，顯示了漢武帝改朝換代的政治主張，也成為當時廣泛接受的政治思想。等級森嚴是其特點。

　　金雀山為夫妻合葬墓，主人是位將軍。將軍的墓面朝西南，而其妻子的墓向東南。一般的解釋為測量不準確造成。按實際未必。金雀山東南是銀鵲山，從風水學說如果向東南就沒有出路，因此改為西南，而其妻墓制不受其限制。

第六章　漢代石刻西王母東王公和伏羲女媧神話傳說

第一節　西王母東王公和伏羲女媧神話傳說

西王母，也就是後來的王母娘娘，最早見於《山海經》。

資料一《山海經·西山經》說：

> 又西三百五十里，曰玉山，是西王母所居也。西王母其狀如人，豹尾虎齒而善嘯，蓬髮戴勝，是司天之厲及五殘。[註1]

資料二《山海經·大荒西經》說：

> 西海之南，流沙之濱，赤水之後，黑水之前，有大山，名曰崑崙之丘。有神——人面虎身，有文有尾，皆白——處之。其下有弱水之淵環之，其外有炎火之山，投物輒然。有人，戴勝，虎齒，有豹尾，穴處，名曰西王母。此山萬物盡有。[註2]

資料三《山海經·海內北經》說：

> 蛇巫之山，上有人操柸而東向立。一曰龜山。西王母梯几而戴勝，其南有三青鳥，爲西王母取食。[註3]

根據《山海經》，西王母「虎齒豹尾」、「人面虎身」、「蓬髮戴勝」，有文有尾，有三青鳥爲之效命，住在崑崙山上。這是識別西王母的幾個主要標誌。按《穆

〔註1〕袁珂《山海經校注》，上海古籍出版社，1985年，第50頁。
〔註2〕袁珂《山海經校注》，上海古籍出版社，1985年，第407頁。
〔註3〕袁珂《山海經校注》，上海古籍出版社，1985年，第305～306頁。

天子傳》卷三說：

> 吉日甲子，天子賓於西王母。乃執白圭玄璧以見西王母。好獻
> 錦組百純，組三百純。西王母再拜受之。乙丑，天子觴西王母於瑤
> 池之上。西王母爲天子謠，曰，白雲在天，山陵自出。道里悠遠，
> 山川間之。將子無死，尚能復來。天子答曰，予歸東土，和治諸夏，
> 萬民平均，吾顧見汝。比及三年，將復而野。西王母又爲天子吟，
> 曰，徂彼西土，爰居其野，虎豹爲群，於鵲與處。嘉命不遷，我惟
> 帝女。彼何世民，又將去子。吹笙鼓簧，中心翔翔。世民之子，唯
> 天之望。天子遂驅陞於山，乃紀名於弇山之石，而樹之槐眉，曰，
> 西王母之山。〔註4〕

從上述我們看出，在周穆王時代，西王母和周穆王曾經有過接觸，不再以神
自居，按照周代的宗法政治體系，確定爲友邦關係，同爲帝子。西王母還擅
長吟詩，用漢語，可見其生活並不封閉，隸屬華夏。

在與《穆天子傳》同時或略晚的《歸藏》中，西王母已經以仙的形象出現
了：「昔常娥以西王母不死之藥服之，遂奔月爲月精。」〔註5〕顯然，西王母被
仙化了。神話的仙化是漢代初年很普遍的事情，類似的還有很多帝王等。《吳越
春秋》說：「（越王）立東郊以祭陽，名曰東皇公。立西郊以祭陰，名曰西王母。」
〔註6〕陰陽術大盛也是在漢武帝時代，所以可以肯定漢武帝時代，西王母從古
代的神話回到現實，開始仙化了。《神異經·中荒經》云：「（崑崙之山）上有大
鳥，名曰希有，南向，張左翼覆東王公，右翼覆西王母。背上小處無羽，一萬
九千里。西王母歲登翼上，會東王公也。其《鳥銘》曰：有鳥希有，碌赤煌煌。
不鳴不食，左覆東王公，右覆西王母。王母欲東，登之自通。陰陽相須，唯會
益工。」〔註7〕接著，西王母和東王公的故事開始形成，時間應在西漢中期或
者稍後。後人更有續附會，如《漢武故事》、《漢武內傳》略云：

> 王母遣使謂帝曰：「七月七日，我當暫來。」帝至日，掃宮內，
> 然九華燈。七月七日，上於承華殿齋，日正中，忽見有青鳥從西方
> 來，集殿前。上問東方朔，朔對曰：「西王母暮必降尊像，上宜灑掃

〔註4〕《穆天子傳》，商務印書館，1939年，第15頁。

〔註5〕李善注《文選》，上海商務印書館，1940年，第274頁。

〔註6〕趙曄《吳越春秋》卷五，《叢書集成初編》，商務印書館，1937年，第129頁。

〔註7〕東方朔《神異經》，《漢魏六朝筆記小說大觀》，上海古籍出版社，1999年，第
57頁。

以待之。」上乃施帷帳，燒兜末香……是夜漏七刻，空中無雲，隱
如雷聲，竟天紫色。有頃，王母至，乘紫車，玉女夾馭，載七勝，
履玄瓊鳳文之鳥，青氣如雲，有二青鳥如鳥，夾侍母旁。下車，上
迎拜，延母坐，請不死之藥。母曰：「太上之藥，有中華紫蜜，雲山
朱蜜，玉液金漿；其次藥，有五雲之漿，風實雲子，玄霜絳雪，上
握蘭園之金精下摘圜丘之紫奈。帝滯情不遣，欲心尚多，不死之藥，
未可致也。……因出桃七枚，母自啖二枚，與帝二枚。帝留核著前，
王母問曰：「用此何爲？」上曰：「此桃美，欲種之。」母笑曰：「此
桃三千年一著子，非下土所植也。」留至五更，語談世事而不肯言
鬼神，肅然便去。〔註8〕

這樣，西王母又和七月七織女的故事開始交匯了。

西王母從開始出現在文獻中就已經定位就是西邊的神，相對而言是和東
方的神比較而言，而記載這類事情的人必然是在大一統的時代，不然缺少宏
觀的眼光，所以很可能與甲骨文中的東母、西母有關。在古代典籍中東方的
尊神主要是東皇太一，這在楚辭中已經有了歌頌，也就是《九歌》的第一篇：
「吉日兮辰良，穆將愉兮上皇。撫長劍兮玉珥，璆鏘鳴兮琳琅。瑤席兮玉瑱，
盍將把兮瓊芳。蕙肴蒸兮蘭藉，奠桂酒兮椒漿。揚枹兮拊鼓，疏緩節兮安歌，
陳竽瑟兮浩倡。靈偃蹇兮姣服，芳菲菲兮滿堂。五音紛兮繁會，君欣欣兮樂
康。」〔註9〕東皇太一又稱爲上皇，說明地位的崇高。在祭祀的過程中，我們
看到上皇的裝扮中有長劍，喜歡音樂和華服。東皇太一這個神靈在《九歌》
中和湘君、湘夫人同祭，這是南方的特色。但在一般情況下是東西對舉。漢
武帝將東皇太一作爲天的最高的尊神，也就是百神之長，這就相當於上帝了，
在這種情況下，西王母當然最適合做東方神祇的老婆了，所以西王母和漢代
編造的東王公成爲夫妻。由於秦始皇和劉邦將龍作爲帝王的象徵，所以伏羲
女媧又形成龍蛇之身，根據《史記》，劉邦斬白蛇起義，而白蛇就是白帝子，
也就是說在人間就是蛇，在神仙世界他們就是帝。而司命之神伏羲女媧往往
在他們的身邊，圖象中大多也都是這樣表現。聞一多認爲這個蛇身表明就是
尾蛇一類，具有象徵意義的神器。其根據出自《山海經》。《山海經》中有蛇、
虎、熊的身體的神很多，如《山海經・海外西經》說：「軒轅之國……人面蛇

〔註8〕《漢武故事》，《漢魏六朝筆記小說大觀》，上海古籍出版社，1999年，第173頁。
〔註9〕洪興祖撰，白化紋等點校《楚辭補注》，中華書局，1983年，第55頁。

身，尾交首上。」〔註10〕漢代畫像石中確實有這樣的圖象，但只有一兩例，所以西王母應該和軒轅有些關係，但在神形上還是有些區別。也許正因爲人首蛇身具有代表性，所以這樣的圖象才更容易在各地流行。根據《漢書‧哀帝紀》、《漢書‧五行志》記載，當時設有西王母祠堂，在年景不好或者有需要的時候都會去拜西王母，成爲西方母神，可能與佛教有關。這樣西王母就成了後來的王母娘娘了。也就是說王母娘娘是西漢後期的西王母轉型而來的。到六朝隋唐以後，王母娘娘又和道教發生聯繫，形成更加豐富的形象，成爲救世救難的英雄。

漢代畫像中的西王母和東王公的形象見證了這樣的過程。在漢代畫像石中，西王母單獨的圖象很少，在重慶沙坪壩地區出土的漢代畫像石（見《時事新報》渝版《學燈》第 41 期、聞一多《神話與詩》1956 年中華書局上海古籍出版社出版，第 7 頁）。

6-16

圖象十分清晰，西王母戴勝，上虎下蛇之身，與《山海經》的記載完全一致。

在圖 6-16 中我們看到，西王母執虎，身邊圍繞著朱雀、虎豹以及三青鳥等動物，這個西王母與上面的西王母已經有了很大的區別。在西王母的旁邊，也就是兩隻手相掐樣子的是伏羲和女媧。

在 2-41 圖中，西王母背負卷龍祥雲，端坐，左右爲女媧伏羲交尾，交尾的形狀如璧，交尾的方式是對折，由此形成環狀，所以後人都誤以爲是二龍穿壁，交尾之後又伸出兩

2-41

〔註10〕袁珂《山海經校譯》，上海古籍出版社，1985 年，第 226 頁。

隻鳥，與頭頂上的鳥合在一起正好是三隻，也就是三青鳥。

2-180　　　　　　　　　　　　　　　　2-115

　　2-115 圖明顯誇張了西王母形象，顯得很兇狠。在 2-180 圖中西王母圖象比較抽象了，旁邊的伏羲女媧也不是緊密交尾，交尾成了一個環。這個環是交合的象徵，也是西王母的下體，還會用來表示太陽。這就出現了後來的鋪首銜環的圖象，不僅用在墓葬中，也用在門楣上。不僅西王母可以，東王公也可以，區別在於東王公作為鋪首上面是龍或者鳳，而西王母的圖象往往是虎豹（像熊）或者三青鳥，三青鳥有時用數量三隻來體現，而一般情況下也就是一隻。所以，鋪首銜環往往成對，區別也就主要在這些方面了。見下 3-1-2，左面的是龍，當然是東王公，右面的是虎，那無疑就是西王母了。也有伏羲女媧和西王母鬆散格局的祥和圖，如 6-128

3-1-2　　　　　　　　　　　　　　　　6-128

　　有時候西王母還會幻化出人形，而東王公為三足鳥，抽象為鋪首銜環，如 7-149。根據司馬相如的《大人賦》，三足鳥也曾為西王母所使。于豪亮《幾塊畫像磚的說明》〔註 11〕認為龍虎坐是升仙的意思，因為他們認為龍虎可以

〔註11〕《考古通訊》，1957 年 4 期，第 106 頁。

載人昇天。這些都是推測，但也相差不遠。賈誼在《惜誓》中說：「飛朱鳥使先驅兮，駕太一之象輿。蒼龍蚴虯於左驂兮，白虎騁而爲右騑。」〔註12〕西漢焦延壽《易林》說：「駕龍騎虎，周遍天下，爲神人所使。西見王母，不憂危殆。」〔註13〕也有的圖象沒有人手蛇身，直接用虎代替。在這個意義上虎是西王母的又一個神形，如圖 3-82。有時候還把東王公和西王母身上突出這些標誌，如圖 5-215。

3-82   7-149

　　圖 3-82 的中的圖象是西王母，但是如果出現在墓中就是墓主人，下面的圖象是象輿，本爲太一所乘，後來也作昇天用。

　　1977 年 6-10 月，在甘肅武威城西郊林場發現了西夏的兩座磚室墓，有明確記年。出土了 29 幅彩繪木板畫和木器、瓷器等隨葬品，爲研究西夏的社會生活提供了一批寶貴的資料，引起了學術界的廣泛關注。其中，雙首連體彩繪木版畫更引起人們的極大興趣，1996 年 8 月，國家文物局專家鑒定爲國家一級文物。由於雙龍連體彩繪圖造型十分稀罕，因此人們無法展開研究，一般解釋爲雙龍連體彩畫，墓中有很多齋戒休浴之物，因此猜測可能是佛教希望昇天的法器。

　　西夏的墓葬，在全國發現可以肯定的只有 3 處，一處是內蒙古額濟納旗黑水城外的一座塔墓，一處是寧夏銀川的帝王陵，一處就是武威西郊發現的西夏墓。武威的這兩座墓對研究西夏的墓葬情況及葬俗提供了豐富的資料。

〔註12〕嚴可均《全上古三代秦漢三國六朝文》，中華書局 1958 年，209 頁。
〔註13〕《文淵閣四庫全書》，子部 144，808 冊，臺灣商務印書館 1983 年版，317 頁。

西夏的墓葬爲什麼會這麼少呢？根據史料記載，西夏死則焚屍，名爲火葬。火葬後雖然「紅臉祖墳白河上」，也就是下葬，但很難保留什麼痕迹，因此武威的西夏墓葬顯得十分寶貴。

　　兩座墓的年代是西夏天慶元年至八年間（1194～1201），爲西夏晚期的墓葬，墓主人是西夏西經略司都案劉德仁和西經略司都案兼安排官□兩處都案劉仲達。是兩座小型單室磚墓，相距 10 米，1 號墓在北，墓門南向；2 號墓在南，墓門向東。墓室長分別爲 1.3 和 1.6 米，寬爲 1.2 和 1.3 米，高爲 1.2 和 1.7 米。基室四壁爲平磚疊砌，底部鋪磚，作人字形。後壁底部設二層臺，臺上用白灰抹面，墓門高備爲 0.5 和 0.8 米，寬爲 0.68 和 0.9 米，深爲 0.33 和 0.39 米。墓門單層磚拱形夯頂，以卵石封門，墓頂呈圓錐形。西夏採用的是火葬墓，葬具是木緣塔。通過靈匣安葬，「靈匣」就是裝骨灰用匣子，和現在的骨灰盆的用途一樣，而式樣不同。這種靈匣也叫木緣塔。兩座墓發現 4 座木緣塔，從木緣塔的題記看，兩座墓都爲夫妻合葬墓，共埋 4 人，每人一座木緣塔，室內還出土許多木板畫和木器隨葬品。由於墓室太小，畫工難以在墓室內彩繪壁畫。所以用木板作畫，葬入墓內。雙首連體木版畫就出自二號墓（圖一，又見甘肅人民美術出版社 2001 年版《武威西漢木版畫》）。

圖一

　　由於出土時木頭已經腐朽一些，所以墓葬的位置有些混亂，難以復原。這種雙首連體的東西究竟是什麼，在文獻中沒有記載。檢閱《山海經》、《淮南子》這些神話豐富的著作也沒有見到，只有無關的雙頭鳥、雙頭雞等。但爬梳了中國古代美術作品資料以後我們還是有了一個發現。山東美術出版社 2000 年版《中國畫像石全集》第三冊第 46 圖有雙龍連體的圖案（圖二、圖三）。

圖二

雙龍連體圖案出自濟南長清縣郭氏祠堂，是聞名的孝子堂性質，據說在漢代就有了。圖畫分爲三層，第一層中間是天帝，頭上是雙龍連體，雙龍連體形狀可以識爲虹，一方面是天地的高貴象徵，另一方面古代有天二氣則成虹，代表陰陽交合（見袁珂《中國神話詞典》290 頁，1985 年 6 月上海古籍出版社）夫妻昇天。第二層表現的是道路相對時互相對抗，結果跌入第三層苦海，引起大家恐慌，但跌入苦海後還在被追殺。這幅畫教育人做事要和善，不要爲小事爭執。而赫赫在上的天帝看得是清清楚楚，就是說有天在看著我們。這是漢代章帝時期的石刻，是漢代葬俗無疑。另一圖象是《中國畫像石全集》第六冊第21 圖，出土地點在河南唐河針織廠，一般認爲是西漢墓，因爲是龍首，所以解

6-21

7-149

讀爲彩虹。這兩幅龍首連體的刻石圖案共同的特點是龍首一致，幾乎沒有什麼區別，其次是虹朝上。這和西夏的圖象明顯不同，西夏的圖象和《中國畫

像石全集》第七冊第 149 圖很相似。

　　第七冊第 149 圖表現的是墓主人坐在連體動物身上，這一個連體的動物形象清晰可以辨認，分別是虎和龍。虎和龍的連體表示什麼意思呢？根據上引賈誼在《惜誓》（《全上古三代秦漢三國六朝文》，中華書局 1958 年版，209 頁）西漢焦延壽《易林》（《文淵閣四庫全書》子部 144，808 冊，臺灣商務印書館 1983 年版，317 頁）兩條資料我們看出，這本是太乙神的象輿，後來的神人也可以乘坐。我們知道，太一神從戰國以來的文獻中開始出現，漢武帝列爲尊神，那麼這個神話的傳說也就產生於秦漢時代吧。

　　固然，伏羲女娲常常對出交尾，但也有單獨的圖象，也就是二龍或者四龍相交。

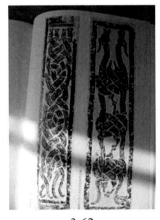

5-215　　　　　　　　　3-62　　　　　　　　　3-108

　　從相交的圖上看，如 3-62，環就是交尾形成的圖案，而不是穿壁。穿壁的圖案也不是沒有，目前根據已經出版的漢代畫像石中有鳳交頸通過壁的圖案，但我們認爲壁只是象徵交合，不是具體的壁的表達。也有的將交尾的龍放在西王母（鋪首銜環）的下面，也表現的是相同的意思。但是，鋪首銜環上還有雙魚，雙魚是比目魚，這在山東漢代畫像石上有題字，表示喜慶。《史記‧周本紀》說：「武王渡河，中流，白魚躍入王舟中，武王俯取以祭……諸侯皆曰：『紂可伐矣。』」〔註14〕山東武梁祠漢畫像上凡是一個魚的都題白魚，武王渡孟津，入於王舟。」雙魚的題爲「比目魚，王者幽明無不衙則至。」宣揚王道無邊。要按照這樣的題字來分析，龍還有皇權的意義了。但至高無上的還是造物主女娲。見圖 3-212

〔註14〕司馬遷撰《史記》，中華書局，1959 年，第 120 頁。

3-212　　　　　　　　　　　　　　　4-105

　　圖 4-105 是兩幅圖案，左面是羲和，也就是伏羲，右面的是伏羲女媧交尾圖。按照《山海經》的說法，羲和是帝嚳的妻子，按照楚辭的記載，羲和是在天上可以駕車的神，所以，羲和無論在性別還是在神性上，資料都有些出入。但實物的可靠性應該在傳世文字記載之上，這是不用懷疑的。漢代畫像石中也有在鋪首之上幻出神形為龍和三青鳥之狀的動物，也正是伏羲和女媧的區別的標誌。如下面 4-198。

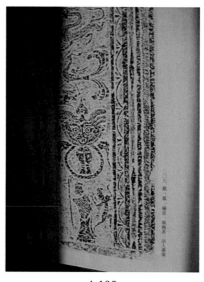

4-206　　　　　　　　　　　　　　　4-198

在圖 4-198 中，鋪首之上是龍鳳飛舞，鋪首的環中是雙魚，而下面是羽人，另外一位拄鳩杖的應該是墓主人，其中雙魚是中心，那麼王者德及幽明就是圖象的主題了。下面的圖案是太陽和月亮圖，太陽為三足烏圖象，月亮為蟾蜍，兩邊是星斗，太陽在上面所以表示幽去明來。但三足烏有時候與鳳凰難以區分。

5-26

在圖 5-26 中，東王公和西王母高坐在懸圃上，下有吉祥物，兩邊蔓草卷雲紋，之下是兩個老者，應該是墓主人夫妻，表現的是天上人間（陰間），這個墓可能是夫妻合葬墓。圖 5-110 分為四層，中心是鋪首，從狐狸、虎等動物看應該是西王母。5-39 是伏羲女娲圖，分開，下設卷雲紋，左邊還有一條魚，圖的是順利的意思。

5-110

5-39

5-171 圖案中明顯是左龍右虎，分別為東王公和西王母的標誌，而在頂上飛翔的是鳳凰，也是太陽的象徵。5-190 與此構圖一致。下面的圖案是西王母和東王公在天空中享樂的場面，更多地應該是具有象徵意義。但是，有些圖形不是這樣，如 6-162。

5-171

5-191

6-162

　　6-162 中的西王母呈跪拜狀，顯然地位在東王公之下，顯得謙卑，也許象徵著墓主人夫妻之間的關係。像 7-162 則更爲離奇，虎正在追食三足烏，而196 明顯表示西王母遭到了東王公的遺棄。

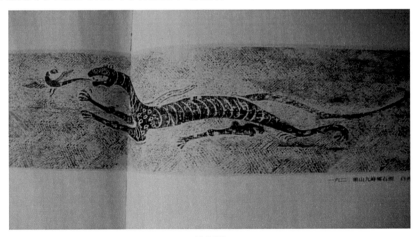

7-162

196

　　圖 1-183 中，西王母又出現三體，下為本體，中為象徵踏地虎熊形象，最上面又抽象出鋪首之形狀。5-226 在鋪首銜環之下又畫有獬豸，所以這些圖象的變化一定是有一定的規律，象徵著墓主人生前的地位或者願望。

1-183

5-226

6-30 圖，將日月圖象倒置，月在上面當是表示夜晚。

6-30

2-42

另外一個圖象爲漢代畫像石中常見的圖象，東王公身邊圍繞著伏羲女媧，頭頂著太陽，表示太陽從天上昇起，太陽高照，而下面的虎、象、和魚分別象徵著西王母、象和德。在 2-42 圖中西王母又在連理枝下，頭頂上有雙魚。根據漢代山東畫像石我們知道「木連理，王者德純洽，八方爲一家則連理生。」那麼這些連理木、魚、鹿等都是象徵性的和諧的祥瑞，只是來源與神話有關係，但本身已經不類神話了，只是符號性質。

第二節　董永故事和天仙配的傳說

董永葬父傳說是我國歷史上著名的二十四孝之一，又由於仙女的感動下嫁而充滿浪漫，久爲人們傳誦，經小說戲劇渲染，就成爲感動中國的家喻戶曉的人物。但是在開始，織女就是神，而牽牛只是其馴服的工具，向後牽牛成爲織女的夢。，直到漢代末年故事才開始合流，牛郎隨之退出，但牽牛並沒有消失，只成爲一個在水一方的象徵著單身漢的星斗。與孟姜女傳說的黏附式不同，董永的傳說是從神話走向現實的分合型，是我國神話傳說形成的又一形態，值得我們重視。

牛郎織女的故事的產生應該在商末，也就是一元神轉化爲多元神的時候已經產生了。《詩經·小雅·大東》說：「或以其酒，不以其漿。鞙鞙佩璲，不以其長。維天有漢，監亦有光。跂彼織女，終日七襄。雖則七襄，不成報章。睆彼牽牛，不以服箱。東有啓明，西有長庚。有捄天畢，載施之行。」〔註15〕這是最早關於織女和牽牛的詩歌，與後代傳言織女產生在黃帝時代不同，那只是傳聞罷了，表達了織女對牛郎的思念。牛在三代是炎帝神農氏的象徵，牛郎織女正是當時社會人們天地對應思維的體現，因此有織女爲黃帝外甥女的傳言，意在渲染冤家聚首的情致。

漢代古詩十九首中，歌詠牛郎織女的詩有兩首。《明月皎夜光》說：「明月皎夜光，促織鳴東壁。玉衡指孟冬，眾星何歷歷。白露霑野草，時節忽復易。秋蟬鳴樹間，玄鳥逝安適。昔我同門友，高舉振六翮。不念攜手好，棄我如遺跡。南箕北有斗，牽牛不負軛。良無磐石固，虛名復何益」。〔註 16〕用牽牛和「攜手好」的男女情感比照，進一步明確了牽牛關於愛情的品質

〔註15〕朱熹《詩集傳》，148 頁，上海古籍出版社，1958 年版。
〔註16〕逯欽立《先秦漢魏晉南北朝詩》，漢詩卷十二，330 頁，中華書局，1983 年版。

定位。又《迢迢牽牛星》說：「迢迢牽牛星，皎皎河漢女。纖纖擢素手，札札弄機杼。終日不成章，泣涕零如雨。河漢清且淺，相去復幾許。盈盈一水間，脈脈不得語。」〔註17〕這是首專門講述牛郎織女故事的詠歎作品，在水一方，兩情相悅，但無法表達出來。也就是說這是一個愛情的悲劇或者說難題。

曇丕的《燕歌行》亦借北方的思婦之口稱：「賤妾煢煢守空房，憂來思君不敢忘，不覺淚下沾衣裳。援琴鳴絃發清商，短歌微吟不能長。明月皎皎照我床，星漢西流夜未央。牽牛織女遙相望，爾獨何辜限河梁。」〔註18〕似乎漢代的婦女的愛情生活比牽牛織女還要痛苦，那麼顯然牽牛織女就是體現了漢代的婚姻制度的罪過的一種標誌。漢代的婚姻主要是「等級內婚」，平民不能尚公主，那麼織女和牛郎的故事顯然是等級制度下的愛情悲劇。原因沒有什麼特別的地方，婚姻是政治的表達形式之一，這也是中國古代一貫的傳統。如果打開史書看一下，例子很多，如曹操和東吳聯姻和劉氏聯姻等都是如出一轍。同時，婚禮的花費也與婚姻有一定的關係，像司馬相如和卓文君的婚姻就是這樣。「僮百人，錢百萬，及其嫁時衣被財物」，一般的人難以承受。《歲時廣記》卷二六引《荊楚歲時記》載：「嘗見道書云：牽牛娶織女，取天帝二萬錢下禮，久而不還，被驅在營室。」〔註19〕《太平御覽》卷三十一也有相同的記載。在這一傳說中，牽牛娶織女，實際是娶天帝之女，於門戶並不相配，於是，二者都要付出沉重的代價，亦不能善終。這一神話傳說從人物形象到故事情節再到情感內涵，都體現出對漢代等級婚姻的批判。

曹植的《靈芝篇》（又見《樂府詩集》五十三）說：「靈芝生王地，朱草被洛濱。榮華相晃耀，光采曄若神。古時有虞舜，父母頑且嚚。盡孝於田壟，烝烝不違仁。伯瑜年七十，綵衣以娛親。慈母笞不痛，唏噓涕霑巾。丁蘭少

〔註17〕 逯欽立《先秦漢魏晉南北朝詩》，漢詩卷十二，331頁，中華書局，1983年版。

〔註18〕 逯欽立《先秦漢魏晉南北朝詩》，漢詩卷十二，394頁，中華書局，1983年版。

〔註19〕 按今本《荊楚歲時記》沒有這段文字，現作：「七月七日，爲牽牛織女相會之夜。」見《荊楚歲時記譯注》，湖北人民出版社，1983年版，106頁。按緯書《春秋佐助期》言織女名收陰，《史記·天官書》言是天地外甥。《爾雅》作：「河鼓謂之牽牛。」一作黃姑，皆音近傳寫出現差異，似則牽牛又爲雷神。

失母，自傷早孤煢。刻木當嚴親，朝夕致三牲。暴子見陵侮，犯罪以亡形。
丈人爲泣血，免戾全其名。董永遭家貧，父老財無遺。舉假以供養，傭作致
甘肥。責家塡門至，不知何用歸。天靈感至德，神女爲秉機。歲月不安居，
嗚呼我皇考。生我既已晚，棄我何其早。蓼莪誰所興，念之令人老。退詠南
風詩，灑淚滿褘抱。」〔註20〕在曹植的詩中我們看到，董永是生活當中的孝
順男子，喪母后孝順父親，因此感動了天靈，神女下凡。但並不是說就是織
女，神女只是按照天靈的安排來爲董永織布。神女就是織女，到晉朝干寶的
《搜神記》卷一描寫更爲詳細，云：「漢董永，千乘人。少偏孤，與父居，肆
力田畝，鹿車載父自隨。父亡，無以葬，乃自賣爲奴，以供喪事。主人知其
賢，與錢一萬，遣之。永行三年喪畢，欲還主人，供其奴職。道逢一婦人曰：
『願爲子妻。』遂與之俱。主人謂永曰：『以錢與君矣。』永曰：『蒙君之貴，
父喪收藏。永雖小人，必欲服勤致力，以報厚德。』主曰；『婦人何能？』永
曰：『能織。』主曰：『必爾者，但令君婦爲我織縑百匹。』於是永妻爲主人
家織，十日而畢。女出門，謂永曰；『我，天之織女也。緣君至孝，天帝令我
助君償債耳。』語畢，淩空而去，不知所在。」曹植的詩歌把董永和織女聯
繫起來，形成董永喪母侍父、賣身葬父、織女還債這樣一個格局。這說明董
永的神話傳說在三國後期形成，一直到晉朝才完整。《法苑珠林》卷六十二引
劉向《孝子傳》載有董永與天女的傳說：「董永者，少偏孤，與父居，乃肆力
田畝，鹿車載父自隨。父終，自賣與富公以供喪事。道逢一女，呼與語云：『願
爲君妻。』遂俱至富公。富公曰：『女爲誰？』答曰：『永妻，欲助償債。』
公曰：『汝織三百匹，遣汝。』一旬乃畢。出門謂永曰：『我天女也，天令我
助子償人債耳。』語畢，忽然不知所在。」這段材料和《搜神記》相似，《孝
子傳》傳說爲漢代初年劉向寫作，如果是那樣，不會到漢末沒有任何記載。
所以唐代的《法苑珠林》只是託名漢代，實際上情節出自《搜神記》和傳世
文獻可以相互印證的是出土文物。西安挖掘出的西漢昆明池中的董永、織女
石像已經人化，從髮式、服飾、表情和姿態上也可以看出名稱和性別是對應
的。在漢代畫像石中有多幅關於董永故事的圖，如西安昆明池中的董永和織
女圖象。〔註21〕

〔註20〕逯欽立《先秦漢魏晉南北朝詩》，魏詩卷六，428 頁，中華書局，1983 年版。
〔註21〕《中國漢畫像全集》，山東美術出版社、河南美術出版社、浙江美術出版社 2000
　　　年出版。圖中的注釋 7-17，15 頁；6-16，91 頁；7-68，56 頁。

　　車上靠坐一老者，執鳩杖，為董父，前聽命者為孝子董永，具體的內容難以查考，但是，孝順的意思還是清楚的。《中國漢畫像全集》第七冊第 68 圖描繪的是董永在勞動幹活的時候，車載父親同行，從其父親的情況看，已經年老不能行走，但董永不離不棄，謹嚴侍候，但是還沒有織女出現。第七冊第 17 圖中表示了相同的含義，只是背景上發生了一些變化。

7-68

7-17

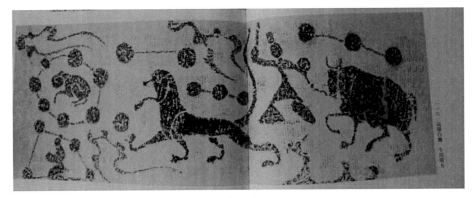

6-116

在《中國漢畫像全集》第六冊第 116 圖〔註 22〕中，我們看到牛郎和織女的圖案，圖中的牽牛就是一條牛，就是被織女牽著的牛，位置在北斗七星之中，左邊是月亮，星斗中有月亮的標誌蟾蜍。這就是所謂牽牛的眞實含義。從環境看，星斗滿天，北斗七星和雲紋繚繞，正是銀河系的夜色。織女已經具有神形，而牽牛的牛還是本相，說明二者不是一個平等的關係。也正如文獻記載，織女是神女，牽牛不過是天上的一個星斗，一頭牛，所以彼此的愛情不能遂心如願，這是等級的差別。類似這幅圖案在漢代畫像石中都有出現，只能說明在漢代牛郎織女的故事是獨立完整的，只是到了三國後期才和孝子董永的故事聯繫起來。董永是生活中的人，董永的故事是眞實的故事。織女是能織布的神女。雖然圖案上的織女像放牛的女子，但《詩經》中稱其爲織女，應該是其正式身份。所以，漢末將董永和能紡織的神女結合，感天動地，正是董永事迹和織女牽牛神話的交融結合。就是說把古老的神話和現實中美好的事物結合起來，表達人們讚美孝道的心情和情趣，也是傳統的天人合一觀念的時代觀照。時間發生在三國時期，從曹植和曹丕的詩歌我們看出，故事已經聯繫起來，而牽牛織女的故事並沒有消失。牽牛織女的神話和董永的事迹結合以後，董永不再是力田的農民，而是成爲服牛的牛郎，因此就有了牛郎織女神話和董永織女神話，董永代替了牽牛，之後則無法將兩者分開。〔註 23〕

第三節　「獬豸」造型及其神話傳說

獬豸，爲我國古代執法公平的象徵，在國內外都有著持久而廣泛的影響。業內有人甚至認爲是法字的造字本原，但是獬豸是什麼時候產生的，原因是什麼，獬豸長什麼樣，個中有什麼樣的精神寄託？至今似乎還沒有一個明確的結論。

首先在正史中記錄獬豸的是《後漢書》，《後漢書·輿服志下》說：「法冠……執法者服之，侍御史、廷尉正監平也。或謂之獬豸冠。獬豸，神羊，能別曲直，楚王嘗獲之，故以爲冠。《異物志》曰：『東北荒中有獸，名獬

〔註 22〕　《中國漢畫像全集》，山東美術出版社、河南美術出版社、浙江美術出版社 2000　年出版。圖中的注釋 7-17，15 頁；6-16，91 頁；7-68，56 頁。

〔註 23〕　《中國漢畫像全集》，山東美術出版社、河南美術出版社、浙江美術出版社 2000　年出版。圖中的注釋 7-17，15 頁；6-16，91 頁；7-68，56 頁。

豸，一角，性忠，見人鬥則觸不直者，聞人論則咋不直者，楚執法者所服也。今冠兩角，非豸也。』」〔註24〕很顯然，獬豸的傳說出自羊，在先秦羊為三牲之一，為少牢之禮的標誌，已經表明其宗教性質，可以享天。但是到戰國以後才有法力，漢代後期也只是一種俗稱，不是一個規範或者定義。東漢王充的《論衡》也提到獬豸，一角之羊也。稱其性知有罪，皋陶制獄，其罪疑，乃令羊觸之。從俗稱和最早的資料集中在東漢，那大致可以肯定應該是東漢的一時風氣。儘管託言北荒、皋陶、楚國，但只是一事多元，不同的版本而已。這件事到後代仍然在傳，蘇軾寓言故事集《艾子雜說》說獬豸的產生時代是堯舜時代，這只能理解為編故事了。就傳世文獻看，也就這麼幾條資料，很簡略，因為本身只是傳說，所以當然也不可能詳細，因此，研究也就難以深入。

　　20世紀以來大量的漢代畫像石給我們提供了獬豸形象及其演變形成的大量原始資料，將其與傳世文獻比較之後，獬豸的形成演變情況也就相對清楚了。漢代畫像石中有好多羊頭的圖案，如山東歷城出土的圖象〔註25〕如下：

3-158

〔註24〕范曄《後漢書》，186頁，上海古籍出版社1986年版。

〔註25〕《中國漢畫像全集》第三冊第158圖，138頁，第三冊第167圖，148頁，山東美術出版社、河南美術出版社、浙江美術出版社2000年聯合出版。

3-167

在這兩幅圖案中顯示的都是比較直觀的羊頭，其繪畫意義也就是代表羊。可是在這些墓葬中抽象出羊頭來是什麼意思呢？我們看到，在 3-158 旁邊有題款爲「福德羊」三字，說明羊在人們的心目中是福德的象徵，所以後來繪畫的抽象羊角都應該是表現福德的意思，也不僅僅是羊本身，也有通過羊從上帝那裡獲得福德的願望。在羊頭的四周，雙鳳和鳴，龍飛鳳舞，完全是一派祥和的氣氛。在 3-167 圖中，誇張的羊頭下，人們在安詳地生活，再次凸現出羊的福德的含義，但是形象已經具有抽象神化的特徵，也就是說這時候的羊頭，不是普通的羊頭，而是福德了。

作爲福德的羊，人們當然都會按照福德的想像來描繪其形象，寄託感情和理想。如圖 5-108〔註26〕，陝西綏德出土的羊在圖象的中間，以羊爲中心構成了一幅圖畫，羊只有一隻角，兩邊是日月和奔馬，最下面是比翼鳥，四周卷雲紋環繞，圖象對稱。由此可以看出，日月昭昭，平等協和應該是畫面的意思，那麼羊，一角羊就成了中心，成了祥和與公平正義的象徵了。從圖象處的位置來看，羊在雲紋之上。獨角羊就成了神羊福德的另一神形。這樣的羊已經進入神仙世界了。將圖案和《後漢書》等著作對比我們看出，一隻角的神羊就是獬豸，那麼這個圖案是完全滿足要求的，所以這是獬豸的標準圖象應該是沒有懷疑的了。

〔註26〕《中國漢畫像全集》第五冊 82 頁，山東美術出版社、河南美術出版社、浙江美術出版社 2000 年聯合出版。

5-108

　　圖 3-169〔註 27〕顯示的圖象上面的是普通的羊，一般地表示福德，而下面的羊用角化成兩隻手，緊緊掐殺怪物，這個羊顯然已經是降妖除魔的神了。也正因爲如此，我們看到的羊都把羊角抽象出來，固然是造型的需要，但是更重要的是角具有鎮邪造福的功能。比起，《後漢書》、《論衡》等的一角觸之，更爲生動和容易理解。從實際情形來說，羊角並沒有超凡的力量，但是，當羊角成爲神的兩隻手的時候就能夠鎮邪造福了。

3-169

〔註27〕《中國漢畫像全集》第三冊 150 頁，山東美術出版社、河南美術出版社、浙江美術出版社 2000 年聯合出版。

　　像 3-169 那樣清晰地表達神羊的神性類似，更多的是圖象中羊的形象隨著功能的理解，在不同的場合表現出造型的差異。圖 5-182 等圖〔註28〕中的圖象相似，神形已經與羊不同，很像能夠鎮水的獨角犀，分別用獨角觸動物和樹，觸動物的比較容易理解，但是觸樹的就比較特別一些。我們看到樹上掛著太陽，這就是說，獬豸能和太陽對抗，可見其神力是非常大的。圖 5-182 像犀，像虎豹，圖 5-191 像牛，也有點像傳說中的麒麟，彼此雖有相似，也有明顯差異。說明羊的形象開始出現多樣形態。

5-182

〔註28〕《中國畫像石全集》第五冊 138 頁，山東美術出版社、河南美術出版社、浙江美術出版社 2000 年聯合出版。

5-191

　　從三牲之用，到獨角羊，從人間進入天堂，然後添加一些如獨角犀或者其他動物象牛、虎豹的元素，這就是漢代獬豸變化的歷史過程。而以後人們更把獬豸加上麒麟的因素，見圖 6-215 和圖 6-10〔註29〕。兩幅圖象麒麟也像虎，總之，羊已經失去本相，成爲獬豸，成爲神話了。

6-215

〔註29〕《中國漢畫像全集》第六冊 176 頁、10 頁，山東美術出版社、河南美術出版社、浙江美術出版社 2000 年聯合出版。

6-10

　　在上兩幅圖案中，我們看到圖，6-215 和圖 5-182 等形象近似，但角的功能有一些區別，有的用嘴吞噬怪物，獬豸後面緊隨著的是天馬，展翼飛翔，這時候的獬豸的功能才真正清楚地全面顯示出來，或者說獬豸性質全面定位形成，時間當然在東漢。而 6-10 圖中的獬豸更像有翅膀的豹，形象威武而兇猛。

6-82 獬豸食

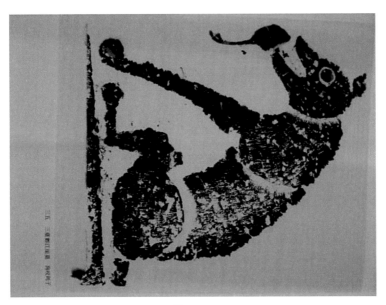

圖〔註30〕

　　上兩幅圖，分別見第六冊，都在吞噬同一個動物　　，因爲　　會給人類帶來災難，所以獬豸搏殺吞噬了　　，因此獬豸又帶有保平安的意味，與福德羊的含義仍然相通。有意思的是，一個像虎，另一個是似乎更像狗。就是說獬豸的造型已經脫離了羊的原始圖象，有多種單獨的造型，不固定。至於後來的無名動物鎭墓獸應該說就是獬豸的另一版本。在河南南陽出土的漢畫中還有如龍似虎的獬豸。圖象有一些變化，但構圖意志還是很相近。在全國各地大量出土有關獬豸的圖象中，雖然形狀有變化，甚至到後來乾脆就沒有角，也看不出如羊的神形，但時間都在東漢，所以我們認爲，獬豸的傳說比較早，但是法律公正的形象形成變化在東漢時期，不僅因爲時間變化，因爲地域的不同也有相應的差異。

　　在漢代畫像石中，還有一幅執法的圖畫，見下圖。

　　畫面分爲兩層，上面巫師在施法，沒有獬豸的出現，說明獬豸在漢代只是傳說，沒有落實到具體的執法的情景之中，畢竟獬豸這時候已經成爲神，成爲公平執法的法神了。在圖的下方，是一個執法的過程，首長宣判罪犯死刑，然後是宣佈和執行，比較眞實和生動地表達了漢代刑法執行的情景。也沒有獬豸。由此看來，獬豸是人們的精神寄託，是幸福安康，公平公正，鎭妖除魔的神了。

〔註30〕《中國畫像石全集》第六冊60頁，山東美術出版社、河南美術出版社、浙江美術出版社2000年聯合出版。

3-4〔註31〕

　　在應劭的《風俗通》中，稱上古之時，有荼與鬱壘昆弟二人性能執鬼，度朔山上立桃樹下，百鬼爲人禍害，荼與鬱壘縛以葦索，執以食虎。與《莊子》中桃樹鎮鬼、畫像中獬豸捉鬼當是不同的傳聞。喂虎和獬豸捉鬼有很大區別，所以也不是一回事。之後，文獻中涉及獬豸的不是很多。最早以獬豸入詩的是庾信。北周詩卷二庾信《正旦上司憲府詩》說：「詰旦啓門欄，繁辭湧筆端。蒼鷹下獄吏，獬豸飾刑官。司朝引玉節，盟載捧珠盤。窮紀星移次，歸餘律未殫。雪高三尺厚，冰深一丈寒。短笋猶埋竹，香心未起蘭。孟門久失路，扶搖忽上搏。樓烏還得府，棄馬復歸攔。榮華名義重，虛薄報恩難。枚乘還起疾，貢禹遂彈冠。方垂蓮葉劍，未用竹根丹。一知懸象法，誰思垂釣竿。」〔註32〕獬豸飾刑官，表明在庾信時代司法官員身上穿著的官服上繪有獬豸圖案。獬豸已經由傳說進入實際表現階段，也就是說成爲象徵性的文化標誌。之後如唐朝則專指監察御史或者侍御史一類的官職，則又是一變化。庾信的樂府中也寫到獬豸。北周詩卷五郊廟歌辭有庾信徵調曲六首之二說：「淳風布政常無欲，至道防人能變俗。求仁義急於水火，用禮讓多于菽粟。屈軼無佞人可指，獬豸無繁刑可觸。王道蕩蕩用無爲，天下四人誰不足。」

〔註31〕《中國畫像石全集》第三冊 3 頁，山東美術出版社、河南美術出版社、浙江美術出版社 2000 年聯合出版。
〔註32〕逯欽立《先秦漢魏晉南北朝詩》，2357 頁，中華書局，1983 年版。

〔註33〕這裡的獬豸則指司法，在郊廟時使用獬豸，明顯不脱神學色彩。按照《左傳》的解釋，郊廟時用祖宗配祀的理由是上帝無形，因此要用祖宗相匹配迎接。那麼，庾信的詩歌和樂府明顯顯示在庾信時代，執法公平的神祇和象徵公平的圖案成爲獬豸的二元形態。

第四節　后羿嫦娥故事神話

　　后羿射日的神話出自《山海經》。《山海經·海內經》記載：「帝俊賜羿彤弓素繒，以扶下國，羿是始去恤下地之百艱」。今本《山海經》不見大羿射日的故事，但唐人成玄英《山海經·秋水》疏引《山海經》云：「羿射九日，落爲沃焦」。該九日當爲九黎或多個部落方國的代名詞。宋代類書《錦繡萬花谷》前集卷一引《山海經》云：「堯時十日並出，堯使羿射十日，落沃焦」。漢代《淮南子·本經訓》説：「逮至堯之時，十日並出，焦禾稼，殺草木，而民無所食。猰貐、鑿齒、九嬰、大風、封豨、修蛇皆爲民害。堯乃使羿誅鑿齒於疇華之野，殺九嬰於凶水之上，繳大風於青丘之澤，上射十日而下殺猰貐，斷修蛇於洞庭，擒封希於桑林。萬民皆喜。置堯以爲天子」。説明后羿時間在帝嚳時代。

　　按照古代的慣例，前後都與時間有關，如后稷是後封的稷神。羿從羽，與射有關，所以可能是射神，爲堯所封。青丘一般以爲就是青州，那麼后羿有可能出自東方。漢代的《淮南子·覽冥訓》説：「羿請不死之藥於西王母，姮娥竊以奔月，悵然有喪，無以續之」。高誘注：「姮娥，羿妻；羿請不死藥於西王母，未及服食之，姮娥盜食之，得仙，奔入月中爲月精也」。《初學記》卷一引古本《淮南子》，於「姮娥竊以奔月」句下，尚有「託身於月、是爲蟾蜍、而爲月精」十二字，今本並脱去。姮娥即《山海經·大荒西經》所記「生月十二」之常羲。古音讀羲爲娥，逐漸演變爲奔月之常娥。《文選》注兩引《歸藏》，均謂常娥服不死藥奔月。知常娥神話古有流傳，非始於《淮南子》。又《淮南鴻烈集解》引莊達吉云：「姮娥，諸本皆作恒，唯《意林》作姮，《文選》注引此作常，淮南王當諱恒，不應作恒，疑《意林》是也。漢文帝名恒故諱之，知姮娥作恒娥，而恒亦即常之意。《集解》又引洪頤煊云：「説文無姮字，後人所造。」（見 5-28）。從上述我們看出，嫦娥與后羿發生聯繫是在漢代，也正是神仙説成就了后羿嫦娥的神話。後來故事基本沒有什麼變化。

〔註33〕逯欽立《先秦漢魏晉南北朝詩》，2430 頁，中華書局，1983 年版。

5-28

3-130

3-216

4-196

6-172

6-205

7-175

上引圖中，比較有代表性，后羿射的太陽在數量上不一定是八個，可以用三足鳥，也就是日精來表示，也可以用太陽的形狀來表示，排列比較隨意。很有意思的是 6-205 圖，嫦娥奔月竟然也有太陽圖案，正好是九個，日月關係不當這樣排列，所以王充《論衡》說是幻影，可能符合事實。

1-164

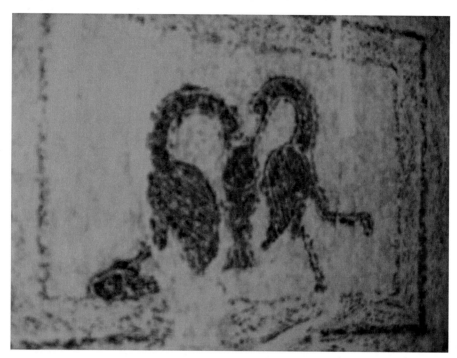

2-29

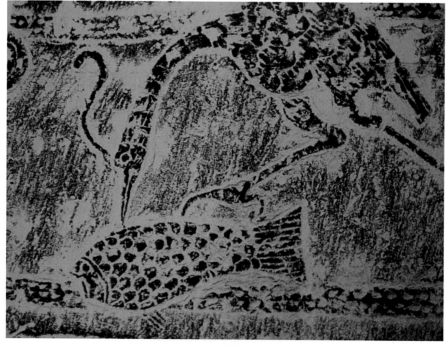

6-151

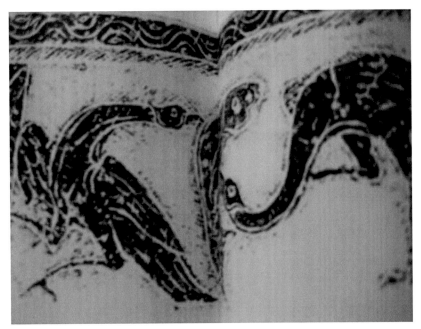

7-192

2-40

　　上列 5 個圖案都有雙魚或者雙鳥，就是傳說中的比目魚和比翼鳥，常常被誤讀爲雙魚和鶴或者魚。

第五節　漢代石刻和武威雷臺青銅器「馬踏飛燕」

1969 年，甘肅省武威雷臺東漢時期鎮守張掖的軍事長官張某及其妻合葬墓出土了青銅器，郭沫若鑒定、命名爲銅奔馬，意思是用青銅製成的奔走的馬，也稱青銅奔馬。這是對銅馬給出的最早的名稱。1971 年 9 月，郭沫若陪同柬埔寨賓奴親王訪問蘭州，又重新命名爲馬踏飛燕。郭沫若認爲，天馬行空，獨往獨來，就是拿到世界上去，都是一流的藝術珍品。1983 年 10 月，馬踏飛燕被國家旅遊局確定爲中國旅遊標誌；1985 年武威市將馬踏飛燕定爲象徵武威騰飛的城標；1986 年定爲國寶級文物。學界認爲，古代繪畫中表現的燕子的尾巴是張開的，而馬腳底下踏的不是燕子，是龍雀，因此稱之爲馬超龍雀，意思馬與龍雀在競跑，而命名爲馬踏飛燕，不符合實際。器現藏甘肅省博物館。見圖一。

圖一〔註34〕

〔註34〕現藏甘肅省博物館，大廳中間玻璃櫃展出的爲複製品。

圖二〔註35〕合江四號漢石棺

圖三〔註36〕渠縣蒲與灣漢墓

〔註35〕　《中國畫像石全集》，四川美術出版社 2006 年，144 頁。
〔註36〕　《中國畫像石全集》，四川美術出版社 2006 年，57 頁。

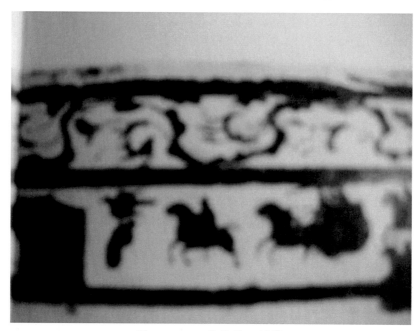

圖四〔註37〕馬茂莊三號墓

圖五〔註38〕綏德漢墓墓門

〔註37〕《中國畫像石全集》，山東美術出版社 2006 年，190 頁。
〔註38〕《中國畫像石全集》，山東美術出版社 2006 年，84 頁。

圖六

圖七〔註39〕

　　我們排列出來的幾幅圖畫，分別出自江蘇、四川、河南等地出土的漢代畫像石，其他地域出土的漢代畫像石也有大量的類似的圖案，就不一一排列

―――――――――――

〔註39〕雲湖草堂網站（徐州李新忠書法工作室）。

了。天馬圖案，是漢代繪畫中常見的構圖。圖四是馬在人間出獵。圖三是乘馬昇天，左上爲朱鳥。圖五爲馬在天上狩獵。凡是在天上的當然都可以稱爲天馬，因此圖三應該是天馬飛天，圖五是天馬狩獵或飛馬狩獵。我們將圖三和圖五的天馬造型和馬踏飛燕比較一下，整體姿態，包括身段、體型、尾巴、嘴、腿的姿勢都是一模一樣的。既然是一模一樣的，那麼青銅馬自然應該叫天馬行空了。我們看到，圖二和圖三的天馬和鳥在布局上存在差異，那麼這些差異表達的是什麼樣的含義呢？

《史記·大宛傳》說：「及漢使烏孫，若出其南，抵大宛、大月氏相屬，烏孫乃恐，使使獻馬，願得尙漢女翁主爲昆弟。天子問群臣議計，皆曰『必先納聘，然後乃遣女』。初，天子發書《易》，云『神馬當從西北來』。得烏孫馬好，名曰『天馬』。及得大宛汗血馬，益壯，更名烏孫馬曰『西極』，名大宛馬曰『天馬』云。』」〔註40〕

漢武帝得到烏孫馬，稱爲天馬，後來有得到大宛馬，就將烏孫馬改名叫西極，因此大宛馬叫天馬，也就是說大宛和烏孫馬都可以叫天馬。《太一天馬歌》在《史記·樂書》、《漢書·禮樂志》對此皆有記錄：

> 又嘗得神馬渥洼水中，復次以爲《太一之歌》。歌曲曰：「太一貢兮天馬下，霑赤汗兮沫流赭。騁容與兮跇萬里，今安匹兮龍爲友。」後伐大宛得千里馬，馬名蒲梢，次作以爲歌。歌詩曰：「天馬來兮從西極，經萬里兮歸有德。承靈威兮降外國，涉流沙兮四夷服。」〔註41〕

> 太一況，天馬下，霑赤汗，沫流赭。志俶儻，精權奇，籋浮雲，晻上馳。體容與，迣萬里，今安匹，龍爲友。元狩三年馬生渥洼水中作。〔註42〕

《天馬歌》後來經過改編，成爲漢代郊祀歌十七首之一：「太一況，天馬下，霑赤汗，沫流赭。志俶儻，精權奇，籋浮雲，晻上馳。體容與，迣萬里，今安匹，龍爲友。　　天馬徠，從西極，涉流沙，九夷服。天馬徠，出泉水，虎脊兩，化若鬼。天馬徠，歷無草，徑千里，循東道。天馬徠，……開遠門，竦予身，逝昆侖。天馬徠，龍之媒，游閶闔。」〔註43〕

〔註40〕（漢）司馬遷：《史記》第 123 卷，中華書局 1959 年，3170 頁。

〔註41〕（漢）司馬遷：《史記》第 24 卷，中華書局 1959 年，1178 頁。

〔註42〕（漢）班固《漢書》第 22 卷，中華書局 1962 年，1060～1061 頁。

〔註43〕逯欽立輯校：《先秦漢魏晉南北朝詩》，中華書局，1983 年，第 151 頁。

　　根據以上材料我們知道，太一天馬初從渥窪水中所得。這與《漢書·武帝紀》的記載也相一致，只是時間有兩個。根據詩歌歌詞我們看到有復次二字，說明漢武帝曾經兩次寫作天馬歌，而太一貢兮天馬下這首顯然出自之後，也就是元鼎四年。《漢書·武帝紀》說元鼎四年（前 113 年）「六月得寶鼎后土祠旁。秋，馬生渥水中。作《寶鼎》、《天馬》之歌。」〔註44〕即是言此。

　　根據漢武帝的詩我們看出，祠貢太一和天馬出現相互印證，稱天馬和龍馬。這也就是後代傳說的汗血寶馬，因為馬身上流出的汗水是赭色，所以叫汗血。貢太一看上去只是漢武帝好鬼神的行為之一，其實不然，而是具有重要的戰略意義。我們知道，殷商一元神隨著西周鼎新，為上帝為首的多元神體系取代，而秦始皇又將龍作為帝王的神相。劉邦利用了這一點，自稱赤帝，搞了一個斬白蛇起義，但是後來又詭陳自己是黑帝，從本質上說龍文化在替換中被拋棄了。漢武帝當然知道這一點。為了統一思想，實現文化轉型，漢武帝借助古老的傳說，提出太一最尊的權力中心說，完成了漢代文化的轉型。祠太一鬼神，明顯超越古制，經過是：

　　　　亳人薄誘忌奏祠泰一方，曰：「天神貴者泰一，泰一佐曰五帝。古者天子以春秋祭泰一東南郊，用太牢具，七日，為壇開八通之鬼道。」於是天子令太祝立其祠長安東南郊，常奉祠如忌方。其後人有上書，言「古者天子三年一用太牢具祠神三一：天一，地一，泰一」。天子許之，令太祝領祠之忌泰一壇上，如其方。〔註45〕

《淮南子》說：「天神之貴者，莫貴於青龍，或曰天一，或曰太陰。太陰所居，不可背而可鄉。北斗所擊，不可與敵。天地以設，分而為陰陽。陽生於陰，陰生於陽。陰陽相錯，四維乃通。或死或生，萬物乃成。」〔註46〕

　　淮南王稱天最貴者青龍，或曰天一，或曰太陰。也是出於政治目的，思想上對中央集權的態度在造反與順從中搖擺，所以出現了或許字樣。

　　朱鳥文化出自西周，周文王以紅色代替殷商的白色，為易幟之正色，即所謂赤鳥，顯示地位的正宗，依據是黃帝時代曾以鳥名官，赤鳥即古之鳳。又由於四方五行學說的影響，朱鳥代表南方。這在《禮記·曲禮》上、王延

〔註44〕（漢）班固：《漢書》第 6 卷，中華書局 1962 年，184 頁。

〔註45〕司馬遷《史記》，中華書局，1959 年，第 456 頁。

〔註46〕劉文典撰，馮逸、喬華點校：《淮南鴻烈集解》（新編諸子集成），中華書局 1989 年，126 頁。

壽《魯靈光殿賦》、張衡《西京賦》、揚雄《法言》等書中都有記載。又賈誼在《惜誓》中說：「飛朱鳥使先驅兮，駕太一之象輿。蒼龍蚴虯於左驂兮，白虎騑而爲右騑。」

　　太一作爲天上的主神，常住在北斗，就是說北斗是天庭，所以一般的墳墓中的壁畫不僅有雲紋，表示昇天，還有北斗七星圖，表示上了天堂。按照《搜神記》的記載，南斗和北斗負責人的生和死。太一出行的時候，朱鳥在前面導航。那麼，漢武帝因爲祭祀太一，得到太一的降福：天馬出，當然也是朱鳥爲之導航了。那麼，我們就可以明白馬腳下的鳥是什麼了，是朱鳥而不是燕子。既然如此，馬踏飛燕的名稱也就不當，應該叫天馬行空。朱鳥的速度比天馬慢，所以被天馬踩在腳下。同時，也是爲了表示天馬是下這個動作。我們看到天馬上的動作，見圖三，朱鳥在天馬的上方。而圖二告訴我們，天馬平時和朱鳥在一起相處自由悠然，互不打擾。之所以馬能夠比一般的天馬、朱鳥速度要快，是因爲這是太一的天馬。至此，我們認爲，天馬行空是這件青銅器的名稱，漢武帝的詩作於元鼎四年。其中元狩三年的作品已經失傳。之所以廣泛流傳，主要是天馬行空圖體現了漢武帝最重要的政治思想，即太一爲中心的天人合一體制。到了漢末，人們依圖造像，也就不足爲奇。

第七章　「曹操墓」出土畫像石及其文物眞僞辨析

第一節　曹操墓的尋找發現

　　曹操是我國古代具有多元貢獻，才藝卓著的歷史人物，歷來受到人們關注。2009 年歲末，安陽方面在北京高調宣佈發現曹操墓，引起了各界強烈的關注，隨之引發一場全國性的文化論戰。我也為此寫了幾篇文章，之所以寫了四篇是因為安陽考古隊不斷提供新的材料，四篇正好與安陽方面發佈、回應、再發掘、再發佈等活動相對應，也體現了作者對安陽方面給予帝王陵墓稱呼的「曹操高陵」的認識過程。現將前四篇文章摘要編排在一起，並結合網絡、蘇州三國文化論壇等作一全景性質的分析和評論。

一、對於曹操墓的關心，由來已久

　　宋元筆記中就有七十二疑冢之說，《三國演義》更是渲染。民國初，有人盜掘了諸多疑冢，疑冢內多有墓誌，均繫北魏、北齊時代王公要人墓。有一座是齊王陵，還有的是齊獻武帝第十一子高陽王湜墓。一碑額題曰：「墓主為齊王四叔。」但 1988 年 3 月 8 日，《人民日報》第一版發表了《「曹操七十二疑冢」之謎揭開》一文，證實了曹操疑冢實際上是北朝的大型古墓群，並指出其確切數字也不是 72 座，而是 134 座。在古人看來，72 隻是個概數，非實指。因此 72 疑冢，僅舉大數而言，說明曹操疑冢之多。這些疑冢，都有巍峨高大的封土，遠遠望去，宛如一座座小山。這些冢都在 72 冢之內，但與曹操無關。

此外，還有很多傳說，唐宋筆記以及《聊齋誌異》有水中說。清人朱好陽編纂的《歷代陵寢備考》中有《歷代陵寢備考》引《述異記》云：「魏武帝陵下銅駝、石犬各二。古詩云：『石犬不可吠，銅駝徒爾為。』又俗說，魏武帝陵中有泉，謂之香水。」乾隆五十二年（1787 年）的《彰德府志》，一幅描繪詳細的臨漳縣圖上，在位於銅雀臺正南五公里的靈芝村處，清清楚楚地標著一座「魏武帝陵」。傳說很多，也不可靠。

2007 年何木風著《來龍去脈——歷代皇陵命運大揭秘》也提出了自己的看法。2007 年 4 月 27 日《瀋陽晚報》文章說曹操墓在哪裏，也很關心。2007 年 12 月 8 日騰訊網新聞午報也有報導，曹操墓究竟在何處 傳說神乎其神。據參加考古的安陽唐先生說，2004 年安陽方面就想挖這個墓。看來，人們一直都關心著曹操墓，所以這時候引起強烈的爭論可以理解。

二、日本人對曹操墓的關注

根據有關資料統計，全世界有 30 多個國家的華人媒體詳細地介紹了曹操墓的發現和被發現的討論，尤以日本、韓國、新加坡等國為突出，有的還參與了討論。《中國文化報》（2010 年 1 月 7 日）記者毛莉的報導，日本人對曹操墓非常有熱情，熱情得可以讓不少中國人感到驚訝。

曹操墓發掘的詳細情況、曹操墓真偽引起的各方混戰——日本國家電視臺（NHK）、《朝日新聞》、《每日新聞》等主流媒體連篇累牘跟蹤報導了曹操墓事件之後，日本民眾也掀起了一股討論曹操、三國的熱潮。不少日本人撰寫博客表達了對此事的關注，在日本最大的網絡論壇 2CH 上，關於曹操墓的討論熱鬧非凡：「在電視上看到發現曹操墓的新聞，非常興奮！先去喝杯酒慶祝一下吧！」「什麼時候能發現劉備和孫權的墓地呢？」「曹操真的是身材矮小的男子嗎？」「曹操墓竟然如此簡樸，真想親自去中國看一看。」相當一部分日本網民顯得極為興奮，稱曹操墓堪稱「世紀大發現」。還有日本網民調侃道：「對曹操墓質疑的中國人民大學國學院副院長袁濟喜是袁紹的後代嗎？」還有部分日本網民則持觀望態度。「希望中國拿出更有力的證明。」「如果這不是真的，就太令人遺憾了。」「中國斷定是曹操墓，目前還操之過急。」

日本人非常喜歡《三國演義》，年年都寫出無數本有關三國的書，考查三國裏的史實、解析三國裏的謎團、收集三國名言、繪製三國地圖、編製三國大詞典。在這個國家，年輕人追捧著三國電子遊戲和動漫，大學組織起了三

國研究會，各大公司老闆更是將三國人物視爲取經對象。日本松下公司創始
人松下幸之助就曾宣稱，飽含智慧的三國人物是他的老師。在 2009 年，由中
國文化部和國家文物局聯合主辦的「大三國志展」吸引了超過百萬的日本觀
衆。在一項「最應該閱讀的好書」調查中，「三國」連續兩年高居前三名，獲
選理由是「可以學習人際關係之道」。

在世界上不少地方，「爭名人」儼然已經成爲「傳統項目」。爲爭奪哥倫
布的遺體，西班牙和多米尼加共和國爭論了 500 年，日本也有臭名昭著的「上
帝之手」。所以爭名人是世界普遍存在的現象。那麼曹操墓火起來也就不足爲
怪了。

三、邯鄲劉心長考證曹操墓在河北磁縣

1997 年 7 月，已經近 70 高齡的河北省邯鄲考古學會會長劉心長對古鄴城
附近的河北磁縣一帶進行反覆調查，按照史料記載信息，希望尋找曹操墓的
下落。但是他的調查開始主要在河北，也就是說他的指向很清楚，曹操墓在
河北。1998 年 9 期《民主》發表了《探秘漫話曹操墓》的文章，認爲根據史
料，曹操墓就在河北，但需要科學探索，他覺得應是漫長的過程。之後還出
版了《曹操墓研究》（中國文史出版社 2000 年 10 月）一書，重申了他的觀點。
著名學者、原《歷史研究》主編田居儉在《〈曹操墓研究〉序》做了充分肯定，
並指出：

> 集中關於歷代過鄴文人歌詠曹操墓田、銅雀三臺和鄴城遺址的
> 詩文選注，充分體現了心長同志嚴謹務實、探索求新的治學精神。
> 爲了盡可能全面地搜集、篩選魏晉至明清時期反映這些主題的詩
> 文，他奮力邀遊書海，爬羅鈎沈，不僅查閱了《四庫全書》和地方
> 史志的有關詩文，而且查閱了《先秦漢魏晉南北朝詩》、《全唐詩》、
> 《全宋詩》、《全金詩》、《元詩選》、《明詩綜》、《明遺民詩》、《明詩
> 別裁集》、《清詩彙》、《清詩鐸》、《清詩紀事》、《清詩別裁集》等詩
> 集，眞可謂竭澤而魚，披沙揀金。他以史家的視角精心輯錄這些詩
> 文，無疑是爲了以詩證史；他以史家的底蘊精心注釋這些詩文，提
> 示並豐富詩文的歷史內涵，則是爲了以史證詩。讀罷《曹操墓研究》。
> 使我感到新鮮和欣喜的遠不止這些。掩卷沉思，最使我浮想聯翩的
> 還有，《曹操墓研究》以其學術價值在呼籲：要重視地方文史研究成

　　果（特別是個案研究），地方文史研究應在全國文史研究中佔有一席
　　之地。（《邯鄲師專學報》，2002 年第 1 期）

田居儉的序無疑充分肯定了劉心長的研究，還對劉心長的工作進行了必要的
讚美。劉心長的研究和發現有三個特點：一是傳世文獻和田野調查相結合，
歷時彌久，結論審慎；二是將曹操墓地點指向河北，三是取得了北京有關權
威的肯定。

四、常儉傳堅持要求河南在河北前面發現曹操墓

　　曹操墓在鄴城是文獻明確的記載，但是鄴城在現在的行政區劃上兼有河
北與河南。那麼曹操墓有沒有可能在河南呢？從事實上看河南安陽方面的反
應強烈。根據河南《大河報》2009 年 12 月 31 日的報導，河南方面的一些基
本情況是：

　　1998 年春，安陽縣安豐鄉西高穴村一磚廠取土時發現了後趙時期太僕卿
駙馬都尉勃海趙安縣魯潛墓誌。墓主人魯潛死於後趙建武十一年（公元 345
年），墓誌詳細記載了魯潛墓與魏武帝陵的相對位置。墓誌以高決橋（今安陽
縣高穴村西北）為坐標，西行 1420 步，再南下 170 步便至魏武帝陵西北角。
這是迄今為止關於曹操墓位置最早和最具體的記載。從墓誌出土的位置、墓
誌記載的魏武帝陵位置等初步判斷，魏武帝陵應在安豐鄉漁洋村東地與西高
穴村西地之間，並且當時還應有陵園，不然不會有魏武帝陵西北角的記載。
原河南省文物研究所主任常儉傳說：2005 年 10 月份，我和安陽市文物局的領
導、有關文物專家及地方志的同志先後四次赴豫、冀交界我省一側的漁洋村、
西門豹祠遺址、甄夫人墓以及河北臨漳縣的雀臺等進行考察。考察過後，大
家經過認真討論，認為我省應下大力氣盡快找到曹操墓。常儉傳說，由於《三
國志》等史籍對曹操墓的位置記載不夠確切，關於曹操墓的位置，歷史上出
現過多種說法。常儉傳說：

　　　　2005 年 12 月 12 日，我和專家商量後，決定以我個人名義向省
　　委及其他領導同志寫信，建議早日對這一帶進行詳細的勘測和考古
　　調查。我們為什麼如此心急呢？因為自魯潛墓誌發現之後，不法分
　　子經常竄到安陽縣安豐鄉一帶進行窺探，企圖盜掘。由於這裡地處
　　兩省交界處，行政管理難度很大，文物安全形勢非常嚴峻。再一個
　　是近年來，河北省的一些專家學者也在積極研究尋找曹操墓，認為
　　曹操墓應在河北省臨漳、磁縣一帶。我們不早日行動，將來可能會

被動。常儉傳說，或許是機緣，或許是巧合，南水北調中線工程經過安陽縣安豐鄉西高穴村。省文物考古研究所副研究員潘偉斌作為南水北調工程安陽段考古工作的負責人，在聽取了安陽縣安豐鄉黨委書記賈振林關於當地盜掘古墓的情況介紹後，對這一地域的古墓葬、古文化遺址進行了地毯式的嚴密排查，在西高穴村西地發現了一座東漢大墓。因為該墓曾多次被盜，為及時有效地予以保護，經報請國家文物局批准，河南省文物局決定組織河南省文物考古研究所等對墓葬進行搶救性考古發掘，考古發掘得到了安陽市、安陽縣的大力支持。

2009 年 3 月，安陽一位收藏家收集到了一塊刻有「魏武王」銘的石牌，據說是出自西高穴東漢大墓，說明這座大墓有可能是曹操墓。這個石牌不是科學發掘的東西，不能當做直接證據，卻是一個令人欣喜的信號。到了 11 月初，墓內還是沒有出土直接證據，我非常關注，一天打一個電話詢問情況。11 月 8 日，發掘出土了「魏武王常所用格虎大戟」石牌，聽到這個消息我徹夜未眠，真是謝天謝地。12 月 13 日國家文物局組織專家對正在發掘的西高穴東漢大墓及出土文物進行了鑒定，最終認定該墓確為魏武帝曹操陵。12 月 27 日，河南省文物局在北京舉行發佈會，向世人宣佈了這一重大考古發現，壓在大家心頭整整一年的巨石終於落地了。

顯然，常儉傳採用計劃經濟方式，從地方榮譽出發先入為主，要求曹操墓在河南發現，得到了方方面面的大力支持，效果顯著。這只是表面的推手，因為常先生已經退休，說也無妨了。

五、2008 年潘偉斌就宣佈曹操墓就在安陽西高穴村

還在 2008 年，潘偉斌給國家文物局打的報告就說發現了曹魏高陵，也就是曹操墓，因此得到批准。同時，採用宣傳廣告形式在全國動車組上供乘客閱讀的宣傳性雜誌《報林》上發表文章《這兒就是曹操墓》（2008 年 12 月 10 日），文章指出西高穴村的大墓就是曹操墓。不需要考古他就已經發佈並做起廣告了。潘偉斌的理由是劉心長的文章和著作考證縝密，資料豐富，指出曹操墓的地勢和曹丕《為武帝哀冊》中描繪相似的地貌可信。但是，他認為河南西高穴村的地勢和劉心長描繪的地勢也很相似，附近又有大墓，因此這個

大墓就是曹操墓。潘偉斌宣傳的第二個重要證據是考古發現，就是《魯潛墓誌》的發現，科學準確地將曹操墓進行了定位。第三條重要證據是「2006 年在西高穴的被盜墓處掘出數件文物，上面有『魏武王家用』的銘文。曹操終生未稱帝，去世時最高爵位爲武王，因此懷疑是從上面墓葬中盜出。最起碼是在附近出土。這也是曹操陵墓的又一直接物證。同時這裡出土的一塊畫像石引起了人們的重視。畫像石現在已斷爲三塊，拼接起來基本完整，時代爲東漢晚期。內容爲水陸攻戰圖。其中每個人物旁邊都有題字，如咸陽令、主簿車、首陽山、侍郎、侍臣、紀梁□，□者車和使者等內容，這也絕非是一般墓葬中所能出土的。」（35 頁）

　　潘偉斌和常儉傳說法明顯不同。常說 11 月 8 日，發掘出土了「魏武王常所用格虎大戟」石牌。關鍵是潘說器物上有「魏武王家用」文字，但是事實上目前沒有見到這個文物，代替的是「魏武王常所用格虎大戟」。先說墓中掘出，接著說最起碼是在附近出土。另外還有漢代畫像石，因此認定這就是曹操墓了。

第二節　安陽曹操墓出土遺物眞僞解讀

　　2009 年歲末，河南文物局和媒體認定曹操墓的依據主要有六方面：

一、規模：墓葬規模巨大　與曹操的魏王身份相稱。

二、年代：墓葬出土遺物具有漢魏特徵年代相符。

三、位置：位置與出土魯潛墓誌等記載完全一致。

四、裝飾：曹操主張薄葬　墓內裝飾簡單盡顯樸實。

五、文物：出土刻有「魏武王」銘文的石牌和石枕。

六、遺骨：墓室發現男性遺骨　與曹操終年 66 歲相近。

　　六條證據數量不少，質量卻難以接受。第六條不是直接證據，不能說男性屍骨年紀相近就一定是曹操，這也太湊數了。第三條位置說，也並不確切，報導中已經說明彼此記載差異很大，同時魯潛的墓誌也不是來自墓中，或者說魯潛的墓還沒有找到，同時墓誌是不是原刻，都需要研究。以魯潛的墓誌和西門豹祠這兩個移動的不確定的東西確定準確的地點不是一個合適的定位方式，所以結論當然也不能取信大眾。值得注意的是其他的四條證據，規模、年代、出土文物（含裝飾）等，很能說明所謂曹操墓遺物眞僞。

　　這是一個建築，也就是有關方面說的曹操墓地，與四川、河南、江蘇、河北、山東等地的漢墓比較看，這個墓地，如果是漢代，也沒有王侯那樣的檔次。

　　墓地出土（或從盜墓賊處繳獲）的石牌和石枕，有關方面認爲是根本性的確證。見下圖。

圖一

圖二

　　圖一中有兩塊石牌寫著魏武王大戟，這是很有意思的，因為我們看到的是石牌不是武器戟本身。牌子是說明實物的，如何根據牌子證明這就是曹操的墓地呢？牌子上面寫著魏武王常用格虎大戟，表明這是在說明物品的名稱，但是大戟在哪裏？怎麼沒有了。再看圖二計 21 枚牌子，這些牌子上面都有孔，以作懸掛用，上面寫的多是物品名數，如胡粉二斤，黃豆三升、開文杯之類。還明確說多少斤兩，如果把這些看成是王侯墓葬風格，是遺物陪葬，那就不免搞笑了。如果說豆還可以與墓葬靠近，但胡粉、開文杯作為明器還要標出來，不符合事理，也不符合禮制。開文杯是什麼東西也沒有搞清楚。因此這些所謂遺物更像是陳列的商品招牌，那麼這幾間陰室要麼是做過倉庫，要麼就是堆放過商品。而這些牌子如果是墓中出土也只是為了說明記錄這些貨物用的。從稱呼上看，曹操生前先封為「魏公」，後賜九錫，進爵為「魏王」，死後諡號為「武王」，其子曹丕稱帝後追尊為「武皇帝」，史稱「武帝」。出土石牌、石枕刻銘稱「魏武王」，這個也不符合實際。曹操生前只是魏王，死後諡號為武王，都是一言王，沒有魏武王的說法，魏武王如果有，應該是後人的俗稱，當時不可能有。從物品所刻字體看，刻工水平很差，字體大小、粗細、深淺不一，與漢代隸書相差較大，那些字寫得歪歪扭扭，不至於王侯墓葬的刻工水平這麼差，這必須是官刻才是，就是對照魯潛墓誌，相差太遠

了，所以這些只能來自民間藝人所作，或者近代人所書寫。因爲從盜墓人手中獲取，也不排除有人遊戲之作。至於那個枕頭，很不像樣子，形貌不是生活中可以適用的物品。說是曹操生前用過的枕頭，實在有點滑稽。

至於曹操用什麼武器，正史中沒有明確記載，小說中雖然有說明，但那是小說。相關的材料有《三國志》「天子命公贊拜不名，入朝不趨，劍履上殿」之說，北宋蘇軾說是「橫槊賦詩」，說明劍和槊他都用過。並沒有什麼格虎之戟一說，格虎亦是不經之談，如此誇張應該是爲了推銷商品。曹操這個人傳奇很多，從這些牌子看好像他用戟經常打虎，也用刀經常打虎，不太可信。有養由基、熊渠子、李廣等打虎之說，沒有看到曹操愛打老虎的記載。戟見下圖。

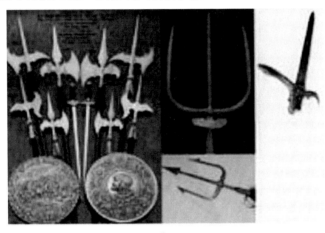

圖三

墓葬中出現的遺物還有畫像石，畫像石是與厚葬密切相關的一種現象。

圖四

　　據說出土的畫像石還有七女復仇，又稱是如何精美。其實這樣的圖象在漢代並不少見，南陽地區很多。這幅圖的內容爲垓下之戰。下面是山東嘉祥出土的漢代畫像石：

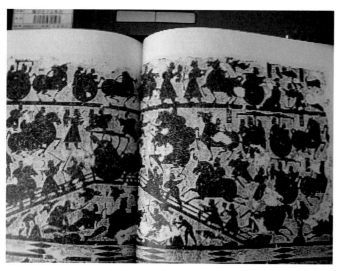

圖五

　　山東嘉祥的漢代畫像石內容爲垓下之戰。畫面分爲三層。第一層是項羽問路，老農詒曰向左，結果項羽陷大澤中。第二層是在長堤上，長堤就是垓下，項羽將手下分成四隊，向四方。最下層是烏江亭長駕駛船請項羽上船，項羽背過身，不肯回江東。洛陽曹操墓出現的這塊石頭顯然是正中間的一部分，這種畫不會是孤立的，說明這個石頭是從別處擡來的。

　　兩幅圖像哪一個更精美應該說不用多說，是很清楚的，女子復仇的圖案作爲曹操墓的畫像石不用想，很荒唐。從已經發現的大量的漢代畫像來看，幾乎和精美的墓室相一致，就是說漢畫像是厚葬的產物，也是規制。從現在已經拍攝的曹操墓看，設施形制根本沒有王侯氣派，類似於一個太守墓地的水準。無論是刻工水準還是文物級別，都不像官宦富貴氣派，很可能就是一個普通的什麼建築，如果是墓地，出土的東西都不是墓葬原件。墓地一般在高地，很少在底下，只有蠶室會在水邊地下，有的倉庫等也會在地下，但似乎也不是。

　　從上述我們看出，這個墓葬可能不是曹操墓，文物不少也不是這個墓原有之物。但肯定有民間傳說稱道，因此方方面面也就順水推船了。本來就是這樣一個建築或者一個古墓，也值得一看，但把墓主人定位曹操，轟動一時，

證據沒有，或不成爲證據，或沒有力量，就沒有說服力了。如果把這次發佈看成是討論，我認爲無可厚非。如果是墓地，我更相信是附近發現墓誌的魯潛的墓地或者別人叫魏武王的墓地。因爲魯潛的墓誌就在這個建築物附近發現。很多人認爲魯潛墓誌也是僞造。

　　2010 年 1 月 6 日下午，應鳳凰衛視的邀請，和北京大學的王迅先生、中國社會科學院的梁滿倉先生以及鳳凰衛視周刊的倪方六先生以及中國社會科學院考古所參加安陽西陵墓穴考古的唐際根等六人就曹操墓發現的眞假進行了討論。大家本著互相尊重實事求是的態度對西陵墓穴的眞假眞開了歷時近兩小時的討論。下面就筆者發言略加整理，繼續進行申論。我仍然認爲，這一座墓地發掘的材料不足證明是曹操墓。

　　1. 曹操墓可能在山中，不在平原地下，與現在這個墓的位置不對應。這主要根據《三國志・武帝紀》記載，建安二十三年（218）六月，曹操下詔令對身後事作出安排：「古之葬者，必居瘠薄之地。其規西門豹祠西原上爲壽陵，因高爲基，不封不樹。《周禮》冢人掌公墓之地，凡諸侯居左右以前，卿大夫居後，漢制亦謂之陪陵。其公卿大臣列將有功者，宜陪壽陵，其廣爲兆域，使足相容。」就是說，曹操墓地位置是一個高處。對照，曹丕寫的《武帝哀策文》，文中說曹操的靈柩「棄此宮庭，陟彼山阿。」也應該在山的旁邊或者說山下，而不是地下。曹植寫了《武帝誄》，文中證實曹操確實埋葬在西陵，陵固然指墓地，但一般還是指山陵。陸機任著作郎時在皇室秘閣的歷史檔案中看到過曹操的遺令，並在他寫的《弔魏武帝文》的序文中披露出來。曹操在遺囑中指令把他「葬於鄴之西岡上，與西門豹祠相近，無藏金玉珍寶」。西岡就是西陵，所以曹操的墓地不在地下。

　　2. 曹操墓不可能在漳河地下，魏文帝曾下《止臨菑侯植求祭先王詔》，其中有「欲祭先王於河上，覽省上下，悲傷感切」之句。有人因此認爲，曹操陵墓是別出心裁地修建在漳河河底。因爲不懂得祭祀禮制。古代祭祀，庶子不能進行祭祀，特殊情況要得到世子的同意，祭祀的地點在宗廟，而曹植沒有宗廟祭祀的權利，因此祭祀地點在河上。古人相信水能承載靈魂所以常對水而祭。

　　3. 根據歷史文獻，墓地中不可能有金玉銅鐵，所以所謂格虎大戟之類無從所起。《晉書・禮制》說：「金珥珠玉銅鐵之物一不得送，文帝遵奉，無所增加。及受禪，刻金璽，追加尊號不敢開埏，乃爲石室，藏璽埏首，以示陵

中無金銀諸物也。」既然銅鐵不得入墓，那麼什麼大戟、大刀如何能夠存在。挖出來的什麼水晶、大戟這些東西只能說是假的。

4. 曹操墓真假最容易論證的地方為什麼不論證？從《晉書·禮制》說：「金珥珠玉銅鐵之物一不得送，文帝遵奉，無所增加。及受禪，刻金璽，追加尊號不敢開壙，乃為石室，藏璽壙首，以示陵中無金銀諸物也。」這一資料看，曹操死後，曹丕曾經在墓道門口，開出一個石頭房，裏邊放上了金印。但是目前的墓地沒有發現這個石頭的房子，所以這不是曹操的墓地。這條資料同樣證明，曹操墓地在山阿，不在平原地下。而安陽方面，市長掛帥進行考古，為什麼不根據文獻把墓道口打開看看，畢竟化了 600 萬，或言 3000 萬，這費不了多少事情，這是為什麼，究竟為什麼？

5. 墓地中挖出的石器、鐵器都不能證明曹操墓的存在，有的還是能證明這個不是曹操的墓地。如以前證明的畫像石，內容與曹操沒有關係。漢代有畫像石的基本上都是二千石以下的官員，墓地中有畫像石的只有個別的說是王侯，但有爭議。垓下之戰的畫圖之外，還有的畫像石和北魏元謐的石棺石蓋殘石類似。服裝上可以看出和美國明尼阿波利斯美術館的北魏線刻形象很相似。墓地中還出土的陶俑，其相貌也不類似漢人，像少數民族。

6. 關於常所用格虎大戟大刀之類，根本不能作為證據。只是牌子，沒有實物，也沒有遺迹可尋，據說有鐵銹，只是殘件。常所用三字加上不符合漢語規範，如果是魏武帝大戟，那就是魏武帝用就是，何必這樣。墓地中的魏武王根本不對，要麼魏王，要麼武王，哪有魏武王之說，沒有一個字提到曹操，古代稱魏武的不止曹操一個，憑什麼說就是曹操。或言這是潛冊，西周以來都有禮制規定，也是有具體的等級的陪葬物品記錄，但沒有一處有這些石牌的，所謂渠枕，很可能就是流水的水槽，後人說什麼枕頭，怎麼可能，渠枕牌子就是那個魏武王慰項枕，這些字粗糙，非官刻，不可靠。

曹操墓在真偽激辯中各方的理由結論也慢慢清晰起來，但落實的理據仍根本不夠，核心還是石牌「魏武王常所用格虎大戟」能否證明西陵穴為曹操墓這一焦點。因此有必要作進一步的研究。

一、關於魏武王常所用格虎大戟和魏武王常所用格虎大刀兩個石牌。我同意中國社會科學院考古所年度論壇的提法：可以作為參考，但不能作為證據。理由如下。

1. 大戟之說不成立，也就是說不符合漢語語言習慣。根據漢代揚雄的《方言》卷九，「戟，楚謂之釨。凡戟而無刃，秦晉之間謂之釨，或謂之鏱。吳揚之間謂之戈，東齊秦晉之間謂其大者曰鏝胡，其曲者謂之鈎。」那就是說如果是大戟應該叫鏝胡，沒有大戟這個詞。該節下面接著說：「三刃枝，南楚宛郢謂之匽戟，其柄自關而西謂之柲，或謂之殳。」就是說戟之大小類型都有專門稱呼，那麼這個「大戟」一詞是誰的語言？比對《方言》，三曹主要用的是秦晉之語。根據三曹作品分析，他們屬於上古音系，只是個別字略有出入。因此上述證明應符合事實。

2. 魏武王之說在文獻上沒有任何根據。曹操生前封魏王，死後諡武王，都是一字王，從沒有把封號加上諡號稱呼的，兩字相加稱呼這不符合禮制。後來俗語另作別論。如果要稱王，不當用石頭牌標示，應該叫漢魏王，因爲曹操生前以漢臣自居，不會在死後給自己立一批作爲反賊證據的牌子。一般情況下，官方不會混亂到把封號和諡號相加的稱呼。至於曹丕立國以後，民間稱呼也許可以，但當時和史書皆不可以。

3. 格虎之說係空穴來風。沒有任何文獻說過曹操打虎，怎麼來的常格虎。假如是，那麼常用的武器只有一個，怎麼會有兩個常。或等於說曹操經常打虎，一手用戟，一手用刀，否則不能叫常，常就是經常，只能是一個，另一個就是不經常。2010 年重新發掘後竟然又出現了所謂可能是魏武王常所用的「常所用長犀盾」。作爲君王需要一個常所用的長盾嗎，這不過是一種娛樂的說法。

二、關於墓中的漢代畫像石。安陽方面擡出了兩塊漢代畫像石。我們肯定地說，近百年來漢代墓葬發掘很多，畫像石亦有幾萬塊，墓主地位幾乎沒有高於二千石的，也沒有一兩塊單列的。在第一次爲報刊寫稿討論的時候我就指出，其文字除常以外不類漢書，曹操手下文人眾多，怎麼寫成那個樣子？畫像粗糙，爲垓下之戰，但又亂標出幾個職務名稱。這確有無中生有之嫌。至於另一圖和北魏元謐墓出土圖象相似，現石在美國，所以漢代畫像石爲證，肯定不可靠。2010 年發掘後又說有上萬塊打碎的畫像石，這更是沒有譜了。如果有那只能是 2000 石以下的小官。忽然冒出上萬塊，又是碎了的，讓我們想起北邙山下的高水旺先生，這是不是一種人爲製作呢？西高穴墓葬爲不規則圖形，十分草率，亦知其與王后墓葬無關。2010 年 6 月 12 日的挖掘結果說是墓主人臉部被殘，都被砍去。這就更不可能了，史書筆記都沒有這樣的記

載。考古人員聲稱「陵園呈長方形，墓前有廣場，模仿了曹操生前『前朝後寢』式的宮殿建築布局，」這更離譜。從周文王開始事死如事生，思死者如不欲生，但是墓地並不表示與生前一樣，所以沒有模仿一說。最爲可笑的是連寢廟結構都不知道，應該是前面爲宗廟，後面爲路寢，沒有前朝後寢之說，而漢高祖以後已經寢廟分開。

三、和曹操生平無法對接，依據文獻，西陵墓根本就與曹操沒有關係。《三國志‧武帝紀》記載，建安二十三年（218）六月，曹操下詔令對身後事作出安排：古之葬者，必居瘠薄之地。其規西門豹祠西原上爲壽陵，因高爲基，不封不樹。《周禮》冢人掌公墓之地，凡諸侯居左右以前，卿大夫居後，漢制亦謂之陪陵。其公卿大臣列將有功者，宜陪壽陵，其廣爲兆域，使足相容。就是說，曹操墓地位置是一個高處。對照曹丕寫的《武帝哀策文》，文中說曹操的靈柩「棄此宮庭，陟彼山阿。」也應該在山的旁邊或者說山下，而不是地下。這也是傳統風水精神。曹植寫了《武帝誄》，文中證實曹操確實埋葬在西陵，陵固然指墓地，但一般還是指山陵。陸機任著作郎時在皇室秘閣的歷史檔案中看到過曹操的遺令，並在他寫的《弔魏武帝文》的序文中披露出來。曹操在遺囑中指令把他「葬於鄴之西岡上，與西門豹祠相近，無藏金玉珍寶」。西岡就是西陵，所以曹操的墓地不應在地下。

《晉書‧禮制》說：「金珥珠玉銅鐵之物一不得送，文帝遵奉，無所增加。及受禪，刻金璽，追加尊號不敢開埏，乃爲石室，藏璽埏首，以示陵中無金銀諸物也。」這裡有兩個問題要提出來：（1）既然銅鐵之物一不得入，什麼大戟大刀怎麼可能入內。既然珠玉也不得入，那一把珠子從那裡來的。漢代墓葬中飯含和肛塞都以蟬等小動物爲常見，又怎麼會盡是這些珠子呢？（2）既然曹操死後，曹丕追加尊號的時候不敢打開墓道，在門口鑿開石室，放上金璽。這個隨便挖一下就可以論證，那麼是已經挖了沒有找到，還是不肯挖。在鳳凰衛視訪談時，與河南的同志面對面，我提問他們也沒有回答。河南文物系統有人集中回應的時候對從文獻質疑的說，你不懂考古，我沒有義務普及考古知識；對從考古質疑的說，你不懂文獻，好好讀讀文獻吧，讓我們目瞪口呆，感覺被他們娛樂了。

四、關於基因檢測。2001 年 3 月，我根據對國外基因研究資料的閱讀，寫作發表了《人類 DNA 多態性分析和民族學研究》的文章。我認爲，這也是一個容易跨入的誤區。目前考古學界普遍把民族看成種族來做比對。而事實

上，帝王姓氏如劉、李都是文化關係，不是血緣關係。就像項伯改姓劉氏，但與劉氏沒有血緣關係。曹操家族也是這樣。如果能做的就是亳州其可考的相距不遠的後裔，或者夏侯氏族。民族與種族概念應該分開，基因當然可以測試。那也是大家最服氣的。像西陵墓地男性屍體旁邊哪來女人不論，這女人究竟年齡幾何等都需要科學測試。總之，要以眞實服人。

據說，安陽方面從墓中拿到了 200 多件文獻，但是我們看到，都是一些民間瓦陶甚至還有陶豬圈，沒有官窯的或者說一件精緻的器物。中國考古學會理事長徐蘋芳認爲，陶豬圈是家庭飼養的象徵，此前大多出土於一些村莊的遺址，反映了漢代「事死如事生」的厚葬禮俗，但在魏武王的墓中，「事死如事生」，出土陶豬圈可能嗎？昨天出現在直播現場的河南省文物界人員對此不屑一顧。這怎麼可能對應曹操的王侯身份？根據 2010 年中國社會科學院考古所論壇顯示還有「木墨行清」的簡牘，或解釋行清爲廁所。曹操墓談什麼上廁所不談。是說墨行清還是說行清，或者木上的墨的行列很清楚，上下文之間靠上靠下都需要討論，簡牘年代也需要測試。爲什麼不把所有的出土文獻拿出來曬曬呢？

無論是當面探討，還是網上與媒體這麼久的討論，我覺得都無法繞過上述的問題去作出決定。網友說：在楚墓中曾經出土吳王夫差矛和越王句踐劍，難道那就是夫差和句踐的墓？毫無疑問，目前曹操墓認定是孤證不立，孤證之證沒有說服力。乾嘉學派尙知道有一有力反證亦不立。爲什麼我們今天不能好好地討論問題。事情眞僞還沒有清楚，就費力進行價値操作，走人際操作路線，或參觀慶賀，或指點誰出來罵街，這不是正確的選擇。曹操墓眞僞還需要我們認眞地從學術上好好做文章。科學考古的創始人李濟先生說過，考古要進行廣泛印證，難道他說得不對嗎！

2010 年初以來，安陽方面參與了中國科學院考古所年度論壇，又將理由整理爲九大證據，也多不著邊際，所謂證據，從文獻、事理、學理上看，正好是反證。

第一，墓葬的年代和洛陽邙山上發掘的東漢大墓的墓磚相同，甚至比它更大，結合出土陶器、東漢五銖錢、畫像石內容等多方面證據，專家們一致認定其爲東漢晚期大墓。

既然相同，怎麼說更大，更大就不相同，同時大小只是一個直觀，年代更爲重要，這些都沒有做，怎麼就一致認爲了呢？畫像石只存在 2000 石以下

的墓葬，王侯墓葬不可能有，這是事實證明的結論。其實這是反證。

第二，墓葬規模與其身份相符。其墓道長近 40 米上口寬近 10 米最深處達 15 米。從寬度上說是已被認定爲北齊開國皇帝高洋的灣漳大葬的兩倍還多，長度也多出 10 米，爲王侯級的，與其身份相符，整個墓室深達 15 米，符合曹植在其詩中的描寫。

既然比皇帝墓葬還大，那麼是什麼級別，用不同時代和地方的墓葬比較，不符合規範。曹植的詩歌中沒有這樣的描寫，可以查看。還有沒有說明的，其實這座墓形制不是長方形，而是梯形，或者說不規則圖形，第三，墓葬地面情況符合《終制》。建安 23 年（公元 218 年）六月，定下《終制》日，因高爲基，不封不樹。此墓葬所處位置海拔 107～103 米，比三公里之外的固岸北朝墓地海拔高出整整 10 米，符合其因高爲基的要求。此次發掘墓室上面未見封土，更沒有找到其立碑迹象。完全符合其《終制》上不封不樹的要求。

這是很有意思的說法，墓葬在地下，上面蓋了土，怎麼說不封呢？拿海拔來說更是娛樂了。墓在地底下又怎麼因高爲基？這些論證就像非常無知的話語，讓人汗顏。

第四，文獻資料記載高陵的位置。據《三國志魏書武帝紀》記載，建安 23 年，六月，令日，古之葬者，必居瘠薄之地，其規西門豹祠的祠西原上爲壽陵。」

唐代《元和郡縣志》的相州鄴縣條中明確記載：魏武帝西陵在縣西 30 里，同書還記載有，西門豹祠在縣西十五里，現在大墓所處的位置，西高穴距鄴城 14.5 公里，因此，其位置相符。

西門豹有很多祠，都毀壞了，不斷重建，所以不能作爲參照。而《元和郡縣志》說的是事實，也是魏武帝，不是魏武王，也不是漢武王，對不上號。

第五，附近出土文物的旁證。1998 年 4 月，西高穴村村民徐玉超在村西的小方池地裏起土地時，挖出了建武 11 年，公元 345 年，大僕卿駙馬都尉——魯潛墓誌，墓誌上記載的墓主人去世的年代距曹操去世時僅 125 年，唐代時魏武帝曹操高陵的陵園還是十分清楚的，那麼和它相距 100 多年的魯潛墓誌所記載的資料應該是非常可靠的。

墓誌不是墓葬，毫無意義，從哪裏找到的這個墓誌也是問題，需要搞清楚。

六、稱謂相符。據《三國志・魏書・武帝紀》記載，建安 18 年，五月丙申，天子策命（曹）公爲魏公。建安 11 年夏四月，天子冊封曹操爲魏王，「邑三萬戶，位在諸侯王上」。他病死後，曹丕襲魏王位，因爲曹操封國爲魏，故稱魏武王應該是順理成章的事。第六條中我們根本看不到魏武王三個字。天子冊封爲魏王，當然是漢魏王，不會是魏武王。

七、在發掘過程中出土的銘牌，其中刻有「魏武王」三個字的名牌共有 7 塊，以刻有「魏武王常用挌虎大戟」的石牌最爲完整，出土於墓的前室，但是由於其斷開爲兩節，分兩次出土，一節距南壁 1.40 米，距西壁 3.75 米，另一節距西壁 2.70 米，南壁 1.15 米，距墓底 0.50 米，位置明確，爲我們考古隊員親手發掘出來，信息準確，是其身份認定的直接證據。

這裡的石牌不管其來源如何，用石頭刻成，按照規制，如同虞祭的桑主作用，準確地說是山主形象，魏武王有這麼多的常所用工具，比較荒謬，倒很像紀念館或者紀念祠，陰祠，而不是墓地隨葬。

八、遺骨。遺骨與曹操有什麼關係？無法證明。

九、出土物與其遺令薄葬相符。稱此墓葬雖規模宏大，發現翡翠珠，價值千萬，一會又說薄葬，根本就是自相矛盾。

就上述我們看出，九大證據就像一個雜貨鋪，出土明器亂七八糟，不成體統。因此，我個人認爲，這個墓很有研究價值，希望安陽方面能夠系統整理，作出詳細說明，目前需要做的一是抓緊全部發掘完畢。二是系統整理資料。三是通過考古分析、文獻考訂、科技探測，譬如說年代、譬如說墓地形制、規格，磚瓦陶器燒製特點和來源，作爲課題，提供給社會進行研究，一項一項來，最後再確認其墓究竟是誰的墓。現在看來太急躁了，有些東西可能還是墓內墓外不分的。如畫像石，一般有級別、刻寫有習慣、安放有位置，不能見風就是雨。

第三節　蘇州「三國文化全國高層論壇」關於曹操墓的辯論

8 月 21 日在蘇州召開的三國文化高層論壇，網絡上稱爲倪方六組織，其實主辦單位是河北邯鄲古鄴城文化研究會、安徽亳州三曹文化研究中心、江蘇電視臺、江蘇教育電視臺、金陵晚報、江蘇省收藏家協會等。倪方六等同

志確實起到很大的作用，但應該是大家的學術求真的期待，沒有誰去操作，可以說參加會議的多數都比倪方六資歷深。會議就諸如河南安陽曹操墓考古發掘之真偽爭議等熱點現象進行深入討論。為什麼選擇蘇州，是因為十大考古評選地點在蘇州，因此有針對性也是顯而易見的。這些發言和提供論文的學者的成分複雜，有歷史學者，如中國社會科學院歷史所的吳銳研究員，中國人民大學的袁濟喜教授等，也有地方文化、文博工作者，但主要來自河北與安徽，都是與曹操搭上邊的地方。因此可以看成是業內各方人士。還有沒有參加會議的中國社會科學院考古所的部分專家表示，現在一些東西是假的，都知道，但是曹操墓發現至今沒有發表考古報告，他們會針對報告進行證偽。不會就媒體發佈的材料作出反映。復旦大學「曹操墓」真偽研究項目負責人因為還有些工作沒有做完，所以未能及時發佈，目前已經基本通過基因研究確認曹操墓中的屍骨不是曹操。因此說曹操墓的證偽和證實的爭執沒有就此打住的可能。那麼，真相肯定要出來。23 位專家討論後形成共識，整體是否定曹操墓的發現：

一、憑現有考古發現資料，不能證明，也無法確證安陽西高穴古墓葬的主人是東漢魏王曹操。

二、「安陽曹操墓」在發現、發掘過程中，存在嚴重的學風不正等現象，如人為策劃、人為操作、故意造假、作偽證等。本次論壇強烈譴責這種造假行為。

三、學術研究應遵循科學嚴謹的學術規範、實事求是的治學態度，和客觀、公正、獨立的原則，不應該，更不能藝瀆學術，造假作偽，成為某些地區、某些部門、甚至某些人謀利的工具。本次論壇建議，取消「安陽曹操墓」2009 年「全國十大考古發現」資格，進行重新鑑定、審查。

四、希望有關職能部門就「安陽曹操墓」存在的問題一事進行全面調查，並公佈調查結果，還事實以真相。

共識是商量的，原來叫宣言，言辭也比較激烈，我個人主張，還是限定在學術範圍內，得到大家的支持。因為代表們的共同認識是會議是學術打假，因此有要求國家有關部門如何如何等等，我堅持刪掉，因為我們不能要求國家有關部門如何做。那麼支持這些共識的材料是什麼？也就是學理根據，這是大家最為關注的，但是有關的新聞報導不全面，有的漏了，有的不確。具體來說主要有九大證據發現。

一、出土石碑出現「現代文字」，主要研究者的江蘇省書畫鑒定委員會主任李路平。指的是刻寫魯潛墓誌的人學過楷書，有幾處用楷書寫法。其次，這些字當中，歲和年二字，只有唐宋以後才有的寫法，以前沒有。北朝時期的人寫「歲」字，上半部分應該寫成「止」，而不是「山」。《魯潛墓誌》的「歲」字上半部分恰恰是「山」，同樣不符合當時正確的寫法。有意思的是這些現代字和那幾個大戟大刀之類的字是同一人刻寫，而時間相差一百多年。三國和晉代初期，墓誌碑文數量很少，沒有出現大量的碑別字，所以不存在的寫法當然就是作偽了。除此以外還有幾個問題：1. 將近兩千年的石頭沒有必然存在的石花，也就是石頭斑駁現象。魯潛墓誌石質鮮豔，其造假時間，長不過三年，短則只要三天」。2. 魯潛不過是三品官員，按照當時的禮制，不能有墓誌隨葬。3. 魯潛墓誌中寫作的一半內容都是指出曹操墓在哪裏，大談別人的墓，沒有這樣的墓誌，這是此地無銀三百兩。4. 發現魯潛墓誌的人正是喜歡造假文物的一位村民，所以也就形成了一個證據鏈，就是有計劃的造假。或者說造假十多年前就已經開始了。

二、曹操墓出土五銖錢不是漢代五銖錢，而是曹操死後三年製作的曹魏五銖錢。曹操死後三年這些銅錢是怎麼進入墓地的呢。李路平為此專門作出圖案對比，但是並沒有引起媒體的注意和報導。

三、畫像石造假確實。這一條在曹操墓宣佈的時候，中國政法大學中文系教授黃震雲就指出是偽作。根據是什麼？黃震雲著有《漢代神話史》一書，其中有兩章就是論證帛畫和石刻神話，不僅熟悉《中國漢畫全集》，還到各地去看過，因此一眼就看出是仿照山東嘉祥的漢代畫像石「水陸攻戰」（書中原來命名），正巧河南也命名為水陸攻戰。黃震雲指出實際內容是垓下之戰，所以是安陽照抄嘉祥無疑，但工藝太差，明顯出自現代民間製作。其學理根據是百年來考古發現數萬塊畫像石，沒有一塊是二千石以上官員墓地的，也就是說王侯墓地根本就不用畫像石。安陽方面原來說有 1 萬 3 千多碎塊。被指出作偽後改口為幾千，而現在說只有幾百塊了。縮水太快了。這一發現還不能證明造假嗎？也正因為如此，安陽方面糾正說可能搞錯了，所有挺曹派或迴避或存疑，但無法否定。

本次會議提供了新的證據是 2008 年 12 月安陽在動車上題為「這兒就是曹操墓」的廣告，可那時曹操墓並未進行正式發掘，墓主身份也還未進行確認，他們怎麼就確定這個墓是曹操墓？從其中的畫像石圖片中看出，

整個圖象用現代工具開槽太深，說白了就是用電鋸銼的，切槽斜打得太過明顯，甚至連石頭印痕、石頭粉末還在的情況下，或者說白灰還沒有變色，就在上面抹上塗上髒水抹點黃土冒充。黃震雲指著投影儀上的圖片進行了仔細解說。

四、關於屍體的大小。安陽方面說，考古專家斷定屍骨有 60 歲左右，但沒有提供高度。但是根據史料，曹操身材矮小，而墓地的頭顱看出屍體高度應有 1 米 8 左右。所以安陽方面在所謂證據上都是自相矛盾的。但他們只說有利的。

西高穴村出土的畫像石，刻有侍郎、侍臣等字樣，顯示著墓主人是同一般的地位。

下面的一行小字為西高穴村出土的畫像石，安陽方面稱刻有「侍郎、侍臣等字樣，顯示著墓主人的非同一般的地位。」

五、魏武王家用文物造假。根據安陽在《報林》2008 年 12 期上的廣告中明確說明發現了魏武王家用系列文物，但這些文物一件也沒有出現，說明造得太差，不好意思拿出來。所以文物前後的表達差異太大。

六、墓葬規模。原河南師範大學教師張國安博士為《顛覆曹操墓》作者。本身也是河南人的張國安說，當第一時間聽到安陽出土了曹操墓時，第一反應是頭腦嗡的一聲，感覺怪怪的，第二天醒來，就笑了。「因為『魏武王常所用』石牌是正方最直接證據，恰恰也是反方最有力證據。先不論『魏武王』這個稱號，單『常所用』這三個字石牌，無論考古學還是歷史學都沒有這三個字，它沒有先例，這頗有『此地無銀三百兩』之嫌」。張國安從墓葬形制變遷看，曹休墓與東漢晚期墓有著明顯相似，但安陽的曹操墓平面形制則與西

晉洛陽兩室墓常見格局相同，以及象徵墓主身份地位的墓葬內收臺階，曹操與曹休居然都是 7 級，老子與兒子墓居然都是同等規模，無法顯示身份差異，因此西高穴墓主不可能是曹操。張國安稱，史實明確記載卞氏、曹沖都曾移來與曹操合葬，但現在的考古成果不能證明。「不是大規模的陪陵群，又沒有找到卞氏皇后印章，以及女性屍骨年齡又不符合，難道要推翻《三國志》的諸多歷史記載嗎？

七、閆沛東的證據，閆沛東通過實地調查還是有一些發現，如發現造牌子的窩點，發現找出魯潛墓誌但不知道墓在哪的人就是造假的一個村民。

如果要加上基因檢測，那麼這次會議應該是提出了八條證據。這些證據條條都很過硬，都可以證明安陽發現的曹操墓是被發現。中國社會科學院歷史所吳銳研究員運用文獻、歷史、考古的綜合知識全面分析了曹操墓發現的九大證據都是錯誤，這是一次嚴肅系統的研究，可以看成是第九大發現。

正因為如此，一些老同志很憤怒，話語就如西方的騎士，稱「劉慶柱若沒說謊，我自我了斷」，願和劉先生一塊去測謊。在他們看來，挺曹派都是知道是假墓又故意作偽證的。他們也批評了一些媒體，剛剛報導說疑似曹操墓，兩小時後報導說發現曹操墓。但兩小時內如何發現。其他的一些論文也都有新的論證，主要根據禮制、考古等文獻證明曹操墓出土的文獻的假文獻。

閆沛東指出，這些埋地雷埋進去的作偽的東西，只是當地農民想賣錢，並沒有想製造曹操墓。但考古人員或無意或故意利用盜墓者製作的假文物進行了被發現，並一發不可收拾。

曹操墓發現以來引起重大爭議的原因應該是多方面的，簡要的說：(一)、國家博物館曾經化重金收藏過洛陽一位村民的魏晉以來的陶器。這是很值得玩味的事情。這位村民有祖傳燒製三彩等陶器的配方，就是說與古代的配方一樣，那麼他燒出來，被人拿到北京來賣，結果一些業內人士認為是眞品，於是國家撥專款來購買。隨著這位村民的產品大量上市，最終發現鑒定失誤。配方是配方，年頭總不能造假吧，也眞巧了現代乘火車要經過安檢照射，據說照一秒鐘瓷陶器物就相當於老化二三百年，那麼三秒鐘也就是七八百年，與唐宋時代吻合，如果照兩次，自然就是魏晉的了。這麼說，人家沒有造假，就弄成造假了。據說痛定思痛之餘，很多人開始編故事轉彎抹角說，說什麼

董存瑞班長是河南人的，喊什麼口號啊。所以，我個人認爲這是一種誤會。我見過的河南人都很好，我也有很多好朋友是河南人。這是第一條，就是造假和河南是一根神經，特別敏感，真不應該。（第二）、曹操是一代英豪、才子、思想開放前衛的超越時代的人。本身又具有戲劇性、觀賞性、娛樂性，沒有曹操墓，大家也天天想著他，談論他。重要的如 20 世紀 50 年代給曹操翻案，同樣很轟動。（第三）、曹操墓先天不足後天失調。先天在於沒有確實的證據要約可以證明，後天是安徽、河北都把曹孟德看成是他們地方文化的一部分。所以這次會議一下熱起來也就必然了。至於說很多人把矛頭指向政府公信，我認爲與政府沒有必然關係。如果把網友的意見歸類也就是三點，河南人與外地人對罵，發現和被發現對峙，調侃曹操和文化無知交錯。所以想定論不可能，想否定也難以辦到。

第四節　曹操墓出土的符印

　　河南司母戊文化傳播有限公司顧問唐際根等《曹操墓真相》〔註1〕提出曹操墓有兩個神秘的印符，2010 年 8 期《考古》發表了潘偉斌《河南安陽市西高穴曹操高陵》列出了這些印符。

 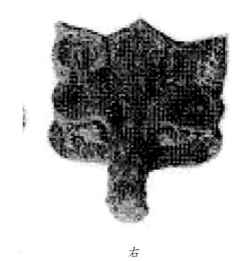

左　　　　　　　　　　　　右

　　2011 年 6 月 10 日中國江蘇網發表李路平等《揭開曹操墓神秘印符的造假面具》等文章提出，歷史上從來沒有印符的說法，唐際根等提出的圖象的左

〔註 1〕唐際根等《曹操墓真相》，科學出版社，2010 年 5 月。

面的圖畫印章不符合歷史文化現實，右邊的則是鋪首銜環。之後，李路平等的看法遭到了猛烈的批判，牛潤珍《曹操高陵新釋證——西高穴大墓形制與文物研究》〔註2〕認爲，安陽考古隊考古報告中的所謂印符，即左圖是曹操的曹字，而2011年第2期《河洛》雜誌發表的蔡運章《曹操高陵出土銅印考略》認爲是滿字，因曹操小子阿滿，所以這是曹操墓的重要證據。兩位都要解釋是曹操的印章，但比劃出的結論大相徑庭。兩位都是成名的人，把這兩個圖證明爲曹滿，用的是文字學方法。客觀地說，文字學是不可以按照純粹想像論證的。如果按照想像這兩個圖也許可以解釋爲宇宙飛船，或者冰激凌。那樣完全沒有必要。我想在意的第一點是李路平等《揭開曹操墓神秘印符的造假面具》提供的下面的一塊漢代的石頭圖案：

李路平認爲，圖三與右圖是一個圖，即常見的鋪首銜環。右圖是鋪首銜環不假，但我不完全同意李路平的看法，我認爲，所謂印符和印章都是鋪首銜環，只不過左圖那個印符是右圖的略作變形的簡筆線條陰刻，右圖是陽面複製。也就是說兩件銅器都是鋪首銜環，只是陰陽兩刻而已。由此我想發表我的第二個看法，即鋪首銜環怎麼來的，什麼意思。這個問題，考古與歷史學界有些猜測，但是從沒有專門的討論與結論，和讓大家信服的判斷。下面我想就此討論一下。

圖三

〔註2〕《光明日報》2011年07月14日11版。

在中國古代的圖案畫中，漢代以前難以
見到鋪首銜環。漢代畫像石中，也沒有明顯
過多的表現。但是其由來、蘊含也不是無迹
可尋。我們需要從源頭上來查找鋪首銜環的
本真存在。

漢代畫像石中有少量的西王母圖象，在
重慶沙坪壩地區出土的漢代畫像石〔註3〕，
見右圖。

圖象十分清晰，西王母戴勝，上虎下蛇
之身，與《山海經》表現的西王母形象的記
載完全一致。這個勝，也有人解釋為三山，
這就是銅印上頭上三角形的由來，而下面蜷
曲的尾巴就是環的原型所從來。

在圖 6-16〔註4〕中我們看到，西王母執
虎，身邊圍繞著朱雀、虎豹以及三青鳥等動
物，在西王母的旁邊，也就是兩隻手相掐樣
子的是伏羲和女媧。

6-16

在 2-41 圖中，西王母背負卷龍祥雲，端
坐，左右為女媧伏羲交尾，交尾的形狀如壁，
交尾的方式是對折，由此形成環狀，所以後
人都誤以為是二龍穿壁，交尾之後又伸出兩
隻鳥，與頭頂上的鳥合在一起正好是三隻，
也就是三青鳥。

2-115 圖明顯誇張了西王母形象，顯得很
兇狠，但三山形象沒有變化。在 2-180 圖中
西王母圖象比較抽象了，旁邊的伏羲女媧也
不是兩者緊密交尾，交尾變成了一個環。這
個環是交合的象徵，也是西王母的下體，表

2-41

〔註3〕《時事新報》渝版《學燈》第 41 期.又聞一多《神話與詩》中華書局上海古籍
　　　出版社 1956 年，第 7 頁。
〔註4〕《中國畫像石全集》，山東、河南、浙江美術出版社聯合出版，1997 年。圖中
　　　6-16 表示第六冊 16 圖，下類推。

示圓滿，也象徵著後代的興盛，因此又會被看成是太陽性質的符號。這就出現了後來的鋪首銜環的圖象，不僅用在墓葬中，也用在門楣上。不僅西王母可以，東王公也可以，區別在於東王公作爲鋪首上面是龍或者鳳，而西王母的圖象往往是虎豹（像熊）或者三青鳥，三青鳥有時用數量三隻來體現，而一般情況下也就是一隻。這與《山海經》記載一致，說明西王母形象已經固定，也因此所以，鋪首銜環往往成對，區別也就主要在這些方面了。我們平時總認爲是門成雙，所以鋪首銜環成雙，其實不是，而是鋪首銜環具有成雙的特性。我們看下圖 3-1-2，左面的是龍，當然是東王公，右面的是虎，那無疑就是西王母了。也有伏羲女媧和西王母鬆散格局的祥和圖，如 6-128

2-180

2-115

有時候西王母還會幻化出人形，而東王公爲三足鳥，抽象爲鋪首銜環，如 7-149。根據司馬相如的《大人賦》，三足鳥也曾爲西王母所使。于豪亮《幾塊畫像磚的說明》〔註5〕認爲龍虎坐是升仙的意思，因爲他們認爲龍虎可以載人昇天。這些都是推測，但也相差不遠。賈誼在《惜誓》中說：「飛朱鳥使先驅兮，駕太一之象輿。蒼龍蚴蟉於左驂兮，白虎騑而爲右騑。」〔註6〕西漢焦延壽《易林》說：「駕龍騎虎，周遍天下，爲神人所使。西見王母，不憂危殆。」〔註7〕也有的圖象沒有人手蛇身，直接用虎代替。在這個意義上虎是西王母的又一個神形，如圖 3-82。有時候還把東王公和西

3-1-2

6-128

〔註5〕《考古通訊》，1957 年 4 期，第 106 頁。
〔註6〕嚴可均《全上古三代秦漢三國六朝文》，中華書局 1958 年，第 209 頁。
〔註7〕《文淵閣四庫全書》，子部 144，808 冊，臺灣商務印書館 1983 年版，第 317 頁。

王母身上突出這些標誌，如圖 5-215。

圖 3-82 的中的圖象是西王母，但是如果出現在墓中就是墓主人，下面的圖象是象輿，本為太一所乘，後來也作昇天用。

3-82   7-149

根據上面的考釋，我們已經知道鋪首銜環一般兩個組成，一個由西王母和伏羲女媧抽象而成，西王母就是後來的王母娘娘，為西方尊神，表現西方極樂之意；另一為東王公，表示的意思類似。因此鋪首銜環無論是作為門環還是作為墓門，都是成雙成對的。下面的環表示後代磕拜能興盛之意。

根據上面的討論結果，我們再回頭看看關於安陽西高穴墓的兩個銅器，印刻抽象線條失去本相，陽刻或澆鑄的鋪首銜環沒有環，也就表示斷子絕孫。假如是曹操墓，子女豈可這樣自戕無理。唐際根生造出符印這個生詞，還故意加上神秘的迷信色彩，居心何在。

西高穴，實在與曹操無關，拿出的東西無一吃得住推敲。我們看到的西高穴出土文物，不過是現代工匠的遊戲之作。近有人稱，這個墓符合不封不樹原則，實在可笑，都有那麼大墓了，怎麼還不封，怎麼還叫不樹，結論太隨意了。

第八章 漢魏契丹西夏壁畫石刻的
太清升霞

北魏、契丹和西夏本是南轅北轍，但是由於受到西周以來傳統的昇天理念的影響，以及東漢道教的薰染，因此石刻都具有升霞涅槃的特徵。

第一節 東漢營城子漢墓壁畫布局和意象

營城子壁畫墓，在大連市甘井子區營城子沙崗村南，1931 年修鐵路時發現，曾遭到一定破壞，考古學界認爲是東漢時期的磚室墓。這是遼南地區發現的唯一一座漢代壁畫墓，因此十分珍貴，現爲大連古墓博物館。墓室規模宏大，墓道南向，中間爲主室，1954 年，爲了保護，外架了套室。營城子漢墓採用中國傳統的磚拱建築手法砌成，南北長 17.5 米、東西寬 7.18 米、高 6 米。該墓的結構奇特，由主室、套室、前室、後室和側室組成。前室接主室，套室內罩主室，東接側室，北接後室。套室中之迴廊通道與各室相連。前室在南，面積 8.33 平方米；主室面積 8.30 平方米，高 3.15 米；套室面積 22.33 平方米，高 5.75 米；東側室，面積 5.54 平方；後室面積 4.26 平方米，高 2.8 米。墓頂爲穹隆式，墓底和棺床以榫卯磚鋪就。磚上有環狀、羽狀和方格紋等，著朱粉。見圖一。

圖一

　　彩色壁畫繪於主室東、南、北三壁。北壁畫墓主人昇天圖。主人居中，佩劍加冠，前有導引，後有侍者相隨，侍者後面是踏雲飛行的龍前半身。對面空中有一羽人，踏雲來迎。身邊有鳥飛舞。下有三人望空作祭，一伏、一跪、一立。東、南兩壁，畫有雲、鳥、獸、門卒等，形象都用墨線勾勒，並加朱粉、赭紅彩色，見圖二。

圖二

　　墓室壁畫主要分佈在主室的南壁、東壁及北壁。主室的南外壁，門拱邊沿繪有網紋。門拱上方，繪有一個半身人狀怪物。該像濃眉，瞠目，張口露齒，髭鬚伸展，面貌像人又似獸。頸上繫帶，袒胸，左右臂有獸毛，向兩邊伸展。左手握蛇，右手持旗。怪物左邊立有一猛虎，張大口，雙手執旗。主室南內壁，門拱上方有一有毛有爪的怪獸，圓頭圓眼，大口，頭上兩耳，頭側繪出雙臂，臂長及門邊作護衛狀。門兩邊各有一個面向門內的守門人，持旗相對而立。左方守門人，頭髮豎立，黑髭鬚，右手持劍，左手握旗；右方守門人，頭戴三山冠，八字髭鬚，雙手握旗。二人顯然具有儀仗性質。東內壁，通路拱上，繪有渦雲，右側下方繪有一鳥，向門而立。東壁外，通路拱上和左右兩側邊沿，用黃色繪成網紋，上方兩角繪有簡單捲鬚裝飾。

圖三

　　學界根據《莊子》仙人皮膚如冰雪，「乘雲氣，御飛龍，以遊乎四海之外。」和《淮南子》中的神仙人臉龍身無腳，皮膚呈魚鱗狀等記載，確定這是一幅道家羽化升仙圖〔註1〕。認為畫面繪有羽人、方士、鳥、龍、祥雲、靈芝等多種圖案，這些主要是作為升仙的工具，羽人前方的方士便是導引者。方士是打鬼辟邪的，能為墓主人導引開路，順利升仙。方士的後上方

〔註 1〕陶莎《論大連營城子漢墓壁畫與羽化升仙觀念思想的傳播》，《大連民族學院學報》，2010 年 2 期。

有一鳥，細頸，淩空展翅由上向下飛翔，欲銜靈芝狀。漢代壁畫墓中鳥的形象出現較多。有人說此鳥為三青鳥。祐護墓主人昇天的另一神獸便是龍。《禮記·曲禮上》：「行前朱鳥而後玄武，左青龍而右白虎。」孔穎達疏：「朱鳥、玄武、青龍、白虎，四方宿名也。」道教常以青龍、白虎、朱雀、玄武作護衛神，以壯威儀。〔註2〕四神的形象不一定同時出現在同一畫面中，營城子漢代壁畫墓中，虎與雀在墓室門側，而龍則在墓主身後，這說明四神還有護送亡靈昇天的作用。我們認為，這些解釋與中國古代的定穴理論與喪葬習俗存在背離。莊子提到的是宇宙漫遊，《淮南子》記載的是個案，按照劉向《列仙傳》的記載，神仙長相併不單一。《禮記》記載的天空四方星宿與墓主之間無法找到直接關聯。龍與三青鳥之論還是推測，也就難以讓人信服。

一、圖三怪物為巫咸

《國語》認為，宇宙具有一體化的特徵，天地是人為分開的；天地分開以後，人神分離關係產生，並提出確切的時間是在顓頊時代。考《國語·楚語下》說：「及少皞之衰也，九黎亂德，民神雜糅，不可方物。」〔註3〕又《國語·楚語下》說：「顓頊受之，乃命南正重司天以屬神，命火正黎司地以屬民，使復舊常，無相侵瀆，是謂絕地天通。」〔註4〕就是說天地原來相通，人與神是社會動亂時期區分開以後產生的，目的是為了政治。韋昭注《國語·楚語》說：「言重能舉上天，黎能抑下地，另相遠，故不復通也。」〔註5〕其說法雖源自《尚書·呂刑》，但《尚書》只是說絕地天通，並沒說神民之分，所以這一說法應出自後人的創造，時間在《尚書》之後，那麼其來源應該是周代神話傳說。戰國時期人們已經懷疑這一說法的真偽。《國語·楚語》說：「昭王問於觀射父，曰：『《周書》所謂重、黎實使天地不通者何也？若無然，民將能登天乎？』」〔註6〕但是，就民間喪葬習俗而言，依然要為昇天尋找必要的交通工具和方法。下面是長沙馬王堆漢墓的帛畫和線描圖，中間部分與營城子圖三墓室門口的巨人很像，作用也相同。

〔註2〕任繼愈主編·《宗教詞典》，上海辭書出版社1981年，412頁。
〔註3〕徐元誥撰，王樹民等點校《國語集解》，中華書局，2002年，514頁。
〔註4〕徐元誥撰，王樹民等點校《國語集解》，中華書局，2002年，515頁。
〔註5〕徐元誥撰，王樹民等點校《國語集解》，中華書局，2002年，516頁。
〔註6〕徐元誥撰，王樹民等點校《國語集解》，中華書局，2002年，512頁。

圖四　　　　　　　　　　　圖五（線描圖）

　　按《山海經》第十六說：「大荒之中，有山名曰豐沮玉門，日月所入。有靈山，巫咸、巫即、巫盼、巫彭、巫姑、巫眞、巫禮、巫抵、巫謝、巫羅十巫，從此升降，百藥爰在。〔註7〕根據上述我們看出，大荒之中有十巫，以巫咸爲首。又《山海經》第七說：「女醜之屍，生而十日炙殺之。在丈夫北。以右手鄣其面。十日居上，女醜居山之上。巫咸國在女醜北，右手操青蛇，左手操赤蛇。在登葆山，群巫所從上下也。並封在巫咸東，其狀如彘，前後皆有首，黑。女子國在巫咸北，兩女子居，水周之。一曰居一門中。」〔註8〕巫咸最容易識別就在於其幾個標誌，一是右手操青蛇，左手操赤蛇，營城子漢墓右手中拿的有些像旗幟；二是十日居上，其位置在下面。三巫咸通神，因此手操二蛇直接聯繫天上人間。四是位置在門中。因此，圖三表現的就是巫咸，兩邊舉旗幟的是儀衛。

二、昇天圖的人物、方物和意義

　　圖二畫面最右邊是一條龍，但並不完整，因此說只是一個龍頭，另一邊是什麼還不可知。一般容易推斷是一條整龍，之所以畫一半是爲了簡省，這樣的推測看上去有一定的道理，但並不是事實。首先，這個龍頭和對面的鳥是相對應的。戰國時代屈原的《九辯》詩「願賜不肖之軀而別離兮，放遊志

〔註7〕袁珂《山海經校注》，上海古籍出版社，1980年，396頁。
〔註8〕袁珂《山海經校注》，上海古籍出版社，1980年，219～220頁。

乎雲中。乘精氣之摶摶兮，騖諸神之湛湛。驂白霓之習習兮，歷群靈之豐豐。左朱雀之茇茇兮，右蒼龍之躍躍。」鳥和龍對應，對面的鳥應該是指朱雀。這個朱雀是天上的星宿不假，但是在這裡是有意義的，不是一個符號。

　　漢初賈誼的表述與戰國時代又有了一些差異。《惜誓》說：「惜余年老而日衰兮，歲忽忽而不反。登蒼天而高舉兮，歷眾山而日遠。觀江河之紆曲兮，離四海之霑濡。攀北極而一息兮，吸沆瀣以充虛。飛朱鳥使先驅兮，駕太一之象輿。蒼龍蚴虯於左驂兮，白虎騁而為右騑。」〔註9〕又按王延壽《魯靈光殿賦》（並序）說：

　　　於是詳察其棟宇，觀其結構，規矩應天，上憲觜陬……飛禽走獸，因木生姿。奔虎攫挐以梁倚，仡奮巘而軒鶩。蛟龍騰驤以蜿蟺，頷若動而躨跜。朱鳥舒翼以峙衡，騰蛇蟉虯而繞榱。白鹿孑於欂櫨，蟠螭宛轉而承楣。狡兔跧伏於柎側，猨狁攀椽而相追。玄熊冉炎以斷斷，卻負載而蹲跠。〔註10〕

在《靈光殿賦》中，我們看到，諸侯王的宮室建築非常豪華。其中飛禽走獸很多，未必都有神性。但蛟龍奔虎、朱鳥白鹿、猿狁朱鳥等為其突出表現的對象，就不是一般意義的動物了。戰國時代，人們把龍、虎、鳳、龜四大神物配合於四方，成為左青龍、右白虎、前朱雀、後玄武的天文格局，成為「四靈」或「四神」。根據上述資料我們看出，朱鳥的作用是引導靈魂上天進入天堂。

　　山東美術出版社 2000 年版《中國畫像石全集》第三冊第 46 圖有雙龍連體的圖案（圖二、圖三）。

圖六

〔註9〕《全上古三代秦漢三國六朝文》，中華書局 1958 年版 209 頁。
〔註10〕費振剛等《全漢賦》，1993 年，北京大學出版社，527 頁。

　　雙龍連體圖案出自濟南長清縣郭氏祠堂，是聞名的孝子堂性質，據說在漢代就有了。這是漢代章帝時期的石刻，是漢代葬俗無疑。另一圖象是《中國畫像石全集》第六冊第 21 圖出土地點在河南唐河針織廠，一般認爲是西漢墓，因爲是龍首，所以解讀爲彩虹。這兩幅龍首連體的刻石圖案共同的特點是龍首一致，幾乎沒有什麼區別，其次是虹朝上。

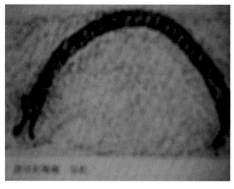 

圖七　　　　　　　　　　　　　　圖八（7-149）

　　第七冊第 149 圖表現的是墓主人坐在連體動物身上，這一個連體的動物形象清晰可以辨認，分別是虎和龍。虎和龍的連體表示什麼意思呢？文獻中倒有這樣的記載。賈誼在《惜誓》中說：「飛朱鳥使先驅兮，駕太一之象輿。蒼龍蚴虯於左驂兮，白虎騁而爲右騑。」西漢焦延壽《易林》說：「駕龍騎虎，周遍天下，爲神人所使。西見王母，不憂危殆。」〔註 11〕根據西漢的這兩條資料我們看出，這本是太乙神的象輿，後來的神人也可以乘坐。我們知道，太一神從戰國後期與秦朝的文獻中開始出現，漢武帝列爲尊神，那麼這個神話的傳說也就產生於秦漢時代。爲什麼要乘坐這樣的工具？

　　太一名稱的由來大致可以肯定在戰國時代，《呂氏春秋・大樂》說：「道也者，至精也，不可爲形，不可爲名，強爲之名，謂之太一。」又云：「萬物所出，造於太一。」注：「太一，道也。」《呂氏春秋》模仿《老子》字學爲道，名道以大的傳統，將太一看成是最尊者。稍前的楚辭有祭祀神靈的組詩《九歌・東皇太一》說：「吉日兮辰良，穆將愉兮上皇。撫長劍兮玉珥，鏘鳴兮琳琅。瑤席兮玉瑱，盍將把兮瓊芳。蕙肴蒸兮蘭藉，奠桂酒兮椒漿。揚枹兮拊鼓，疏緩節兮安歌，陳竽瑟兮浩倡。靈偃蹇兮姣服，芳菲菲兮滿堂。五

音紛兮繁會，君欣欣兮樂康。」〔註12〕太一被稱爲上皇，即最至尊的天神，但主管東方。又《莊子‧天下篇》說：「建之以常無有，主之以太一。」

漢代崇尚太一成爲定制。《史記‧封禪書》說，祠太一鬼神，超越古制：亳人薄誘忌奏祠泰一方，曰：「天神貴者泰一，泰一佐曰五帝。古者天子以春秋祭泰一東南郊，用太牢具，七日，爲壇開八通之鬼道。」於是天子令太祝立其祠長安東南郊，常奉祠如忌方。其後人有上書，言「古者天子三年一用太牢具祠神三一：天一，地一，泰一」。天子許之，令太祝領祠之忌泰一壇上，如其方。〔註13〕

根據《史記》的記載，太一在漢武帝時代已經成爲天上最尊貴的神，有時又叫太帝，帝也是最大最久的意思。按照天文、星象學理論，北斗七星具有主生的權力。干寶《搜神記》卷三說：

北邊坐者忽見顏在，叱曰：「何故在此？」顏唯拜之。南邊坐者語曰：「適來飲他酒脯，寧無情乎？」北坐者曰：「文書已定。」南坐者曰：「借文書看之。」見超壽只十九歲，乃取筆挑上，語曰：「救汝至九十年活。」顏超拜而回。管（輅）語顏曰：「大助子，且喜得增壽。北邊坐人是北斗，南邊坐人是南斗。南斗注生，北斗注死。凡人受胎，皆從南斗過北斗，所有祈求，皆向北斗。」〔註14〕

南斗注生，北斗注死，就是說北斗負責死者的命運，因此在超生、延長壽命上就得依賴北斗七星了。那麼，上天的這位逝者顯然是乘著太一之輿車，即龍虎之駕直奔天堂而去的。

關於羽人，孫作雲《說羽人》〔註15〕曾有過分析，最早見於《山海經》稱爲羽民，後又見於《楚辭》和《史記》，是不死之民。那麼圖中的羽人顯然表示墓主人已經得到上天認可成爲不死之民了。有意思的是這一圖案下面還有三個人，其中跪拜的是位女士，作拜手稽首狀，應該是死者的未亡人，以大禮在祈禱，那麼上面的圖案內容則是女士祈禱的內容了。後面的孩子顯然是死者的孩子。站著穿著禮服的是祝，即舉行儀式的指揮官。至此，營城子漢墓壁畫的基本內容也就清楚了。其整個昇天營壙的思想符合當時規範的行政思維。

〔註12〕洪興祖《楚辭補注》，中華書局，第 55 頁。
〔註13〕司馬遷《史記》，中華書局，1959 年，第 456 頁。
〔註14〕干寶《搜神記》卷三，中華書局 1979 年，34 頁。
〔註15〕《瀋陽博物院籌備委員會彙刊》，1947 年第 1 期。

三、關於死者的身份

按《後漢書‧禮儀志》記載說：「諸侯王、公主、貴人皆樟棺、洞朱、雲氣畫。公、特進樟棺黑漆。中二千石以下坎侯漆。朝臣中二千石、將軍，使者弔祭，郡國二千石、六百石以至黃綬，皆賜常車驛牛贈祭。宜自佐史以上達，大斂皆以朝服。君臨弔若遣使者，主人免絰去杖望馬首如禮。免絰去杖，不敢以戚凶服當尊者。自王、主、貴人以下至佐史，送車騎導從吏卒，各如其官府。載飾以蓋，龍首魚尾，華布牆，纁上周，交絡前後，雲氣畫帷裳。中二千石以上有輲，左龍右虎，朱鳥玄武；公侯以上加倚鹿伏熊。千石以下，緇布蓋牆，魚龍首尾而已。二百石黃綬以下至於處士，皆以簟席爲牆蓋。其正妃、夫人、妻皆如之。諸侯王，傅、相、中尉、內史典喪事，大鴻臚奏諡，天子使者贈璧帛，載日命諡如禮。下陵，髃臣醳麤服如儀，主人如禮。〔註16〕」。將漢墓的規模和壁畫綜合，並對照漢志的記載我們看出，畫面中有從吏卒，載飾以蓋，龍首，華布牆，纁上周，交絡前後，雲氣畫帷裳，但沒有玄武和加倚鹿伏熊。並不是嚴格按照漢志的要求定穴營壙，究其原因，主要是墓主遺愛的祈願，而不是正規的禮儀。因此，我們推斷墓主應該是千石左右的官員或者當地的富貴人家。

第二節　北魏貞景王元謐羽化棺蓋殘石圖

北魏貞景王元謐石棺，根據墓誌，下葬時間爲北魏正光五年（524 年），1930 年在洛陽以西李家凹出土，原石現藏美國明尼阿波利斯美術館，中國國家圖書館僅存部分拓片。〔註17〕石棺雕刻精美，是人類石刻藝術的瑰寶，也是十分罕見的中國北方民族的王侯石棺之一。石棺左右兩面線刻著名的二十四孝故事，左方刻著丁蘭、韓伯愈、郭巨、閔子騫、眉間赤，右側契有原谷、舜、老萊子、董永、伯奇等，畫圖均有題榜。唯伯奇的題款有二：一是「孝子伯奇耶父」，另一條是孝子伯奇母赫兒，說明伯奇故事在北方傳承中出現異態。石棺整體圖象文字一目了然。唯棺蓋殘石收拾草率未審，簡單命名爲日月，語焉不詳，亦不能蓋全。見圖一。

〔註16〕范曄《後漢書志第六　禮儀下》中華書局 1984 年，3152 頁。
〔註17〕楊震方編著：《碑帖敘錄》，上海古籍出版社 1982 年，19 頁。

八八　北魏石棺蓋殘片　日月

圖一〔註18〕

　　根據棺蓋殘石（圖一），線條圖表現的確實以日月為醒目，但棺蓋不僅僅只有日月，還有更豐富的內容，因此認識上明顯不足。我們看到，在日月之間還有上下弧形線雲紋，卷雲紋兩邊是北斗星和十日。在右方三足鳥（太陽）下面有老者男性，免冠，壯髮高揚，裹幘，右手托日，左手拄蛇身鳩杖，頭端為衣袖掩蓋。左側為老婦人，左手亦呈蓮花狀托月，免冠，髻上加幘。兩位老者之間，有簡約線條勾勒的蔓草卷雲紋，表示在天上，亦即夫妻已經到達天堂。因此確切地說棺蓋殘石表示的應該是墓主昇天。從石棺兩邊刻有二十四孝圖看，忠孝傳家，以孝感天是墓主的自許或者道德期待。

　　為什麼要在棺蓋上刻上這樣的圖案？下面殘缺的刻石圖案還應該有些什麼？與傳統喪葬習俗有什麼樣的關係？仍需要我們進一步深入探討。

〔註18〕《中國畫像石全集》第八冊，河南美術出版社1997年，69頁。

圖二〔註19〕　　　　　　　　　　　　圖三〔註20〕

　　圖二是長沙馬王堆出土的戰國墓帛畫，這是一幅非常精美的圖畫，出土時覆蓋在棺上，其相對方位和元謐墓棺蓋位置一致。圖三是其中的截面圖，這樣看上去更爲清楚。將圖三和圖一比較我們看出，日月的位置是一樣的，太陽中的金烏方向也一致，天空都有九日的圖案，只是圖三還有黃帝居中，二龍飛舞的畫面。就是說兩幅圖形象功能位置相同，只是質地區別，亦存繁簡之分〔註21〕。一個顯而易見的道理就是，北魏墓葬的習俗，包括棺蓋和石棺的圖案都是中國戰國普遍採用的葬俗。從有關文獻看，這種習俗由來已久。考《禮記‧檀弓上》說：

　　　　國子高曰：「葬也者，藏也。藏也者，欲人之弗得見也。是故衣

　　足以飾身，棺周於衣，槨周於棺，土周於槨，反壤樹之哉。」〔註22〕

周文王提出視死如視生的理念，強化了我國古代厚葬習俗，那麼人死後財富日用和理念也都要在墓葬中體現出來。不僅棺材中塞滿了東西，棺木外面也有很多東西，用來裝飾棺材，叫棺飾。

〔註19〕《中國繪畫全集》，文物出版社 1997 年，3 頁。

〔註20〕《中國繪畫全集》，文物出版社 1997 年，4 頁。

〔註21〕黃震雲《漢代神話史》，長春出版社，2010 年，266 頁。

〔註22〕《漢魏古注十三經》，見鄭玄注《禮記》，26 頁，中華書局 1998 年。

又《禮記》卷五十四說：

> 飾棺：君龍帷，三池，振容；黼荒，火三列，黼三列；素錦褚，
> 加偽荒；纁紐六；齊，五采，五貝；黼翣二，黻翣二，畫翣二，皆
> 戴圭；魚躍拂池。君纁戴六，纁披六。大夫畫帷，二池，不振容；
> 畫荒，火三列，黻三列，素錦褚；纁紐二，玄紐二；齊，三采，三
> 貝。黻翣二，畫翣二，皆戴綏；魚躍拂池。大夫戴，前纁後玄，披
> 亦如之。士布帷，布荒，一池，揄絞；纁紐二，緇紐二，齊，三采，
> 一貝；畫翣二，皆戴綏。士戴，前纁後緇，二披用纁。〔註23〕

在棺材上要佩有很多棺飾，有畫有幃。這是說的是兩周時的事情，但從這個
戰國後期墓畫看，只有這幅錦繡圖，說明儀禮比較儉省。這幅圖既然是加在
棺材上的，當然是棺飾。至於名稱，《儀禮》卷三十八說：

> 陳明器於乘車之西。折，橫覆之。抗木，橫三縮二。加抗席，
> 三。加茵，用疏布，緇翦，有幅，亦縮二橫三。器西南上，綪。茵。
> 苞二。筲三，黍、稷、麥。甕三，醯、醢、屑，幕用疏布。甒二，
> 醴、酒。幕用功布。皆木桁久之。〔註24〕

《儀禮》卷三十九說：

> 出宮，踊襲。至於邦門，公使宰夫贈玄纁束。主人去杖，不哭，
> 由左聽命。賓由右致命。主人哭，拜稽顙。賓升，實幣於蓋，降。
> 主人拜送，復位，杖，乃行。至於壙，陳器於道東西，北上。茵先
> 入。屬引。主人袒，眾主人西面，北上，婦人東面，皆不哭。乃窆，
> 主人哭，踊無算。襲，贈用制幣玄纁束，拜稽顙，踊如初。卒，袒，
> 拜賓。主婦亦拜賓。即位，拾踊三，襲。賓出，則拜送。藏器於旁，
> 加見。藏苞、筲於旁。加折，卻之。加抗席，覆之。加抗木。實土
> 三，主人拜鄉人。即位，踊，襲，如初。乃反哭。〔註25〕

根據上述材料我們看出，下葬的時候棺材上面確實有棺蓋，按照《儀禮》中
的文字表達應稱爲茵，就是棺蓋的名稱。下葬的時候，陳器在道東，茵先入，
具有招魂導引性質作用，主人朝西往北，婦人在東，不能哭泣，然後再葬。《儀
禮》記載茵爲棺飾名，已經被 1951 年到 1954 年在長沙的五里碑、識字嶺、

〔註23〕　《漢魏古注十三經》，見鄭玄注《禮記》，163 頁，中華書局1998 年。
〔註24〕　《漢魏古注十三經》，見鄭玄注《儀禮》，中華書局，1998 年，191 頁。
〔註25〕　《漢魏古注十三經》，見鄭玄注《儀禮》，中華書局，1998 年，196 頁。

仰天湖、左家公山、楊家灣出土的戰國墓葬性質證實。因爲墓主人的地位高貴，所以能用昂貴的絲綢製作。

那麼，圖案的內容是什麼呢？根據上面的論證，就是墓主昇天圖。在馬王堆出土的戰國帛畫中起到關鍵作用的是兩蛇奉璧。商周以來，以璧禮神成爲傳統，也是上帝能夠幫助人類成神仙的基本禮節。《尚書‧金縢》說：「武王有疾，……周公立焉，植璧秉珪，乃告大王、王季、文王。史乃冊祝曰：『……爾之許我，我其以璧與珪，歸俟爾命；爾不許我，我乃屏璧與珪。』」〔註26〕就是說周公祈禱三代祖宗救武王的命，他的禮物就是 璧和珪，如果不許，那他就不會把這些玉器給他們（沉埋）。因此，璧珪是得到上帝許可，安排凡人昇天的可行的禮器。這就是兩蛇奉璧的根本原因和目的。

圖四〔註27〕

圖四是山東銀雀山漢墓出土的棺蓋。這個棺蓋顯然也分爲三層，第一層日月爲天堂，第二層爲人間，正在昇天，第三層爲地下。這幅圖考古學界認爲是西漢。從圖上看，鳥的方向和戰國以及北魏的棺蓋方向相左。就是說北魏的葬俗來自戰國，而不是漢代。這種習俗的傳承應該與人群的來源有密切關係，因此我們推測北魏統治者很可能是戰國以前從中原北遷定居的人群。

〔註26〕 《漢魏古注十三經》，《尚書》卷八，中華書局，1998 年，44 頁。
〔註27〕 《中國繪畫全集》，文物出版社 1997 年，7 頁。

圖五〔註28〕

　　北魏元謐墓葬中圖象與戰國墓葬帛畫不同之處還在於，墓主夫妻都是用手托著日月，這種「捫參歷井」現象表示夫妻已經到達天堂。類似的如漢代畫像有嫦娥奔月圖，表示方法與此相似。嫦娥乘著蔓草卷雲紋，以九日爲背景，飛向月亮，也就是後來的敦煌飛天的前身。按《史記・曆書》索隱引《世本》云：「黃帝使羲和占日，常儀占月，臾區占星氣，伶倫造律呂，大撓作甲子，隸首作算數，容成綜此六術而著調曆也。」又按《山海經》卷十六說：「大荒之中，有山名日月山，天樞也。吳姬天門，日月所入。有神，人面無臂，兩足反屬於頭山，名曰噓。顓頊生老童，老童生重及黎，帝令重獻上天，令黎邛下地，下地是生噎，處於西極，以行日月星辰之行次。」〔註29〕「有女子方浴月。帝俊妻常羲，生月十有二，此始浴之。」〔註30〕常儀在《呂氏春秋》勿躬篇中作尙儀，皆爲音近書寫異態。日月當空，墓主夫妻手呈日月，表示夫妻和合，陰陽協調，無限美好之意。

　　因此，棺蓋殘石描繪的是線刻墓主人的人間生活和昇天情景。這幅圖整體構思出自戰國時代的喪葬習俗，但是也有漢代元素，既繼承了傳統，又體實現了南北交融，很具學術價值。

〔註28〕《中國畫像石全集》第六冊，山東美術出版社，1997年，205圖。
〔註29〕袁珂：《山海經校注》，上海古籍出版社，1980年，402頁。
〔註30〕袁珂：《山海經校注》，上海古籍出版社，1980年，405頁。

第三節　遼寧義縣北斗七星圖與我國傳統定穴理論

遼寧省義縣奉國寺內有錦州民俗博物館，民俗博物館院子的中間有塊石頭被稱為縣衙門口的屏風，圖一、圖二，為屏風的兩面。為什麼要定名為縣衙屏風，大概與圖二的獬廌圖有關，司法語境下獬豸是公平正義的象徵。獬豸圖位於北斗七星的中間，而北斗七星表示的時間顯然在晚上，縣衙不見青天，應該不會有這樣的民俗。那麼，這塊兩三米長，一米五左右高度的刻石究竟是什麼東西？圖案是什麼意思，有什麼用途就需要重新思考定位了。北斗七星的圖案在我國各地各代都有發現，略舉幾個例子如下。

圖一

圖二

圖三為 2008 年廣西上思縣發掘的唐代古墓中的棺材底板上的北斗七星圖。又據報導，《青海考古發現千年石刀刻有北斗七星》〔註32〕，2005 年 3 月 10 日，考古工作者在青海公伯峽庫區拉毛遺址進行搶救性發掘時，發現了一枚長 6 厘米、寬 3 厘米的雙孔石刀。石刀兩面有大小不一的鑽孔，其圖案顯然具有一定規律，並不是隨意所鑽。石刀一面靠近鋸齒的圖案清晰可辨，被推測為北斗七星和牛郎星。

又《萬年北斗七星岩畫現身翁旗》〔註33〕指出，在首屆紅山文化國際高峰論壇上，翁牛特旗吳甲才稱在翁旗白廟子山中發現有可辨認的獨立石岩畫 10 組，其中一塊巨薯形岩畫

圖三〔註31〕

石，朝天一面有清晰可見鑿磨出的 19 顆星體，北斗七星圖在岩石面北部，據稱這是迄今發現罕見的新石器早期北斗七星岩畫。見圖。

〔註31〕《南國早報》2008 年 12 月 22 日。
〔註32〕《北京科技報》，2005 年 03 月 16 日。
〔註33〕《紅山晚報》2010 年 1 月 12 日。

圖四　　　　　　　　　　　　　　　　圖五

　　根據楊國瑾《寧波赭山發現岩畫〈5 萬年前北斗七星圖〉考》，在寧波慈城西懸嶺到緝雲縣黃帝祠宇附近發現五萬年前的北斗七星刻石。仔細考察這些萬年以上的北斗七星刻石基本上都是推測爲主，像青海的石刻有很多孔，所以可以切割出七星也可以分出三星、五星，但不是單獨的七星圖案，所以不能說是一個客觀的認知。而內蒙的七星附會牽強明顯，亦不足爲據。至於五萬年前，只是民間藝人的個人判斷，不能作爲根據。

　　按照天文、星象學理論，北斗七星具有主生的權力。干寶《搜神記》卷三說：

> 北邊坐者忽見顏在，叱曰：「何故在此？」顏唯拜之。南邊坐者語曰：「適來飲他酒脯，寧無無情乎？」北坐者曰：「文書已定。」南坐者曰：「借文書看之。」見超壽只十九歲，乃取筆挑上，語曰：「救汝至九十年活。」顏超拜而回。管（輅）語顏曰：「大助子，且喜得增壽。北邊坐人是北斗，南邊坐人是南斗。南斗注生，北斗注死。凡人受胎，皆從南斗過北斗，所有祈求，皆向北斗。」〔註34〕

南斗注生，北斗注死，就是說北斗負責死者的命運，因此在超生、延長壽命上就得依賴北斗七星了。

　　太一名稱的由來大致可以肯定在戰國時代，《呂氏春秋・大樂》說：「道也者，至精也，不可爲形，不可爲名，強爲之名，謂之太一。」又云：「萬物所出，造於太一。」注：「太一，道也。」《呂氏春秋》模仿《老子》名學爲大，字之以道的傳統，將太一看成是最尊者。稍前的楚辭有祭祀神靈的組詩《九歌・東皇太一》說：「吉日兮辰良，穆將愉兮上皇。撫長劍兮玉珥，璆鳴兮琳琅。瑤席兮玉瑱，盍將把兮瓊芳。蕙肴蒸兮蘭藉，奠桂酒兮椒漿。揚枹

〔註34〕干寶《搜神記》卷三，中華書局 1979 年，34 頁。

兮拊鼓，疏緩節兮安歌，陳竽瑟兮浩倡。靈偃蹇兮姣服，芳菲菲兮滿堂。五音紛兮繁會，君欣欣兮樂康。」〔註35〕太一被稱為上皇，即最至尊的天神，但主管東方。又《莊子·天下篇》說：「建之以常無有，主之以太一。」

漢代崇尚太一成為定制。《史記·封禪書》說，祠太一鬼神，超越古制：亳人薄誘忌奏祠泰一方，曰：「天神貴者泰一，泰一佐曰五帝。古者天子以春秋祭泰一東南郊，用太牢具，七日，為壇開八通之鬼道。」於是天子令太祝立其祠長安東南郊，常奉祠如忌方。其後人有上書，言「古者天子三年一用太牢具祠神三一：天一，地一，泰一」。天子許之，令太祝領祠之忌泰一壇上，如其方。〔註36〕

根據《史記》的記載，太一在漢武帝時代已經成為天上最尊貴的神，有時又叫太帝，帝也是最大最久的意思。《史記·封禪書》說：「太帝使素女鼓五十弦琴。」長沙馬王堆出土的漢代帛畫中有太一出行圖。

圖六〔註37〕

〔註35〕洪興祖《楚辭補注》，中華書局，第 55 頁。
〔註36〕司馬遷《史記》，中華書局，1959 年，第 456 頁。
〔註37〕文物出版社、浙江美術出版社《中國繪畫全集》1997 年版第 13 圖。

　　圖六左側題有「大一將行，口口神從之，以」的字樣，說明，太一的身份相當於先秦的上帝。太一爲什麼有這麼大的本事？《淮南子・主術訓》解釋其原理說：「夫目妄視則淫，耳妄聽則惑，口妄言則亂。夫三關者，不可不愼守也。若欲規之，乃是離之；若欲飾之，乃是賊之。天氣爲魂，地氣爲魄，反之玄房，各處其宅。守而勿失，上通太一，太一之精，通於天道。天道玄默，無容無則。大不可極，深不可測。尚與人化，知不能得。昔者，神農之治天下也，神不馳於胸中，智不出於四域，懷其仁誠之心。甘雨時降，五穀蕃植，春生夏長，秋收冬藏。月省時考，歲終獻功，以時嘗穀，祀於明堂。明堂之制，有蓋而無四方，風雨不能襲，寒暑不能傷。遷延而入之，養民以公。其民樸重端愨，不紛爭而財足，不勞形而功成，因天地之資，而與之和同。是故威厲而不殺，刑錯而不用，法省而不煩，故其化如神。其地南至交阯，北至幽都，東至暘谷，西至三危，莫不聽從。當此之時，法寬刑緩，囹圄空虛，而天下一俗，莫懷姦心。」〔註38〕　《淮南子》以天人合一的理論說明，太一因爲代表天道，無容無則，大不可極，深不可測，尚與人化，因此，太一是最尊的神，也同時對人類產生直接的權力作用。

　　那麼，太一和北斗七星即北辰之間有什麼樣的關係呢？按《易緯乾鑿度》鄭玄注云：「太一者，北辰之神名也。居其所，曰太一。」《史記・天官書》：「中宮天極星，其一明者，太一常居也。」這是很關鍵的證據。太一是神名，而北辰是神形。其居住的地方就是北斗七星最亮的地方即天極星。又唐王希明《丹元子步天歌》說：「中元北極紫微宮，北極五星在其中，大帝之座第二珠，第三之星庶子居，第一號曰爲太子，四爲後宮五天樞，左右四星是四輔，天以太乙當門路。文昌之下曰三公，太尊只向三公明，天牢六星太尊邊太陽之守四勢前。」顯然，到了唐朝，太一還與行政權力、富貴發生了對應關係。又《尚書大傳》說：「七政，謂春、秋、冬、夏、天文、地理、人道，所以爲政也。人道政而萬事順成」。馬融注《尚書》云：「七政者，北斗七星，各有所主：第一曰正日；第二曰主月法；第三曰命火，謂熒惑也；第四曰煞土，謂填星也；第五曰伐水，謂辰星也；第六曰危木，謂歲星也；第七曰剽金，謂太白也。日、月、五星各異，故曰七政也」。將七星的功能行政化。

　　從上述我們可以看出，爲什麼漢代以來墓葬的棺材板上要刻上北斗七星的圖案了。一是有上天堂的願望，一般的墓地與陵園門口往往刻畫有雲紋，

〔註38〕《淮南子集釋》，中華書局1998年　，608～609頁。

表示由人間進入天界，但登天不代表就能享受天上幸福，因此還需要上天堂。北斗七星是天堂的象徵。二是超生的願望，因爲北斗七星的神太一主管人間的幸福、富貴，壽夭，那麼超生必然也需要太一的許可。三是子孫後代的生存貧富和榮辱也與墓葬有關。這就是我國古代定穴下葬刻寫北斗七星的原理。遼寧省義縣的石刻顯然是墓門，而不是縣衙的屏風。一面刻畫雙鹿是期待子孫享受福祿，獬豸則希望子女家庭平安。雙鹿圖是遼金時代流行的繪畫意象，因此墓門石刻應該是遼金時代的墓葬。而各地報導的所謂天然形成的造型北斗七星種種，多爲附會猜測。

第四節　武威出土西夏版畫象輿和民間攬材習俗

西夏喪葬，死則焚屍，名爲火葬，火葬後「紅臉祖墳白河上」，很難留下什麼痕迹，因此墓葬十分罕見。西夏的墓葬，全國只有 3 處，一處是內蒙古額濟納旗黑水城外的一座塔墓，一處是寧夏銀川的西夏王陵，一處是武威西郊發現的西夏墓，十分珍貴。

1977 年 6 到 10 月，在甘肅武威城西郊林場陸續發現的西夏這兩座磚室墓，有明確的記年，出土了 29 幅彩繪木板畫和木器、瓷器等隨葬品，引起了學術界的廣泛關注。1996 年 8 月，國家文物局專家鑒定其中的雙首連體彩繪木版畫爲國家一級文物。由於雙首連體彩繪圖造型特別，因此人們難以展開研究，一般稱爲雙龍連體彩畫，墓中彩畫邊上有很多齋戒休浴之物，因此又推測可能是佛教尋求昇天的法器。也就是說目前仍然不明就裏，無法進行深入研究。

兩座西夏墓的年代是天慶元年至八年間（1194～1201 年），爲西夏晚期的墓葬，墓主人是西夏西經略司都案劉德仁和西經略司都案兼安排官□兩處都案劉仲達。墓制爲兩座小型單室磚墓，相距 10 米，1 號墓在北，墓門南向；2 號墓在南，墓門向東。墓室長分別爲 1.3 和 1.6 米，寬爲 1.2 和 1.3 米，高爲 1.2 和 1.7 米。基室四壁爲平磚疊砌，底部鋪磚，作人字形。後壁底部設二層臺，臺上用白灰抹面，墓門高備爲 0.5 和 0.8 米，寬爲 0.68 和 0.9 米，深爲 0.33 和 0.39 米。墓門單層磚拱形券頂，以卵石封門，墓頂呈圓錐形。西夏採用的是火葬墓，葬具是木緣塔。通過靈匣安葬，「靈匣」就是裝骨灰用的匣子，和現在的骨灰盆的用途一樣，而式樣不同。兩座墓中有 4 座木緣塔，從木緣塔的題記看，兩座墓都爲夫妻合葬墓，共埋 4 人。由於墓室不大，畫工難以在墓室內彩繪壁畫。所以用木板作畫，葬入墓內。雙首連體木版畫就出自二號墓。見圖一。

圖一〔註39〕

由於出土時木頭腐朽程度嚴重，所以墓葬的原狀難以復原比對。這種雙首連體的東西究竟是什麼？在文獻中鮮有記載。檢閱《山海經》、《淮南子》這些神話豐富的著作也沒有見到，只有相關的雙頭鳥、雙頭雞等。但爬梳了中國古代造型藝術資料以後我們還是發現了一些相似的圖案。見圖二。

圖二〔註40〕

圖二雙首連體線條圖案出自濟南長清縣郭氏祠堂，是聞名的孝子堂性質，據說祠堂在漢代就有了。圖畫分為三層：第一層端坐在中間的是天帝，頭上是雙首連體形狀，考古學界識為虹，一方面是天地的高貴象徵，另一方面古代有天二氣則成虹，代表陰陽交合，〔註41〕比喻夫妻昇天。第二層表現兩撥人互相對抗，結果跌入苦海，但跌入苦海後彼此還在爭鬥。這幅畫教育人做事要和善，不要為小事爭執不休，天帝看得是清清楚楚，就是說有舉頭

〔註39〕 張寶璽：《武威西夏木板畫》，甘肅人民美術出版社 2001 年，24 頁。
〔註40〕 《中國畫像石全集》第三冊，山東美術出版社 2000 年，445 頁。
〔註41〕 袁珂：《中國神話詞典》，上海古籍出版社 1985 年，290 頁。

三尺有神明。這是漢代章帝時期的石刻，爲漢代的葬俗。還有漢代河南的一幅畫像石如下：

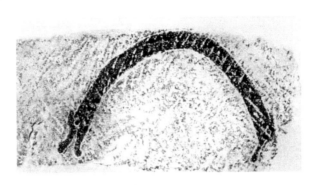

圖三〔註42〕

刻石出土地點在河南唐河針織廠，一般認爲是西漢墓，因爲兩邊形如龍首，整體呈弧形，所以解讀爲彩虹。這兩幅龍首連體的刻石圖案共同的特點是龍首一致，幾乎沒有什麼區別，其次是虹朝上，頭向下，還是弧形，和西夏的圖象明顯不同，西夏的圖象是兩頭向上，中間是平的。經考察，西夏的木板彩畫和下列圖象十分相似。

圖爲在甘肅、陝西、湖北、福建等地仍在流行的擡材表演。圖上端即爲乘輿。

〔註42〕《中國畫像石全集》第六冊，山東美術出版社 2000 年，27 頁。

第九章　敦煌胡旋舞唐代踏毬舞和金剛亥母法相

第一節　胡旋舞和踏毬舞

旋轉是樂舞的重要形式，由來已久。唐太宗《頒示禮樂詔》說：「魯昭所習，惟在折旋；魏文所重，止於鄭衛。」〔註1〕魯昭爲魯昭公，春秋時期，折旋舞就是很有影響的舞容。胡旋舞，是漢語名詞，與胡人、胡姬、胡床、胡餅、胡豆、胡笛、胡騎、胡妝表達類似，顧名思義就是在胡人地區流行的，以旋轉爲主要特色的舞蹈。胡是舞者或創建者，樂舞的正式的名稱應是旋舞。旋舞一詞最早見晉人郭璞《山海經圖贊》之《駏獸》說：「駏獸四角，馬尾有距。涉歷歸山，騰險躍岨瑜。厥貌惟奇，如是旋舞。」〔註2〕言馬折旋中矩，翔必有處，符合音律。駏獸是神馬，其情形也就無考。唐杜佑《通典》卷146《樂典六》記載：「康國樂，工人皂絲布頭巾，緋絲布袍，錦衿。康國舞二人：緋襖錦袖、綠綾渾襠褲、赤皮靴、白褲，雙舞急轉如風，俗謂之胡旋。樂用笛二、正鼓一、和鼓一、銅鈸二。」〔註3〕由此可知，我們說的胡旋舞是唐代出現的一個俗稱，當然也就不是本名。就像胡人、胡姬、胡騎一樣，是爲了區別漢人的旋舞而然。對於胡旋舞，白居易《胡旋女》描寫最爲著名。白居易《胡旋女》（戒近習也）詩說：

〔註1〕《全唐文》第一冊，上海古籍出版社 1998 年，24 頁。
〔註2〕《全晉文》卷一二二，上海古籍出版社 2009 年，40 頁。
〔註3〕《舊唐書》，中華書局 1975 年，1071 頁。

胡旋女，胡旋女。心應弦，手應鼓。弦鼓一聲雙袖舉，回雪飄
颻轉蓬舞。左旋右轉不知疲，千匝萬周無已時。人間物類無可比，
奔車輪緩旋風遲。曲終再拜謝天子，天子爲之微啓齒。胡旋女，出
康居，徒勞東來萬里餘。中原自有胡旋者，鬥妙爭能爾不如。天寶
季年時欲變，臣妾人人學圜轉。中有太眞外祿山，二人最道能胡旋。
梨花園中冊作妃，金雞障下養爲兒。祿山胡旋迷君眼，兵過黃河疑
未反。貴妃胡旋惑君心，死棄馬嵬念更深。從茲地軸天維轉，五十
年來制不禁。胡旋女，莫空舞。數唱此語悟明主〔註4〕

根據詩歌的描寫，胡旋舞以雙袖高揚，快速翻轉，來自康居，與中原的胡旋
舞比較更顯得美妙。白居易認爲中原的胡旋舞比起胡旋舞在鬥妙爭能上更勝
一籌。由於唐玄宗、楊貴妃、安祿山以胡旋舞競道，因此流行，時間在天寶。
白居易認爲安史之亂如同地軸天維旋轉，皆因胡旋舞而起。元稹《胡旋女》
更讚美其速度：「天寶欲末胡欲亂，胡人獻舞能胡旋。旋得明王不覺迷，妖胡
奄到長生殿。胡旋之義世莫知，胡旋之容我能傳。蓬斷霜根羊角疾，竿戴朱
盤火輪炫。驪珠迸珥逐飛星，虹暈輕巾掣流電。潛鯨暗噏笡海波，四風亂舞
當空霰。萬過其誰辨終始，四座安能分背面」。〔註5〕後來杜牧在《過華清宮
絕句》中還笑話，雲中亂拍祿山舞，風過重巒下笑聲。

胡旋舞又稱蓮花北鋌歌舞。岑參《田使君美人舞如蓮花北鋌歌》記錄地
方刺史舉辦的舞會，表演的又是一種情況，是蓮花旋：

美人舞如蓮花旋，世人有眼應未見。高堂滿地紅氍毹，試舞一
曲天下無。此曲胡人傳入漢，諸客見之驚且歎。慢臉嬌娥纖復穠，
輕羅金縷花蔥蘢。回裾轉袖若飛雪，左鋌右鋌生旋風。琵琶橫笛和
未匝，花門山頭黃雲合。忽作出塞入塞聲，白草胡沙寒颯颯。翻身
入破如有神，前見後見回回新。始知諸曲不可比，采蓮落梅徒聒耳。
世人學舞祇是舞，姿態豈能得如此。〔註6〕

由此可見，胡旋舞由西域傳入長安後風靡朝野上下，名稱與舞容也發生了多
次的變化，但是基本的要素一樣，就是腳下踩著圓形的毬形毛毯，或者蓮花
形毬，以快速旋轉爲特色。在西安碑林博物館有一座唐代開元九年刻的石碑，

〔註4〕《全唐詩》卷四二六，中華書局1979年，4692頁。
〔註5〕元稹《胡旋女》，《全唐詩》，中華書局1979年，4618頁。
〔註6〕《全唐詩》，中華書局1979年，2057頁。

原立於長安興福寺內，現僅存下半截，故名唐興福寺殘碑。碑石兩側刻有連弧蔓草獅子人物花紋，在圖案中部，有 2 名舞童（一為西域胡人，一為漢族人），身著長袖舞衣，頭戴佩有飄帶的帽子，正腳踏蓮花，拂袖雙舞。與岑參的詩歌剛好相互印證。那麼，中原的胡旋舞指的是什麼呢？

西周的八佾樂舞就有綴兆騰挪，以旋轉騰挪為特色。唐代武則天時期創造的樂舞聖壽樂規模很大，表演者有一百四十名，表演中不斷地變換著隊形，排列成「聖超千古，道泰百王，皇帝萬年，寶祚彌昌」〔註7〕的文字，舞到高潮時，演員們所穿的朱紅色和絳紫色的彩衣，頓時變換成綠色和大紅色。邵軫的《雲韶樂賦》寫道：「曳羅裙之嫋嫋，鳴玉佩之鏘鏘，始逶迤而並進，終婉轉而成行。於是合以弦匏，縱之磬管，昭敬意於廉直，本善心之嘽緩。克和四夷，應春候而角調；取象八風，如舞行之綴短。霓裳採鬭，雲鬢花垂，清歌互舉，玉步徐移，俯仰有飾，周旋中規，將道志以變轉，幾成文於合離。爾其美目流盼，，輕舉聳峙。或少進而赴商，俄善來而應徵。貫魚初度，驚鴻乍起，容裔自得，蹁躚未已。褧衣屢更，新態不窮。舉袖而縈紫，復回身而拖紅，夫凡音九變，曲度將終，神人以和。」〔註8〕根據邵軫的賦我們看出，萬壽樂中的雲韶樂以婉轉、俯仰、周旋、變轉等節奏變化層出不窮，應該有類似胡旋舞的元素，但速度並不是很快。按元稹《善歌如貫珠賦》說：

> 珠以編次，歌有繼聲；美綿綿而不絕，狀纍纍以相成。珠以編次，歌有繼聲。美綿綿而不絕，狀累累以相成。偏佳朗暢，屢比圓明。度雕梁而暗繞，誤綴網之頻驚。響象而然，非謂結之以繩約；氣至則爾，故可貫之以精誠。原夫以節為珠，以聲為緯。漸杳杳而無極，以多多而益貴。悠揚綠水，訝合浦之同歸；繚繞青霄，環五星之一氣。望明月而宛轉，感潛鮫之歆歔。若非象照乘之珍，安能忘在齊之味。其始也，長言邅迤，度曲纏綿。吟斷章而離離若間，引妙囀而一一皆圓。〔註9〕

元稹對歌聲的評價代表了唐人的審美風格，妙囀宛轉，歌聲如同舞容，是理想的聲曲折。《雲韶樂》之外，還有《踏毬舞》等很多舞蹈都包含著旋轉。王邕《內人踏毬賦》說：

〔註7〕《新唐書》，中華書局 1975 年，1060 頁。
〔註8〕《文苑英華》卷七三，中華書局 1982 年，332 頁。
〔註9〕《文苑英華》卷七八，中華書局 1982 年，356 頁。

毯猶球也，輾轉馳逐兮，將求人而得人。毯上有嬪，毯以行於
道，嬪以立於身。出紅樓而色妙，對白日而顏新。曠古未作，於今
始陳。俾眾伎而皆掩，擅奇能而絕倫。於是揚袂疊足，徘徊躑
躅；雖進退而有據，常兢兢而自勖。球體兮似珠，人顏兮似玉；下則雷
風之宛轉，上則神仙之結束。無習斜流，恒為正遊；球不離足，足
不離球，弄金盤而神仙欲下，舞寶劍則夷狄來投。方知吾君偃武之
日，修神仙之術。但欲揚其善教，豈徒悅其淑質？謂豔色兮可輕，
使宮女兮程功而出；疑履地兮不履其地，疑騰虛兮還踐其實。當是
時也，華庭縱賞，萬人瞻仰；洛神遇而恥乘流，飛燕逢而慚在掌。
幾看制而動息，幾度紛而來往；倏而復歸於，霄何微妙之忽恍？〔註
10〕

按照王邕的記載，舞蹈踏毯的時候，舞者立於圓形毯上，揚袂疊足，徘徊躑
躅；雖進退而有據，常兢兢而自勖。球體兮似珠，人顏兮似玉；下則雷風之
宛轉，上則神仙之結束。無習斜流，恒為正遊；球不離足，足不離球，弄金
盤而神仙欲下，舞寶劍則夷狄來投。《踏毯舞》出自踘毯，但在形態結構速度
上和胡旋舞相似，因此中原的胡旋舞應該就是《踏毯舞》。

第二節　胡旋舞興起的地域和入唐的時間

胡旋舞盛行在唐玄宗時代，但是並不是一般意義上的開元時候傳入。考
《新唐書・禮樂十一》說唐高祖李淵時期五弦樂舞有「胡旋舞，舞者毯上，
旋轉如風」〔註 11〕。《新唐書・五行志》中也有記載：「胡旋舞，本出康居，
以旋轉便捷為巧，時又尚之。」〔註 12〕曲以繁聲入破，所以胡旋舞又被稱為
是左旋右旋。說明還在唐代建國初就已經傳入長安。胡旋舞的來源史書均言
出自康國。但是，史書中還有記載米國、史國等進獻胡旋舞的例子。康國「開
元初，貢鎖子鎧，水精（晶）杯、瑪瑙瓶、鴕鳥卵及越諾侏儒、胡旋舞女。」
〔註 13〕康國和米國、史國等本為一國。《新唐書》西域傳說：

康者，一曰薩末鞬，亦曰颯秣建，元魏所謂悉萬斤者。其南距

〔註 10〕　《文苑英華》卷七八，中華書局 1982 年，370 頁。
〔註 11〕　《新唐書》卷二十一，中華書局 1975 年，470 頁。
〔註 12〕　《新唐書》中華書局 1975 年，921 頁。
〔註 13〕　《新唐書》卷 221《西域傳》，中華書局 1975 年，6244 頁。

史百五十里，西北距西曹百餘里，東南屬米百里，北中曹五十里。在那密水南，大城三十，小堡三百。君姓溫，本月氏人。始居祁連北昭武城，爲突厥所破，稍南依葱嶺，即有其地。枝庶分王，曰安，曰曹，曰石，曰米，曰何，曰火尋，曰戊地，曰史，世謂「九姓」，皆氏昭武。土沃宜禾，出善馬，兵彊諸國。人嗜酒，好歌舞於道。王帽氈，飾金雜寶。女子盤髻，幪黑巾，綴金花。生兒以石蜜啖之，置膠於掌，欲長而甘言，持珤若黏云。習旁行書。善商賈，好利，丈夫年二十，去傍國，利所在無不至。以十二月爲歲首，尚浮圖法，祠祆神，出機巧技。十一月鼓舞乞寒，以水交潑爲樂。　隋時，其王屈木支娶西突厥女，遂臣突厥。武德十年，始遣使來獻。貞觀五年，遂請臣。太宗曰：「朕惡取虛名，害百姓；且康臣我，緩急當同其憂。師行萬里，寧朕志邪？」卻不受。俄又遣使獻師子獸，帝珍其遠，命秘書監虞世南作賦。自是歲入貢，致金桃、銀桃，詔令植苑中。

　高宗永徽時，以其地爲康居都督府，即授其王拂呼縵爲都督。萬歲通天中，以大首領篤娑鉢提爲王。死，子泥涅師師立。死，國人立突昏爲王。開元初，貢鎖子鎧、水精杯、碼碯瓶、駝鳥卵及越諾、侏儒、胡旋女子。其王烏勒伽與大食亟戰不勝，來乞師，天子不許。久之，請封其子咄曷爲曹王，默啜爲米王，詔許。烏勒伽死，遣使立咄曷，封欽化王，以其母可敦爲郡夫人。⋯⋯

　米，或曰彌末，曰弭秣賀。北百里距康。其君治缽息德城，永徽時爲大食所破。顯慶三年，以其地爲南謐州，授其君昭武開拙爲刺史，自是朝貢不絕。開元時，獻璧、舞筵、師子、胡旋女。十八年，大首領末野門來朝。天寶初，封其君爲恭順王，母可敦郡夫人。⋯⋯

　史，或曰佉沙，曰羯霜那，居獨莫水南康居小王蘇薤城故地。西百五十里距那色波，北二百里屬米，南四百里吐火羅也。有鐵門山，左右巉峭，石色如鐵，爲關以限二國，以金錮闔。城有神祠，每祭必千羊，用兵類先禱乃行。國有城五百。隋大業中，其君狄遮始通中國，號最彊盛，築乞史城，地方數千里。貞觀十六年，君沙瑟畢獻方物。顯慶時，以其地爲佉沙州，授君昭武失阿喝刺史。開元十五年，君忽必多獻舞女、文豹。後君長數死、立，然首領時時

入朝。天寶中，詔改史爲來威國。〔註14〕

根據《新唐書》的記載，胡旋舞出自康居，與康居同時貢獻胡旋舞女子的米國和史國都是康國的子國，康國爲武昭九姓，在唐代屬於羈縻州，按照《資治通鑒》顯慶四年的記載，昭武九姓置州縣二十七。劉統《唐代羈縻府州研究》根據兩唐書和阿拉伯人著《世界境域志》、馮承鈞《西域地名》等統計考訂，昭武九國所置羈縻州府有康居都督府、大宛都督府、休循州都督府、佉沙州、南謐州、貴霜州、安息州木鹿州。〔註15〕昭武九姓原爲西突厥控制，《北史·西域列傳》說，康國者，康居之後也，遷徙無常不恒，故漢以來相承不絕。其王本姓溫月氏人也。舊居祁連山北昭武城，因被匈奴所破，西逾蔥嶺，遂有國。枝庶各分王，故康國左右諸國並以昭武爲姓，示不忘本也。昭武就是現在的甘肅張掖。嶺以產蔥著名，就是現在的帕米爾高原。隋末唐初，九姓胡合族移居漠北的西州、沙州、涼州、伊州和塔裏。《舊唐書》卷二十九記載「康國樂：工人皁絲布頭巾，緋絲布袍，錦領。舞二人，緋襖，錦領袖，綠綾渾襠袴，赤皮靴，白袴帑，舞急轉如風，俗謂之胡旋。樂用笛二、正鼓一、和鼓一、銅鈸。」康國強盛時，米國、史國、曹國、何國、安國、小安國、那色波國、烏那曷國、穆國皆歸附之。〔註16〕（《隋書》卷83《西域傳》）。北周天和三年，武帝的阿史那皇后入長安時，將《康國樂》帶入長安。康國樂伎十分聞名。隋煬帝設「九部伎」，唐太宗設「十部伎」，其中都有「康國伎」，康國伎的主要內容就是胡旋舞。

從上面的論述我們看出，康國是胡旋舞和潑寒胡戲的發祥地，其地域限制在康國與其子國米國和史國。文獻記載最早傳入時間是在唐高祖武德時期。

胡旋舞在長安、洛陽等地的盛行時間，應從武則天時代開始，開元、天寶年間最盛：其表現爲中宗之女安樂公主第二個丈夫武延秀，曾出使突厥，會「唱突厥歌，作胡旋舞。」〔註17〕。武延秀是武承嗣之子，作爲武則天的近親屬，當然知道武則天建立自己王朝時候要以武昭爲始祖的事情，因此其學習胡旋舞，更多是爲了討好武則天。也正因爲如此，作爲宮廷樂舞得到廣發傳播。因此，眞正把胡旋舞推廣的推手是武則天。安祿山晚年肥胖，重三

〔註14〕《新唐書》，中華書局1975年，6243～6247頁。
〔註15〕西北大學出版社1998年，189～191頁。
〔註16〕《隋書》中華書局1973年，1848頁。《新唐書》，中華書局1975年，1071頁。
〔註17〕《舊唐書》卷183《武延秀傳》，中華書局1975年，4733頁。

百三十斤，但「至玄宗前，作胡旋舞，疾如風焉」〔註 18〕。唐宋筆記記載安祿山在舞胡旋時候膝下的肚子飛舞，另成風景。楊貴妃善歌舞，通音律。天寶初，「母封涼國夫人。」以涼國封號，或與其對西涼樂舞精通有關。〔註 19〕，但兩《唐書》都沒有記載楊貴妃究竟擅長何種樂舞。實際上，楊貴妃除經常主演「霓裳羽衣舞」之外，最拿手的便是胡旋舞。白居易詩《胡旋女》中亦云「天寶季年時欲變，臣妾人人學圓轉，中有太眞外祿山，二人最道能胡旋。」由於皇帝提倡，名人擅長，臣妾百姓也就習練成風，臣妾人人學圓轉。從時間上看，康國不斷供應胡旋舞，除了胡旋舞女本身的優勢外，主要應該還是投其所好。

　　唐人對舞蹈有明確的區分。段安節《樂府雜錄》說：「舞者樂之容也，有大垂手，小垂手，或如驚鴻，或如飛燕。婆娑，舞態也；蔓延，舞綴也。古之能者，不可勝記，即有健舞、軟舞、字舞、花舞、馬舞。健舞曲有稜大、阿蓮、柘枝、劍氣、胡旋、胡騰。軟舞有涼州、綠腰、蘇合香、屈柘、團圓旋、甘州等。」〔註 20〕其注稱，字舞由人壓身於地形成字型，花舞穿綠衣服，合成花字，馬舞是人拿馬鞭子在床上蹀躞。由此我們看出，健舞主要體會舞容的剛健和峻拔，強力旋轉等，而軟舞主要表達柔順，舞姿嫋娜，成各種形狀，但是二者共同的特點是舞蹈的場地都很小，說明舞蹈創制的原因是在房內，也就是說西域的舞蹈實際上是房中樂一類，功能是享受娛樂。那麼回頭看上面的《踏毯舞》大概就應該屬於團圓旋，蓮花舞屬於胡旋舞，二者的區別在於鍵軟，也就是白居易說的康國胡旋舞和中原胡旋舞。段安節接著還講到：「舞有骨鹿舞、胡旋舞，俱於一小圓毯子上舞，縱橫騰踏，兩足終不離於毯子上，其妙如此也。」〔註 21〕可知胡旋舞的顯著特點有二：其一，舞者旋轉速度很快，音樂節奏感強烈；其二，場地很簡單，舞者在一個小圓毯上，左旋右轉不知疲，始終不離開圓毯。這個圓毯或者圓毯，肯定是圓形，是爲健舞和軟舞的區別。圓毯爲唐人胡旋舞，圓毯爲康國胡旋舞。常任俠《絲綢之路與西域文化藝術》〔註 22〕認爲毯應爲毯之誤的描繪，是認爲胡旋舞只有一種舞法，其實不僅有毯和毯，還有

〔註 18〕《舊唐書》卷 200《安祿山傳》，中華書局 1975 年，5368 頁。
〔註 19〕《舊唐書》卷 51《楊貴妃傳》，中華書局 1975 年，2179。
〔註 20〕（唐）段安節《樂府雜錄》，上海古籍出版社 1983 年，28 頁。
〔註 21〕（唐）段安節《樂府雜錄》，上海古籍出版社 1983 年，28 頁。
〔註 22〕常任俠《絲綢之路與西域文化藝術》上海文藝出版社 1981 年。

蓮花等等，十分豐富。

胡旋舞從唐高祖武德時候傳入，爲什麼興盛在開元，學界普遍認爲與唐玄宗和楊貴妃有關，推測不錯，但並不全是。唐太宗主張興盛禮樂，因此對外來文化往往採取審慎態度，成爲唐初幾十年的傳統規制。如蘇幕遮樂，呂元泰在上中宗的《陳時政疏》中說：「臣比見都邑坊市相率爲渾脫隊，駿馬胡服名爲蘇幕遮。旗鼓相當，軍陣之勢也。騰逐喧噪，戰爭之象也。錦繡誇進，害女工也。征斂貧弱，傷政體也。胡服相觀，非雅樂也。渾脫爲號，非美名也。安可以禮義之朝，法胡虜之俗；以軍陣之勢，列庭闕之下？竊見諸王亦有此好。」〔註 23〕潑寒胡戲和蘇幕遮有些類似，也曾風靡長安，張說曾有諫書，因此唐玄宗下令禁止。又蘇頲《禁斷妖訛等敕》說：「敕釋氏汲引本歸正法王，護持先去邪道，失其宗旨，乃般若之罪人，成其詭怪，豈涅槃之信士？不存懲革，遂廢津梁，眷彼愚蒙，相限坑穽。比有白衣長髮，假託米勒下生，因爲妖訛，廣集徒侶稱解禪觀……今監察使採訪如州縣，不能覺察所由，長官並量狀降貶。」〔註 24〕蘇頲對妖訛不婚，白衣長髮者下了禁令。那麼，爲什麼不對胡旋舞下禁令呢？南卓《羯鼓錄》說：「諸曲調入太簇曲色俱騰，《乞婆娑》、《耀日光》等二十九曲，玄宗所製……尤愛羯鼓玉笛，常言八音之領袖。」〔註 25〕胡旋舞的主要舞具就是毬毯，主要樂器爲笛子和羯鼓，而這兩條爲玄宗心愛之追求，當然不會輕易放棄，但也不能明確支持。對於康國不斷進獻胡旋女，唐玄宗限於兩難境地。唐玄宗《賜康國王烏勒書》說：「卿僻在遐荒，久修誠款，情深本國，志慕欽風。節義著於家邦，忠孝兼於臣子。言念懇到，歎美良深，所請各依，可知朕意。」〔註 26〕文章寫得很含蓄，久修誠款，情深本國，言念懇到，歎美良深，所請各依，可知朕意。表明他和康國之間的深層的默契，只是到了天寶時期，唐玄宗放手享樂的時候，胡旋舞才得以開禁傳播。從這個角度說白居易說安史之亂天旋地轉，劍指胡旋舞也不是完全沒有道理，但其前期主要推手還應該是武則天。清代學者魏源在《聖武記》中考證：「哈薩克左部游牧逐水草，爲古康居」。

〔註 23〕《全唐文》第一冊，上海古籍出版社 1998 年，1212 頁。
〔註 24〕《全唐文》第二冊，上海古籍出版社 1998 年，1136 頁。
〔註 25〕（唐）南卓《羯鼓錄》，上海古籍出版社 1988 年，3 頁。
〔註 26〕《全唐文》第一冊，上海古籍出版社 1998 年，190 頁。

第三節　胡旋舞和胡騰舞以及康國的舞者使者

晚唐段安節的《樂府雜錄》稱健舞曲有胡旋、胡騰，胡旋和胡騰聽上去應該很接近。榮新江認爲胡旋與胡騰均源自同一粟特語詞彙 即是一個基於 wrt 詞根的詞。胡旋是對這個粟特語詞彙的意譯，而胡騰是音譯。〔註 27〕就是說是一詞兩翻，實際是一回事。但從舞容看二者不是一回事。中唐劉言史《王中丞宅夜觀舞胡騰》詩說：

> 石國胡兒人少見，蹲舞尊前急如鳥。織成蕃帽虛頂尖，細氍胡衫雙袖小。手中抛下蒲桃盞，西顧忽思鄉路遠。跳身轉轂寶帶鳴，弄腳繽紛錦靴軟。四座無言皆瞪目，橫笛琵琶遍頭促。亂騰新球雪朱毛，傍佛輕花下紅燭。酒闌舞罷絲管絕，木槿花西見殘月。〔註 28〕

又李端的《胡騰兒》詩說：

> 胡騰身是涼州兒，肌膚如玉鼻如錐。桐布輕衫前後卷，葡萄長帶一邊垂。帳前跪作本音語，拾襟攪袖爲君舞。安西舊牧收淚看，洛下詞人抄曲與。揚眉動目踏花氍，紅汗交流珠帽偏。醉卻東傾又西倒，雙靴柔弱滿燈前。環行急蹴皆應節，反手叉腰如卻月。絲桐忽奏一曲終，鳴鳴畫角城頭發。胡騰兒，胡騰兒，故鄉路斷知不知。〔註 29〕

兩首詩的舞者爲男子，身著胡衫，袖口窄小，頭戴蕃帽，腳登錦靴，腰纏葡萄長帶，在一個花毯上騰跳，長帶飄動。胡旋舞和胡騰舞都出自昭武九姓，但二者還是有一些區別，在舞姿上胡騰舞是攪袖，胡旋舞是舉袖；胡騰舞是環行，胡旋舞是旋轉。舞具上，胡旋舞是圓毯或者毬毯，而胡騰舞是花毯執蒲桃盞。舞服上，胡騰舞戴帽子，而胡旋舞沒有。舞者看，胡旋舞主要是女性，所以所有的資料都說進胡旋女，雖有武延秀、安祿山等舞者，但以女性爲主。而兩首胡騰詩描寫的舞者都是男子。1952 年在西安東郊發掘的唐代蘇思勗墓（745 年）中，有一幅樂舞壁畫。高 149 厘米，長約 420 厘米。原壁畫被揭取分割成三幅。中間起舞者爲胡人，高鼻深目絡腮鬍，頭包白巾，穿長袖衫，腰繫黑帶，足登黃靴，其舞姿據考證是西域傳入中原的胡騰舞。舞者兩側均爲樂隊。右有五人，前排三人跽坐，手持豎笛、七絃琴和箜篌；後排二位者，一吹排簫，一爲樂隊指揮。左有六人，前排三人分持琵琶、笙和鈸；

〔註 27〕榮新江《粟特人在中國》，中華書局 2005 年，413 頁。
〔註 28〕劉言史《王中丞宅夜觀舞胡騰》，《全唐詩》，中華書局 1979 年，5324 頁。
〔註 29〕李端《胡騰兒》，《全唐詩》，中華書局 1979 年，3238 頁。

後排三人，一名指揮，一握橫笛，一個拍板。7 這幅胡騰樂舞壁畫的發現，證實了唐人對胡騰舞的描述。騰和旋應該是二者最重要的特徵，也是區別，是當時西域流行的樂舞，因此彼此有很多的相似。

唐代稱康什麼的樂工，多出自西域。段安節《樂府雜錄》胡部說：「涼州所進，本在正宮大遍、小遍。至貞元初，康崑崙翻入琵琶玉宸宮調，初進曲在玉宸殿，故有此名。合諸樂即黃鍾宮調也。」〔註30〕從樂部的劃分以及名字看，康崑崙是來自崑崙山的胡人，康當即康國。另外，李頎、李端、戴叔倫還各有一篇寫酒泉胡人康洽的詩。康洽在盛唐時干謁長公主，進獻樂府，其樂自當是康國胡樂。李頎《送康洽入京進樂府歌》：「識子十年何不遇，只愛歡遊兩京路。朝吟左氏嬌女篇，夜誦相如美人賦。長安春物舊相宜，小苑蒲萄花滿枝。柳色偏濃九華殿，鶯聲醉殺五陵兒。曳裾此日從何所，中貴由來盡相許。白夾春衫仙吏贈，烏皮隱几臺郎與。新詩樂府唱堪愁，御妓應傳鳲鵲樓。西上雖因長公主，終須一見曲陵侯。」〔註31〕

又李端《贈康洽》說：「黃鬚康兄酒泉客，平生出入王侯宅。今朝醉臥又明朝，忽憶故鄉頭已白。流年恍惚瞻西日，陳事蒼茫指南陌。聲名恒壓鮑參軍，班位不過揚執戟。邇來七十遂無機，空是咸陽一布衣。後輩輕肥賤衰朽，五侯門館許因依。自言萬物有移改，始信桑田變成海。同時獻賦人皆盡，共壁題詩君獨在。步出東城風景和，青山滿眼少年多。漢家尚壯今則老，髮短心長知奈何。華堂舉杯白日晚，龍鍾相見誰能免。君今已反我正來。朱顏宜笑能幾回。借問朦朧花樹下，誰家畚插築高臺。」〔註32〕戴叔倫《贈康老人洽》說，康洽來往京城已經 50 年，本爲酒泉布衣，很小就在京城知名，樂府在宮中最受歡迎，因此得到權貴看重，在兩國國君中都很吃得開。〔註33〕那麼，康國向唐朝進獻禮樂、胡旋女的使者很可能就是康洽。

第四節　胡旋舞的舞容與石窟唐卡上的金剛亥母法相

隨著考古學的發掘，胡旋舞的圖象也越來越多地出現，一般認爲的胡旋舞圖象主要有：

〔註30〕段安節《樂府雜錄》，上海古籍出版社 1988 年，25 頁。
〔註31〕李頎《送康洽入京進樂府歌》《全唐詩》中華書局 1979 年，1351 頁。
〔註32〕李端《贈康洽》，《全唐詩》中華書局 1979 年，3238。
〔註33〕戴叔倫《贈康老人洽》，《全唐詩》卷二百七十四，中華書局，3112 頁。

圖一

圖二

圖三

圖四

　　圖一為金剛亥母常見法相，全國發現有上萬處。圖二是莫高窟第 220
窟胡旋舞〔註34〕。圖三是西夏文碑額《敕感通寺之碑銘》〔註35〕圖四是 1985
年寧夏鹽池縣蘇步井鄉昭武九姓何氏墓葬墓門的胡旋舞，現藏寧夏博物館
〔註36〕。在兩扇墓門上，各淺浮雕於一個跳胡旋舞的男性。舞者深目高鼻，
勸鬚鬈髮，胸寬腰窄，上著窄袖衫，下身穿貼腿緊裙，類似於現在的舞蹈
服，腳蹬長筒皮靴，旋身揚臂對舞於一圓形毯上。舞姿造型略有不同，左
門舞者側身回首，左腳立圓毯上，右腿後屈，左手微微上舉，右臂屈至頭
頂，右門舞者右腳未著地，左腿側伸，略微屈膝，右手舉飄帶於頭上，左
手旁伸作提襟狀。這些胡旋舞的討論文章已經廣泛見於各類書刊，但是學
界對此有不同的意見。鞏恩馥《莫高窟第 220 窟「胡旋舞」質疑》說：「莫

〔註34〕李金梅　路志峻《古代中亞的胡旋舞考釋》，《敦煌研究》2010 年第 3 期。
〔註35〕《國立北平圖書館館刊》（1932 年）4 卷 3 號。
〔註36〕韓志剛《寧夏鹽池唐墓石刻所反映的胡旋舞》，《文博》1994 年 3 期。

高窟第 220 窟壁畫中的「胡旋舞」與典籍記載中的「胡旋舞」在年代、衣
冠、樂隊、樂器等方面有歧異，從而對第 220 窟中所繪內容是否為康國傳
入的「胡旋舞」發生質疑。」其質疑的理由很明白，就是將圖象和文獻中
關於胡旋舞的記載相對照。他列了兩個圖。〔註 37〕一、衣冠裙服問題。二、
樂隊、樂器問題。

一	壁畫所繪	典籍記載
頭冠	1. 雜寶花冠 2. 雜寶頭盔	皂絲布頭巾
上衣	1. 裸上身，探舞長巾。 2. 雄裝，錦甲半臂。3.月白上衣。	緋衣布袍，錦鈐，緋襖，錦領袖。
下服	1. 長褲，外罩薄紗石榴裙。 2. 綠圍腰。 3 白長裙。	綠渾襠袴。 白袴褶。
二	壁畫所繪	典籍記載
樂伎	東方藥師經變：28 人（左 15 人，右 13 人）阿彌陀經變：16 人（左右各人）	6 人
樂器	弦樂四種：箜篌、箏、花邊阮、琵琶。 吹奏樂七種：篳篥、橫笛、豎笛、排簫、笙、海螺、塤。 打擊樂五種：答臘鼓、羯鼓、腰鼓、鑼、方響、板。	笛二 正鼓一、和鼓一、銅鈸二。共三種。
說明	某些樂器有兩件或兩件以上，故樂伎人數多於器樂種類。	
足下	赤足	赤皮靴

　　對於這樣的差異，作者認為，「第 220 窟的雙人對舞，究竟為何名，需要
挖掘更多的資料進一步探究。筆者初學，尚未入門，學識亦淺，僅提出質疑
以求教於諸位老師。」本文的作者來自敦煌研究院，想必已經就有關問題進
行過討論，但是沒有結論。因此要搞清楚彼此的聯繫和由來，首先還是要從

〔註 37〕《敦煌研究》2006 年第 2 期。其根據是季羨林主編《敦煌大辭典》，上海此書
　　　　出版社 1998 年，264、270 頁。韓志剛《寧夏鹽池唐墓石刻所反映的胡旋舞》，
　　　　《文博》1994 年 3 期。

胡旋舞本身入手，一個最根本的判斷是胡旋舞是胡人舞，佛教性質的菩薩舞，所以必須區別開來。敦煌 220 窟的舞者是佛教樂舞，舞者是金剛亥母，與其說是舞蹈，還不如說法相更確切，也就是說是做法時的一種姿態或本相，不是舞蹈時候的舞姿。區分這一點之後，當然敦煌 220 窟的金剛亥母圖象自然也就不是胡旋舞了，但這不代表彼此沒有關係。

　　勝樂金剛亦稱上樂金剛、上樂王佛，是藏傳佛教無上瑜伽部的母續本尊，不只是受到噶舉派崇奉，也是西藏噶舉、薩迦、寧瑪和格魯四大教派所共修。他的明妃叫金剛亥母，梵文 Vajravārāhī，一面二臂，面呈紅色，表示愛慕、熱烈之情。有三隻眼，戴骷髏冠。兩手皆持物，右手拿月形刀，左手拿人頭骨碗，碗內盛滿血，獻與本尊。她的兩腿姿勢很特別，左腿伸，與主尊右腿並齊，右腿盤在主尊腰間。這也是辨別這一本尊的重要依據。金剛佛母就是明妃，明者光明義；即象智慧，所謂忿怒身，以智慧力摧破煩惱業障之主，故云明王。明是大慧光明義，妃是三昧義，所謂大悲胎藏三昧也。金剛亥母像頭戴佛冠，髮髻高聳，頂上有一小佛像。以耳飾、瓔珞、釧鐲爲莊嚴，上身袒露，下身穿裙。右手向下在膝部結施與願印，左手上屈說法印。坐在一頭有獠牙的豬身上，豬四腳匍匐在單層覆式蓮座上。蓮座下沿有漢文題款「土觀呼圖克圖誠心金銀造」，由此可知這是的土觀活佛洛桑卻吉尼瑪（1737～1801）在北京任駐京呼圖克圖時（1763～1789）捐資鑄造的。這是金剛亥母入定時的法相。

圖五　青海祐寧寺金剛亥母　　圖六　承德外八廟之一的　　圖七　吉布《唐卡中的度母、
　　　　　　　　　　　　　　　　　　普樂寺旭光金剛　　　　　　　　明妃、天女》〔註38〕

〔註38〕陝西師範大學出版社 2006 年。

圖八　西藏古格都城曼陀羅殿金剛　　圖九　承德避暑山莊聖樂王
　　　　　　　　　　　　　　　　　　　　　佛雙身立像

圖十　羅布林卡收藏　　圖十一　喜金剛莫高窟第　圖十二　莫高窟第465窟金
　　　　　　　　　　　　　　　465窟　　　　　　　　　剛亥母

　　上面的有代表性的佛教圖，實際上是密教一支有關明妃的圖，我們看出以下一些特點：

　　第一，都可以是單人舞，也可以雙人舞，在舞爲胡旋舞，在佛爲雙修法相，佛還可以多人。

　　第二，都是單腿著地，可以旋轉，在舞是胡旋舞，在佛是法輪常轉。

　　第三，都以表現性力爲特徵。

　　第四，身形一致，細腰，裸體，單腳，在胡旋舞用右腳，在佛用左腳。因爲修行的明妃都是美麗少女，在12到14歲之間，而胡旋女亦爲年輕少女，因此都體態美好。

　　第五，道具相似。都踩在圓形器上，在舞爲限制的圓形毬毯，在佛爲降魔。

　　第六，舞具不同，佛爲武器，舞爲長袖。如清勝樂金剛爲格魯派修無上瑜伽密母續的本尊之首。四頭，每一個頭都有三隻眼，十二臂，兩足，弓步。主尊頭戴五葉冠，上面兩手持象皮，主臂兩手分別持金剛杵和金剛鈴，擁抱明妃金剛亥母。其餘各手分別持不同的法器。脖子上掛人首做成的項鏈，雙足奮力踩踏兩個魔鬼，威力無比。金剛亥母雙腿盤在勝樂金剛腰間，右手揮舞著鉞刀，左手拿著金剛鈴。圖十一、十二爲分開的單獨的法相，合則爲第九第十圖。毫無疑問，胡旋舞主要是法天應明，學習佛教中的密教法相形成的樂舞。

　　朱廣琴《北魏人胡旋舞銅帶版考略》〔註39〕，根據一九八六年五月，安康水電站庫杯考古隊於紫陽縣崔姑鄉發現了一套六塊鑄有樂舞人物圖象的柵獵版。這套銅帶版經鑒定爲北魏年遺物。由此認爲，這就是胡旋舞。文章發表以後，學界無法回應。現在看來，既然考訂胡旋舞出自康國，時間也就在隋唐之際，那麼這個所謂的胡旋舞，實際上就是密教的修度法相。這些明妃圖或雙臂或多臂，皆顯示其性力和興奮程度。和尚們解釋爲救世能力，亦可通，但不是本意。至於後來的千手觀音亦由此生發而已。

胡旋舞伎

圖十三

〔註39〕《當代戲劇》1987 年 4 期。

第五節　胡旋舞墓門和卷雲紋

　　我們知道胡旋舞法天明佛，效法密教修行法相創造了胡旋舞，那麼我們回過頭來看看西夏時期何姓氏族墓門上的胡旋舞，即圖四。

圖四

　　從圖中我們看出，環繞著兩位胡旋舞者的是蔓草卷雲紋。這種卷雲紋由來已久。1973 年，在湖南省長沙市子彈庫一號墓出土了一幅圖，是爲「人物昇天圖」，現藏湖南省博物館。見圖十四。

圖十四　湖南博物館藏

在上圖中蔓草卷雲紋圖非常誇張，因此常常被誤讀為乘龍飛天。又如長
沙馬王堆辛追墓茵圖：

圖十五　湖南博物館藏

　　長沙馬王堆辛追墓出土的茵是很典型的墓主昇天圖，人間、天上和昇天
的過程非常清楚，太陽、月亮圖案也很明白，分別表示白天和黑夜的輪換。
那麼，寧夏的胡旋舞雖然沒有辛追墓那麼細緻描繪天堂和昇天，也沒有長沙
子彈庫昇天圖表示的那麼清楚，有朱鳥導引等，但意思是很清楚的，就是提
示和希望墓主人昇天，那麼我們可以作為結論的是，寧夏何氏出自武昭九姓，
生前為胡旋舞者，死後將其形象刻在墓門上，希望他們能夠昇天。一般情況
下，在棺槨上還會有北斗七星圖，表示已經升了天堂。

第十章　敦煌壁畫與中西文化交流

第一節　敦煌壁畫與中西文化交流

　　敦煌壁畫中豐富地表現了佛教伎樂，如經變樂、軍伎樂、嫁娶樂、宴飲樂、民樂等。與此相配合的還有大量的無人彈奏的樂器，樂器四周有發散性符號，表明這些樂器的音符正在演奏跳躍。從時間上看，初唐時比較少，主要在 321、386、331 等少數洞窟中。盛唐時出現漸多，畫面也越來越大，圖象更加清晰，形式靈活多樣，172、217、112、188、126、124 等二十餘窟中有充分體現。樂器種類很多，打擊樂器有腰鼓、揭鼓、毛員鼓、拍板、方響等：彈弦樂有簽摸、琴、箏、五弦琵琶、曲項琵琶、阮咸：吹管樂有單案、笛（包括橫、豎兩種）、簫、角、笙等。其中，《觀無量壽經變》圖中出現最多，據統計，敦煌壁畫上的不鼓自鳴樂器圖象達 1300 多件。在安西的榆林窟、新疆的柏孜克里克唐 29 窟西壁上端也有這種音樂表現方式。相對言之，新疆的只有腰鼓、革案、琵琶、錢四件，表現比較簡單，因此敦煌最爲集中，傳播路線應該是由東向西。

　　對於這樣的音樂形態，一般的著作都成爲佛教伎樂或者叫宗教伎樂，符合實際情況，但過於概括。也有另作命名的，如高德祥《敦煌壁畫中的不鼓自鳴樂》認爲是「不鼓自鳴樂」。「這一表現形式絕妙奇麗，藝術構思極爲獨特，把一個理想中的佛國世界裝點得更爲壯觀、完美無缺，給人以無限遐想。」[註1] 應有勤《中外樂器文化大觀》[註2] 定性爲宗教幻想中的樂器。

〔註 1〕高德祥《敦煌壁畫中的不鼓自鳴樂》，《樂器》1990 年 2 期。
〔註 2〕應有勤《中外樂器文化大觀》，上海教育出版社 2008 年。

　　隋唐時期翻譯過來的佛教經典《莊嚴經》（上）、《起世經》卷一等皆提到不鼓自鳴，強調天樂的美妙，但並無具體的說明。佛教也確實提到天樂出現的原因，玄奘譯《稱讚淨土佛攝受經》說：「如是功德莊嚴甚可愛，是故名爲極樂世界。」將極樂與功德相對應。而音樂與功德相對應正是中國古代很重要的音樂思想。由此我們再觀賞敦煌、安西、新疆等地的壁畫中的樂器，除了箜篌等之外，主要都是中國樂器。複檢索印度有關音樂著作，並沒有關於這些樂器不用彈奏演奏的實物與文獻。因此，我們認爲敦煌等壁畫中的音樂形態包括樂器、樂音、演奏方式及其表現等皆出自中國古代的音樂思想。

《觀無量壽佛經》

安西榆林窟壁畫

安西榆林窟的壁畫分爲上下兩層，上層呈弧形，也就是天的形態，以雲紋相連，表示在天上。又榆林窟第三千手觀音變，見下圖，幾乎和敦煌的壁畫構思如出一轍，在幻象以外，也是以雲紋區分天上人間。

中國古代的音樂思想十分豐富，主要價值功能是禮神敬祖，同和天地，宣達政治思想，因此產生審音知政的音樂理論。《周易》豫卦說：「象曰：雷出地奮，豫。先王以作樂崇德，殷薦之上帝，以配祖考。」〔註3〕與殷商時代配享祖宗不同，西周更在意關注現實，社會的和平與安定。《詩經・鹿鳴之什・伐木》

榆林窟第三　千手觀音變

說：「伐木丁丁，鳥鳴嚶嚶。出自幽谷，遷於喬木。嚶其鳴矣，求其友聲。相彼鳥矣，猶求友聲；矧伊人矣，不求友生？神之聽之，終和且平。」〔註4〕又《尚書・洪範》說：「一曰貌，二曰言，三曰視，四曰聽，五曰思。貌曰恭，言曰從，視曰明，聽曰聰，思曰睿。恭作肅，從作乂，明作哲，聰作謀，睿作聖。」〔註5〕把聽作爲五事之一。郭茂倩《樂府詩集》卷一十二 、郊廟歌辭十二登歌中陳京的詩說：「歌以德發，聲以樂貴。樂善名存，追仙禮異。鸞旌拱脩，鳳鳴合吹。神聽皇慈，仲月皆至。」

對禮樂論述最爲全面的早期理論著作是《禮記・樂記》，其餘章節的禮儀中雖皆存在，但沒有《禮記》集中。《禮記・樂記》用音樂祭祀天地的原理是：「大樂與天地同和，大禮與天地同節。和，故百物不失；節，故祀天祭地，明則有禮樂，幽則有鬼神。如此，則四海之內合敬同愛矣，禮者殊事，合敬者也；樂者異文，合愛者也。禮樂之情同，故明王以相沿也。」〔註6〕認爲 鐘鼓管磬，羽籥干戚是樂之器，也就是樂器；舞蹈表現的動作屈伸俯仰、綴兆舒疾，是樂之文，把舞蹈作爲樂的重要組成部分。而籩簋俎豆和制度文章，

〔註3〕《漢魏古注十三經・周易》，中華書局1998年，12頁。
〔註4〕《漢魏古注十三經・詩經》，中華書局1998年，69頁。
〔註5〕《漢魏古注十三經・尚書》，中華書局1998年，41頁。
〔註6〕（清）陳澔注《禮記集釋》，上海古籍出版社1987年，206頁。

都是禮之器。樂出自自然「樂由天作」明於天地，然後能興禮樂也。因此王者功成作樂，治定制禮，禮樂不必同時，樂要及時表現，樂不可以作偽，因此樂可以求真。但五帝殊時，不相頌樂；三王異世，不相襲禮，各自都有自己的現狀，所以就有各自的表達，而不是教條的沿襲。樂可以立教、養生、觀德，途徑形式上詩言志、歌詠聲、舞動容，彼此相配合。

對於音和樂的關係，《左傳》昭公二十一年有一段論述，可以補充《禮記》之不足，並由此來進一步觀察思考樂的形態問題：

> 二十一年春，天王將鑄無射。泠州鳩曰：「王其以心疾死乎？夫樂，天子之職也。夫音，樂之輿也。而鐘，音之器也。天子省風以作樂，器以鍾之，輿以行之。小者不窕，大者不摦，則和於物，物和則嘉成。故和聲入於耳而藏於心，心億則樂。窕則不咸，摦則不容，心是以感，感實生疾。今鐘摦矣，王心弗堪，其能久乎？」〔註7〕

根據《左傳》，禮樂征伐自天子出，那麼樂是天子的重要職責之一。音通過樂器發出，音有具體的內容，但音就像樂的工具，天子根據對社會的瞭解製作禮樂，通過樂器演奏出來，那麼聽者可以用耳朵，但是藏在心中，並產生感覺。意味著這是一個傳導感應的過程，那麼是不是所有人都能夠做到耳聽心感呢？立足思考人與天地存在規律的《莊子》天地第十二對此有進一步的分析，提出了無聲之音：「夫子曰：『夫道，淵乎其居也，漻乎其清也。金石不得，無以鳴。故金石有聲，不考不鳴。萬物孰能定之！夫王德之人，素逝而恥通於事，立之本原而知通於神。故其德廣，其心之出，有物採之。故形非道不生，生非德不明。存形窮生，立德明道，非王德者邪！蕩蕩乎！忽然出，勃然動，而萬物從之乎！此謂王德之人。視乎冥冥，聽乎無聲。冥冥之中，獨見曉焉；無聲之中，獨聞和焉。故深之又深而能物焉；神之又神而能精焉。故其與萬物接也，至无而供其求，時騁而要其宿，大小、長短、脩遠。』」

莊子認為神有自己的聲音，普通人沒有這樣的聽覺，這就是神聽。《禮記·樂記》中說大樂，自然相配的是大音。《老子》認為」大音希聲」〔註8〕。《老子》將自己認識自然的感受命名為道，給道起的名字就是大。因此在討論道

〔註7〕《春秋左傳》昭公21年。
〔註8〕郭慶藩《莊子集釋》，中華書局1982年，147頁。

的時候，大是一個關鍵詞，大方無隅，大器晚成。大音希聲，大象無形。大音是聽不到的，只有神可以聽到。《莊子》的《逍遙遊》的小年大年、小智大智等構成的小大之辨映照了這一思想。

對音樂形態作出明確區分的是《文子》，《文子‧道德》說：

> 文子問道，老子曰：「學問不精，聽道不深。凡聽者，將以達智也，將以成行也，將以致功名也。不精不明，不深不達。故上學以神聽，中學以心聽，下學以耳聽。以耳聽者，學在皮膚；以心聽者，學在肌肉；以神聽者，學在骨髓。故聽之不深，即知之不明；知之不明，即不能盡其精；不能盡其精，即行之不成。凡聽之理，虛心清靜，損氣無盛，無思無慮，目無妄視，耳無苟聽，專精積稽，內意盈並，既以得之，必固守之，必長久之。」

《文子》認為，聽也有道，需要學習，上學以神聽，中學以心聽，下學以耳聽。文字上看，《文子》的聽還是指人聽，但分為耳、心、神三個層面。

《莊子‧人間世》也論述到三聽：

> 回曰：「敢問心齋。」仲尼曰：「若一志，無聽之以耳而聽之以心，無聽之以心而聽之以氣。聽止於耳，心止於符。氣也者，虛而待物者也。唯道集虛。虛者，心齋也。」

又《呂氏春秋‧先己》說：

> 故心得而聽得，聽得而事得，事得而功名得。〔註9〕

在「聽」的效果問題上，和《文子》相近。這方面的比較研究，將在後文中展開。在《列子‧仲尼》中有一段材料和《莊子》以及竹簡《文子》中有關「聽」的理論都有關聯，但是沒有明確提出「以神聽之」或「以心聽之」、「以氣聽之」的說法，（儘管這些說法呼之欲出）似乎是更加原始的資料：

> 陳大夫聘魯，私見叔孫氏。叔孫氏曰：「吾國有聖人。」曰：「非孔丘邪？」曰：「是也。」「何以知其聖乎？」叔孫氏曰：「吾常聞之顏回，曰：『孔丘能廢心而用形。』」陳大夫曰：「吾國亦有聖人，子弗知乎？」曰：「聖人孰謂？」曰：「老聃之弟子有亢倉子者，得聃之道，能以耳視而目聽。」魯侯聞之大驚，使上卿厚禮而致之。亢倉子應聘而至。魯侯卑辭請問之。亢倉子曰：「傳之者妄。我能視聽不用耳目，不能易耳目之用。」魯侯曰：「此增異矣。其道奈何？寡人終

〔註9〕　（秦）呂不韋《呂氏春秋》，上海古籍出版社1990年，50頁。

願聞之。」亢倉子曰：「我體合於心，心合於氣，氣合於神，神合於無。其有介然之有，唯然之音，雖遠在八荒之外，近在眉睫之內，來干我者，我必知之。乃不知是我七孔四支之所覺，心腹六藏之知，其自知而已矣。」魯侯大悅。他日以告仲尼，仲尼笑而不答。〔註10〕

按照《列子》的分析，聖人可以做到心聽，道家的亢倉子卻能用目聽，原理是心在目，所謂目聽就是心聽。《金樓子‧立言篇下》：「子曰：『耳聽者學在皮膚，心聽者學在肌肉，神聽者學在骨髓也。』」其中的「子曰」應該是「金樓子」梁元蕭繹帝自稱，內容則是簡單化用了《文子》。

　　上述幾條資料中，唯有莊子、老子將聽的最高境界表達得很清楚，就是大音沒有聲音，只有在冥冥的道的語境下，在氣的狀態中才能夠才能夠聽到，而這種情況下的聽者當然不可能是人，而是神了。所以，中國古代的音樂形態三個層面，即普通的視聽，第二聖人的心聽，第三神人的神聽。敦煌壁畫、安西榆林窟、新疆壁畫中的音樂都是表現了這三種境界。這三種境界在古代印度文化中並不存在，因此，明顯是受中國傳統的聽覺理論的影響。佛教秘藏有雷音如來。《大日經疏》卷四稱作離熱清涼住於寂定於相，此是如來涅槃智，是故義云不動，非其本名也。本名當去鼓音如來，如天鼓都無形亦無住相，而能演說法音，警悟眾生。秘藏雖然有不聽之音，但既沒有樂器也沒有聲形。就不鼓自鳴的神聽的表現來說，源遠流長，至少在漢代就有了，而不是唐代才出現。

　　不鼓自鳴的圖象最早見於漢代，但是並不多見，見圖一，二大多數是圖二的樣子。

圖一〔註11〕

圖二

〔註10〕楊伯峻《列子集釋》，中華書局 1979 年，117～119 頁。
〔註11〕《中國畫像石全集》第一冊，山東美術出版社 2000 年，141 頁。

上列的圖一、圖二中的圖二是古代繪畫中常見的形式，即敲打建鼓和音樂舞蹈表演，但第一種數量很少，即建鼓下面有一小鼓，人在敲打小鼓，但小鼓大鼓都能夠發出聲響，小鼓是人聽，大鼓是神聽無疑，音樂通神的方式表達非常清楚。這才是眞正的不鼓自鳴樂。與唐代以來的壁畫不同是，壁畫中的鼓聲通過點狀擴散，而漢代的石刻中的音樂是通過震動表現，顯得很飽滿。

第二節　遼代宣化墓壁畫和東北「二人轉」

二人轉是我國東北和內蒙地區著名的地方戲代表形式，近年來經過傳媒的支持風靡四方；但是，二人轉只是一個流行的稱呼，還有蹦蹦、過口、雙條邊曲、風柳、春歌、半班戲、小秧歌、雙玩藝等名字。大致角色是男女演員歌舞表演與唱白，有一定的故事情節，唱法以高腔爲主，主要內容還是傳統的帝王戲、關公戲、愛情戲等，也有民俗方面的表現，內容相當豐富。

一般認爲，二人轉在我國已經有二百多年的歷史。對於二人轉的由來，畢玉才、劉勇《把爭議的結論留給時間——本山傳媒總裁劉雙平談二人轉》認爲[註12]起源於清代：「自古以來除遼東、遼西有少量漢人外，以白山黑水爲中心的廣袤地區則是少數民族特別是滿、蒙等騎射、游牧民族的天下。在康雍乾盛世期間，清朝實行嚴厲的封關政策，嚴禁漢人進入關東。康雍乾盛世過後，清朝的皇帝一代不如一代，國力日弱，加上外敵入侵，封關政策名存實亡，導致清後期和民國初年出現闖關東大潮。大批山東、河北人進入東北，秧歌打底，蓮花落鑲邊的二人轉就是闖關東的人從關外帶至關內的。從低蹦到高坐火箭上天。二人轉最早叫蹦蹦或蹦蹦戲……妓女是坐唱，二人轉演員好比是走唱，坐比走高，所以唱二人轉的得管妓女叫姨。二人轉藝人的地位低下不是一年兩年，而是 200 多年。二人轉這個名字最早見於僞滿洲國康德二年（1934 年）四月二十七日《泰東日報》第七版「本城（阿城）三道街某茶館，邇來未識由某鄉邀來演二人轉者，一起數人，即鄉間蹦蹦，美其名曰蓮花落，每日裝扮各種角色，表演唱曲。」

關於二人轉出自闖關東的提法似乎得到廣泛的相應，也似乎成爲定論，

〔註12〕《博覽群書》2010 年 3 期。

來源就在於此。但是，這實在離實際相差太遠的傳言。首先，白山黑水的東北從來就不是封閉的世界，早先就有土著、亞西亞人，後來有高句麗人、東胡、鮮卑、渤海，以及契丹女眞人；其次，唐太宗倡導因俗而治、華夷一家，漢人就大量來到東北定居了。遼代設南北院實行遼漢分治政策，當時的戲曲已經蓬蓬勃勃地興盛發展起來了。

二人轉眞正產生的地方就是東北地區，以渤海（遼寧一帶）人居住地最爲流行。時間在唐遼時期。宋葉隆禮《契丹國志》卷二十四說：「渤海俗，每歲時聚會作樂，先命善歌舞者數輩前往，士女相隨，更相唱和，迴旋宛轉，號曰：『踏鎚』。」〔註13〕踏鎚之樂已具有歌舞，音樂一體的特徵，從「更相唱和」可知主唱的絕不是一個人，而且是邊走邊唱。所謂踏也就是蹦，所以二人轉又叫蹦蹦戲。《續資治通鑒》記載，大中祥符五年，王曾使遼還言：「至柳河館，河在館旁，西北有鐵冶，多渤海人所居，就河漉沙石，煉得成鐵。渤海俗，每歲時聚會作樂，先命善歌舞者數輩前行，士女相隨，更相唱和，迴旋婉轉，號曰『踏鎚』。」〔註14〕所謂迴旋就是轉。這兩段材料的來源可能相同，所以文字無多少不同。傳說漢代趙飛燕：「所通官奴燕赤鳳者，雄捷能超樓閣，兼通昭儀。十月五日，宮中故事：上靈女廟，吹塤擊鼓，連臂踏歌《赤鳳來》曲。」所謂踏歌就是踏鎚的前身，也是漢代的戲，用鼓來伴奏。〔註15〕踏鎚是一種娛樂行爲。《赤鳳來》與踏鎚當然不是一回事，但可能有某種淵源關係。

對於文字的記載，我們還很難將踏鎚與號稱蹦蹦的二人轉對應起來。1972年到1993年，文物工作者先後在河北地區古城宣化西北4公里的河子鄉下八里村發掘清理了以張世卿墓爲代表的10餘座遼代時期的張氏家族墓，出土各種文物800餘件，壁畫360平方米。被評爲1993年「全國十大考古發現」之一，1996年被國務院公佈爲全國重點文物保護單位。墓室中出土的大量珍貴文物和精美壁畫，引起了國內外學術界的廣泛關注。其中，就有一幅二人轉的表演圖，非常生動形象。

〔註13〕（宋）葉隆禮：《契丹國志》卷二十四，231頁，上海古籍出版社，1985年版。
〔註14〕同上書同卷，231頁。
〔註15〕（後唐）馮贄：《雲仙散錄》，133頁，中華書局1998年版。

上圖

下圖〔註16〕

　　三幅壁畫圖中上圖是男女二人正在表演二人轉，兩位都是年輕演員，男子敲打著腰鼓、歪著頭、彎著腰、目視前方，正在演唱，抒情生動；女子彎腰折袖，似乎蒙羞，左腳擡起，似在旋轉。從裝束上看演繹的是歷史故事，有可能就是朱買臣的故事。下圖為化妝的老者表演，一位拿三弦主唱，一位在舞蹈。根據這兩幅圖看，都是二人轉表演。其特點是一男一女搭配，後面

〔註16〕見張家口政府網站宣化壁畫：河北文物研究所《宣化遼墓壁畫》，文物出版社
　　　　2001年。

可以有樂隊，也可以沒有，男子都隨身配置有樂器，或鼓樂或弦樂不等，表演時候根據劇情都有適當的化妝。但是戲服並不正規，主要注重帽子，而身上的著裝可以花哨，就是普通的戲裝。所以，毫無疑問，二人轉在遼代就已經出現了，主要是在渤海人中，即現在的遼寧與河北一帶。

以男女組合成的小戲表演在我國由來已久。《遼史》卷五十四《樂志》云：「雜戲，自齊景公用倡優侏儒，至漢武帝設魚龍曼延之戲，後漢有繩舞、自剄之伎，杜佑以為多幻術，皆出西域。」〔註17〕複檢《遼史》卷16云：「太平元年冬十月，（遼聖宗）幸通天觀，觀魚龍曼衍之戲。翌日，再幸。」〔註18〕從這兩條材料我們看出，魚龍曼衍之戲來自齊景公時代的倡優侏儒表演，至漢武帝時有所改設而成。這種戲在唐代就受到杜佑的批評，但宋代、遼代尚能保存延續下來，而且帝王遼聖宗者能一而再地前去觀看，說明在趣味性與表演技能上都比較成熟具有吸引力，具有雅俗共賞的特點。對於魚龍曼衍之戲的演出，我們似乎仍可求索一二。四川楊子山出土的漢墓畫像磚，有一個舞綢的女子，高髻細腰，一腿直立，一腿勾起，一手高揚，一手微曲在胸下，長綢橫飄在空中，她正回頭望著張臂蹲步而行的侏儒。這大約應是所謂的魚龍曼衍之戲。兩位角色，一為正角，一為丑角。這就是遼代的雜戲，和雜劇是不一樣的。這種戲有點荒誕不經，善於變化，在戲劇技巧方面我們推測應當具有一定的藝術性。夏英公《和上元觀燈》說：「魚龍蔓衍六街呈，金鎖通宵啟玉京。冉冉遊塵生輦道，遲遲春箭入歌聲。寶坊月皎龍燈淡，紫館風微鶴焰平。宴罷南端天欲曉，回瞻河漢尚盈盈。」〔註19〕根據記載，魚龍蔓延之戲在宋代的上元時分最為興盛，可見也是一個大眾化的娛樂形式，大約與現在的跑旱船差不多。而在南方，則演化成三弦、彈詞等。

王國維《宋元戲曲史》說「『巨獸之為曼延，舍利之化仙車，舌刀吐火，雲霧杳冥，所謂加眩者之工而增變者也。總會仙倡，戲豹舞羆，白虎鼓瑟，蒼龍吹篪』，則假面之戲也。『女媧坐而長歌，聲清暢而委蛇，洪崖立而指揮，被毛羽之襳襹，度麯末終，雲起雪飛』，則歌舞之人，又作古人士形象矣。『東海黃公，赤刀粵祝，冀厭白虎，卒不能救』，則且敷衍故事矣。至李尤《平樂觀賦》亦云：『有仙駕雀，其形蚴虯，騎驢馳射，狐兔驚走，保儒巨人，戲謔

〔註17〕　（元）脫脫等：《遼史》卷五十四，中華書局，1974年版。
〔註18〕　同上書卷十六。
〔註19〕　見（宋）阮閱：《詩話總龜後集》卷十一引《丹陽集》，65頁，人民文學出版社，1987年版。

為偶。』則明明有俳優在其間矣。及元帝初元五年，始罷角抵。然其支流之流傳於後世者尚多，故張衡、李尤在後漢時，猶得取而賦之也。」〔註20〕

由上述我們看出，二人轉原名踏錘，盛行於遼代渤海人居住地區，音樂、舞蹈、說唱等形式配合表演，男女演員二人，樂器男子隨身操弄，或鼓或琴，並無定數，旋轉蹦躂為其特色。

〔註20〕王國維：《宋元戲曲史》，5頁，東方出版社，1996年版。

第十一章 唐卡觀音色彩表現和
宗教文化

第一節 唐卡觀音色彩表現和唐代文化

　　唐卡是藏族地區特有的藝術形式，是用紙質或彩緞繪繡，經過裝裱後懸掛供奉的宗教卷軸畫。觀世音菩薩，又稱為觀自在菩薩，是佛教四大菩薩之一。《妙法蓮華經》認為「若有無量百千萬億眾生，受諸苦惱，聞是觀世音菩薩，一心稱名，觀世音菩薩實時觀其音聲，皆得解脫。」「若有眾生，多於淫欲，常念恭敬觀世音菩薩，便得離欲。若多嗔恚，常念恭敬觀世音菩薩，便得離嗔。若多愚癡，常念恭敬觀世音菩薩，便得離癡。」〔註1〕，觀世音菩薩具有自在功德，因此成為唐卡表現的主要形象之一。

　　7世紀中葉，佛教傳入西藏。藏傳佛教中觀世音的形象以四臂觀音法相、千手千眼法相為主。《華嚴經》中形容觀世音為勇猛丈夫，《悲華經》則稱善男子。菩薩中性，但因為觀世音菩薩本願中有隨願因緣化身救度的誓願，有類於女性的母愛和慈悲，所以有時被化為女性形象〔註2〕。在西藏，被視為雪域的守護神，受尊崇的程度甚至超過釋迦牟尼佛和阿彌陀佛，達賴喇嘛被認為是觀世音菩薩在現世的化身。

　　唐卡中的觀世音形象較多的表現為四臂觀音相（圖一），優美曼妙，慈祥端莊，全身潔白如玉，黑髮結頂髻，頭戴花蔓寶冠，以阿彌陀佛為頂嚴；身

〔註1〕陳楠，《藏史新考》，中央民族大學出版社，2009。
〔註2〕布頓仁欽珠，《佛教史大寶藏論》，民族出版社，1986。

上的配飾華麗繁多。四壁觀音的法身一般為白色，傳統意義上白色是純潔、高貴的象徵，在佛教中則代表「自性清淨無垢」，白色也代表藏族人信仰的宇宙本原四元素地、火、風、水中的「水大」。水孕育萬物，包容萬物，平靜清潔，正能體現觀世音菩薩作為慈悲與智慧的化身。雖然相比起中原漢地的繪畫唐卡總是突出的顯出色彩鮮豔濃重，畫面繁複華麗，但是諸佛菩薩的設色相比護法、金剛來說仍然是比較和緩的。如圖二這幅四臂觀音法身是白色，圓光是綠色，白綠相間顯得清淨肅穆；而熒藍色的身光配以金黃色的邊緣透出一種神秘和威嚴。可見觀音的形象追求對比與和諧並重，而護法、金剛的形象則追求強烈的視覺刺激。

圖一　　　　　　　　　　　　　　圖二

　　唐卡是藏民族特有的文化藝術〔註3〕，「和藏民族祖先的游牧生活有著密切的關係，在崇尚佛教的雪域，需要有一種可以隨身供奉的聖物來祭拜和修行，唐卡這種宗教藝術形式成為最理想的載體。」〔註4〕一般地，學界以為，受到尼泊爾和印度的影響很大。我們認為，唐卡具有鮮明的唐代文化特色，值得我們關注。

　　首先，從名稱上看，和唐代密不可分。唐卡可分為兩大類：用絲絹織成

〔註3〕寧靜《淺析唐卡的用色及顏料特色》，《美術教育研究》2013年第16期。
〔註4〕米瑛《佛教題材唐卡及其色彩釋義》，《大眾文藝‧浪漫》2010年4期。

的稱「國唐」，用顏料繪製的稱「止唐」。其中又可分若干種類，如「國唐」根據絲絹材料的不同分爲繡像、絲面、絲貼、手織、版印等類；「止唐」依據畫背景時所用顏料的不同色彩分爲彩唐、金唐、朱紅唐、金唐、銀唐、黑唐等〔註5〕，不一而足。都以唐爲中心命名。繪製好後，要在畫的四邊縫裱絲絹，被稱爲「貢復」，可使用各種絲絹製作，其尺寸大小固定不變。畫面四邊圍有兩道紅色或黃色的絲帶貼面，藏語稱爲「彩虹」。唐卡背面有裱襯物，可以是棉布、絲絹、綿緞等。上端縫裱扁平木條，下端縫裱木棒，兩端套上金銀或青銅套蓋，方便卷起攜帶。貢復則體現了唐和吐蕃（藏）的權屬往來關係。

圖三〔註6〕

圖四

　　其次，從材料、形象上看，彼此一致。唐代的工筆繪畫如仕女畫（如圖三《宮樂圖》）主要採用朱砂和石綠這兩種對比色，突出人物的形體高貴從容、典雅富麗以及女性的婀娜多姿；唐代的仕女畫中的女性往往丹鳳眼、櫻桃小口，線條流暢柔和，裙裾飄逸，身形豐滿，整體圖案顯示出柔和、富貴、莊重的特點。西藏大昭寺的壁畫和唐卡一樣（見圖四），顏料全部來源於天然礦物質和動植物，以朱砂色爲基調，嘴唇、手掌、腳掌塗以朱砂，圓光施以綠色，整體的構圖嚴謹、均衡、豐滿，裙裾浪漫。

　　第三，從產生時間看，源頭清楚。以觀世音造像爲例，據五世達賴喇嘛所著的《釋迦佛像記・水晶寶鏡》記載，第一幅唐卡是法王松贊干布用自己

〔註5〕米瑛《佛教題材唐卡及其色彩釋義》，《大眾文藝・浪漫》2010年4期。
〔註6〕臺灣故宮博物院藏佚名《宮樂圖》。

的鼻血繪製的一幅白拉姆女神像。蔡巴萬戶時期，果竹西活佛將此畫裝藏於白拉姆女神像腹中。是不是鼻血繪製我們無從考證，但是文獻記載的時間應當有一定的依據。松贊干布與文成公主成婚以及湯姆總時代的長慶會盟，唐風西化。兩唐書記載，（貞觀）十五年，松贊干布率兵次柏海，見中國服飾之美，縮縮愧沮。公主惡國人赭面，弄贊下令國中禁之。自褫氈罽，襲紈綃，爲華風。由此可見，文成公主不僅給吐蕃帶去了耕作和紡織技術，也在色調上改變了吐蕃的傳統習慣。赭徒、赭衣在中原歷來作爲囚徒的名稱標誌，而現在我們看到的大昭寺、小昭寺裏的壁畫和唐卡中面部表現顏色主要是白色，象徵著吉祥、純潔和高貴，應該就是在松贊干布時代形成。

第四，從服飾色彩配置看，顯示了濃厚的唐風特徵。藏傳佛教繪畫的色彩運用主要是五色紅、黑、白、黃、青，早期唐卡作品尤爲明顯。曾有「五大色是從印度傳至西藏」之說，只是一種推測。按《尚書・益稷》說：「以五采彰施於五色，作服，汝明。」孫星衍疏說：「五色，東方謂之青，南方謂之赤，西方謂之白，北方謂之黑，天謂之玄，地謂之黃，玄出於黑，故六者有黃無玄爲五也。」和中原傳統五色顏色完全一致。

唐卡的色彩有兩個突出的特點：一是在繪製主尊佛、菩薩、護法尊、祖師、喇嘛高僧時，嚴格根據尊格、配置的不同，選擇不同的配色；二是主尊佛、菩薩、護法尊、祖師、喇嘛高僧以外通常會配以風景、人物、動物、花鳥等，這些事物的色彩選擇也是相對固定的。隨著唐卡繪畫藝術的發展，色彩運用方面的經驗和理論逐漸積累，除單純的紅、黑、白、黃、青五大色以外，金色、混色也開始進入畫面，形成了唐卡獨特的色彩感覺和製作能力。關於五色之間的關係。唐卡畫面整體上是以紅色爲基調，黃、白、青、黑依次畫出。青、黃、赤（紅）、白、黑五色，實際上就是黑白加三原色。《舊唐書》卷四十五《輿服志》說：

> 太宗又制翼善冠，朔望視朝，以常服及帛練裙襦通著之。若服袴褶，又與平巾幘通用。著於令。其常服，赤黃袍衫，折上頭巾，九環帶，六合靴，皆起自魏、周，便於戎事。自貞觀已後，非元日冬至受朝及大祭祀，皆常服而已。

《新唐書》卷二十四《車服志》說：

> 大裘冕者，祀天地之服也。廣八寸，長一尺二寸，以板爲之，黑表，纁裏，無旒，金飾玉簪導，組帶爲纓，色如其綬，黈纊充耳。

大裘，繒表，黑羔表爲緣，繡裏，黑領、襟、襟緣，朱裳，白紗中
單，皂領，青襟、襈、裾，朱襪，赤舄。鹿盧玉具劍，火珠鏢首，
白玉雙佩。黑組大雙綬，黑質，黑、黃、赤、白、縹、綠爲純，以
備天地四方之色。廣一尺，長二丈四尺，五百首。紛廣二寸四分，
長六尺四寸，色如綬。

根據兩唐書的記載，我們看出，唐太宗服飾的常服是赤黃，也就是基本色或
者說國色。這種色彩就是唐卡中的基本色調。大冕朱裳、黑表白單、繡裏繡
裏、大裘組帶、皂領青襟，等等。無一不是唐卡觀音中造型和構件的色彩和
搭配方式。所以，唐卡，特別是觀音的造像除了材料出自吐蕃以外，徹底改
變了藏族傳統的審美方式，充分體現了唐代文化的特質，而其契機是文成公
主入番，時間大約在唐朝太宗貞觀時期和唐穆宗長慶時期（821～824）。

第二節　康乾宮廷佛像的蓮花座造型風格

一、蓮花和蓮花座

　　與中國傳統的成仙或者飛天用青龍白虎瑞應車——象輿這種單一的坐乘不
同，佛的坐乘相當豐富，如地藏菩薩乘諦聽，文殊菩薩乘獅子，普賢菩薩乘白
象，但坐臺常見的是蓮花座，表明佛依託蓮花具有普遍意義。《妙法蓮花經》說：

　　　　爾時文殊師利、坐千葉蓮華，大如車輪，俱來菩薩亦坐寶蓮華，
　　　　從於大海娑竭羅龍宮、自然湧出，住虛空中，詣靈鷲山，從蓮華下，
　　　　至於佛所，頭面敬禮二世尊足。修敬已畢，往智積所，共相慰問，
　　　　卻坐一面。〔註7〕

按照經典，文殊曾經帶著諸佛乘坐大如車輪的蓮花上，出入大海虛空，似乎
蓮花也是飛行的工具。可是，爲什麼一定要用蓮花呢？《華嚴經》說一切諸
佛世界悉，見如來坐蓮花，認爲其出自如來。又《大智度論》卷八說：

　　　　問曰：「諸床可坐，何必蓮華？」答曰：「床爲世界白衣坐法。
　　　　又以蓮華軟淨，欲現神力，能坐其上令不壞故；又以莊嚴妙法座故；
　　　　又以諸華皆小，無如此華香淨大者。人中蓮華，大不過尺；漫陀耆
　　　　尼池，及阿那婆達多池中蓮華，大如車蓋；天上寶蓮華，復大於此，
　　　　是則可容結跏趺坐。佛所坐華，復勝於此百千萬倍；又如此蓮華臺，

〔註7〕《妙法蓮花經・提婆達多品第十二》，鳩摩羅什譯。

嚴淨香妙可坐。」〔註8〕

將佛乘坐蓮花的原因歸結到蓮花的質地，可以妙法、施展神力，但這一蓮花並不等於普通的人世間的蓮花。在印度教中，最高神梵天的含義就是「蓮花生」，是永恒之水的第一個造物，在毗濕奴肚臍上的蓮花出生。印度教說「梵」為宇宙之體，但佛教則說諸法因緣生滅的本體是空，也稱五蘊皆空；印度教嚴格區分階級制度，佛教則提倡一切眾生平等。某種意義上說，蓮花座的定位帶有佛教對印度教的應對和超越的價值取向。

蓮花座本之須彌臺（圖0），是安置佛陀、菩薩造像的臺座。所謂「須彌」指的是須彌山，印度神話中和佛教思想體系中認為的世界中心位置，當然這裡的世界不是指一般意義上的世俗世界、客觀世界。因此，蓮花座的形成不僅是形態上的變化，也是經義的豐富。我國最早的須彌座見於雲岡北魏石窟，是一種上下出澀、中為束腰的形式。

（圖，0）

宋李誡《營造法式》定下須彌座的規範：「疊砌須彌坐之制：共高一十三磚，以二磚並立，以此為例。自下一層與地平，上施單混肚磚一層，次上牙角磚一層，比混肚磚下鹼收入一寸。次上罨牙磚一層，比牙角出三分。次上合蓮磚一層，比罨牙磚收入一寸五分。次上束腰磚一層，比合蓮下鹼收入一寸。次上仰蓮磚一層，比束腰出七分。次上壺門柱子磚三層，柱子比仰蓮收入一寸五分。次上罨澀磚一層，比柱子出一分。次上上方澀平磚兩層，比罨澀出五分。」〔註9〕長期以來，一值得到傳承。「典型的清代須彌座有6層，自下而上為圭角，下枋，下梟，束腰，上梟，上枋；下梟刻仰蓮花，上梟刻伏蓮花。」〔註10〕

中國歷來有愛蓮用蓮的傳統，《詩經》就有不少相關描繪蓮花的文字。佛教傳入中國以後，佛陀造像明顯受到中國元素的影響，還出現了與梵式不同的漢式。在經典教義上和中國文化也發生了交流和交融。如道家經典借用佛教文化過來描述老子的降生故事，如《混元聖經》說：（老子）「降生之初，

〔註8〕《大智度論》第八卷，鳩摩羅什譯。

〔註9〕（宋）李誡、鄒其昌，《營造法式》，第十五卷，磚作制度 須彌座，人民出版社 2006 年版。

〔註10〕梁思成，《梁思成全集》第六卷，中國建設工業出版社 2001-04 出版，109 頁。

即行九步，步生蓮花，因指李樹，此吾姓也。」與佛教《修行本起經》卷上降身品記載釋尊誕生時，行七步，舉手言：「天上天下，唯我爲尊；三界皆苦，吾當安之」的情形很相似。我國佛像造型最完美的是唐代，如洛陽龍門石窟的盧舍那大佛就是傑出代表。一般認爲，我國最早的雕飾蓮花座的方塔五臺佛光寺解脫禪師塔，比須彌座的形成時間要晚很多，和我國蓮花尊爲「君子」的時代近似，因此蓮花座一定程度上滿足了中國佛教徒的心理審美需求，所以蓮花座的普遍適用帶有佛教中國化的色彩。我國佛像造像技術最精湛的是清代康乾時期。因此，研究康乾時期的宮廷佛陀造像對我們全面認識瞭解中國古代佛像的造型和文化的發展，皆有一定的意義和價值。

二、康乾時期宮廷佛像數量與造型

清代康乾時期的宮廷蓮花座造像數量我們無法知道，流傳下來多少也沒有一個確切的統計。根據中國知網和旅遊網站等有關能夠搜集到的信息統計，目前被認定的康熙年間的宮廷金銅佛像共有七尊，造像上刻有不同年份的款式。它們分別是：銅鍍金上師像，高 77、5 厘米，康熙十九年（1680 年）造，見 1994 年香港蘇富比拍賣圖錄；銅鍍金藥師佛像，高 20 厘米，康熙二十一年（1682 年）造，北京首都博物館藏；銅鍍金摧破金剛像，高 22 厘米，康熙二十四年（1685 年）造，日本北村太道藏；，高 73 厘米，康熙二十五（1686 年）年造，北京故宮博物院藏；銅鍍金四臂觀音菩薩像銅鍍金無量壽佛像，高 17.5 厘米，康熙二十五年（1686 年）造；銅鍍金無量壽佛像，高約 20 厘米，康熙二十四年（1695 年）造，四川收藏家藏；銅鍍金無量壽佛像，康熙四十三年（1704 年）造，收藏地不明。由於拍賣年代較遠或私人收藏的原因，能夠找到圖片的是銅鍍金藥師佛像（圖一）、銅鍍金四臂觀音菩薩像（圖二）和康熙 25 年的銅鍍金無量壽佛像（圖三）。

雍正年代的宮廷佛造像，由於雍正行政時間比較短，另一方面也大力提倡節儉，目前所發現的帶有雍正款式的宮廷造像只有一座，即著名收藏家夏景春先生購得一尊刻有雍正一年年款的彌勒菩薩造像（圖四）。乾隆皇帝信奉佛教，好修密法，還在故宮和承德避暑山莊建造八座六品樓供佛修行，因此清代乾隆時期的宮廷造像數量較大，但是數量不可知。留下來著名的造像有銅泥金金剛法佛母像（圖五）和鑄造於乾隆十八年的銅鍍金香象菩薩像（圖六），是典型的乾隆時期的宮廷造像。

（圖一）　　　　　　　　　　　　（圖二）

（圖三）　　　　　　　　　　　　（圖四）

（圖五）　　　　　　　　　　　　（圖六）

三、康乾時期宮廷佛像的結構和藝術

清代佛像以梵式系統造像爲主流，像面相飽滿，額頭較寬，臉型方圓豐頤，五官勻稱，雙眼造型具有寫實性，但也明顯看出其效法自然和融合中國傳統元素的特點，線條曲折生動，優美自然，穩重中呈現出飛馳之勢。

康熙時代的無量壽佛（圖三）高 17.5 厘米，其中蓮花寶座大致呈半月形，約有 4.5 厘米高，我們從仰視的角度看主尊，就會覺得十分穩重大氣。佛以跏趺坐於蓮座上，雙手結禪定印，雙肩披帛，在雙手腕處繞成環狀，自然對稱地垂落與蓮花座的正面，在蓮花座上帔帛有一定的捲曲，顯得流暢柔順。風格近似明代晚期之前的漢藏風格造像，顯然帶有一定的傳承。佛像的蓮花座是束腰式：臺座底部有水草紋飾；在蓮座正面，仰蓮之下刻漢文佛名「南無吾量壽佛」；仰蓮和覆蓮花瓣對稱，分佈整齊，在花瓣尖端裝飾有卷雲紋，花瓣上鑲嵌有珊瑚寶石，顯得十分精緻和華麗；在覆蓮的上緣飾有連珠紋。蓮座上面還刻有藏文佛名和時間是康熙二十五年四月初八日。本尊造像的蓮花寶座鑄造得極爲精美、大氣。故宮博物館藏康熙黃銅鍍金四臂觀音像（圖二），是藏傳佛教中是雪域西藏的守護神。香港拍賣的藥師佛作施與願手印，神態輕鬆和藹（圖一）。手印和造型區別很大，但是圖一和圖二兩尊造像的蓮花寶座非常相似的：寶座占整個造像的比例大致一致；帔帛對稱的垂於蓮花寶座上呈捲曲狀；蓮瓣肥大，接近於水滴形，但是圖二的花瓣比圖一更加的飽滿和圓潤；在蓮花寶座上都飾有連珠紋，不同的是圖二的仰蓮、覆蓮、束腰三個部分的邊緣都有連珠紋。

代表雍正年間的彌勒菩薩造像（圖五）在風格上類似於康熙時候的造像，其中半月形蓮花寶座的樣子初看起來同康熙年間的沒有大的區別，蓮瓣飽滿，尖端飾有卷雲紋，花紋線條流暢。但局部造型上還是略有不同：花瓣間隙較大；束腰部分寬大，且裝飾有一圈纏枝蓮在蓮花座後部的座面邊沿上刻有一行題款，書

（圖八）

寫形式爲右書，題款內容爲「大清雍正年敬造」（圖八）。康熙和雍正時期的造型在精緻大氣之外，皆有覆蓮，束腰，蓮座上層略小於下層。

乾隆朝製作的金銅佛像數量遠遠超過康熙朝，但蓮座大爲簡略，絕大多數爲素蓮瓣，例如銅泥金金剛法佛母像（圖五），整體來看蓮花寶座就簡單粗

糙了許多：只有一層的仰蓮，沒有覆蓮；蓮瓣的內層不再裝飾雲朵紋，絕大多數爲素蓮瓣；佛的帔帛直接垂於蓮花座上，像笏板一樣沒有任何飄逸靈動的感覺；蓮座的最下緣已不再是明代和康熙造像的直壁樣式，而是一律製成圓隆形，給人以圓潤肥厚之感。

康雍乾三代的蓮花寶座造型，康熙和雍正相對一致，造像精美，蓮花座複雜而又能保持飄逸靈動之感；乾隆宮廷造像顯得千篇一律、粗俗、呆滯，顯得倉促和粗糙。如金像菩薩（圖六）和康熙時代的藥師佛都是施與願手印，但明顯顯得僵硬、張揚，蓮花造型單一擁擠，不夠美麗生動。

康乾時期的宮廷佛像的材料主要使用的是黃銅，硬度較高，性脆，呈現亮黃的色澤。康熙年間的宮廷造像都有鎏金工藝，甚至一些造像還要貼金，所以這些造像都呈現出檸檬黃色，色澤偏冷，鎏金較薄，容易脫落；這個時候的工匠對造像全部鎏金，蓮花座連同佛陀、衣飾等成爲一個整體，彷彿蓮花和佛陀都光芒四射，更顯得高貴脫塵。乾隆宮廷造像在工藝上有著鎏肉不鎏衣的特徵：面部和軀體裸露部位泥金，衣飾和蓮花座不施金，鑄胎厚重。造像色澤對比強烈，更加凸顯了佛祖本身，擺脫了對寶座和華美衣飾的執著，但是蓮花座本身表現就顯得黯淡無光了。

蓮花座只是佛造像的一部分，由於蓮花在佛教經典中被賦予的特殊意蘊，佛陀更加安穩地落座於蓮花上可以更加顯示出佛的超凡脫俗，人們對佛陀的參拜會更加虔誠。康熙時代對蓮花座的精心塑造成爲中國佛教造像的經典，但是乾隆時期放棄了這一傳統，佛像製作簡單粗糙，因此審美價值大爲降低，彼此區別也就十分明顯。〔註11〕

第三節　南京明故宮中門石板地刻的是比目魚

2016 年 5 月 6 日《金陵晚報》老南京版記者報導《明故宮中門石板地刻了一條魚：原因不明》的文章，對正門地上刻的魚感到很奇怪，由此還引起網友的熱議和專家的關注。

〔註11〕本章初稿由研究生吳伊心、米婧楠作。

圖一

那麼，爲什麼刻一條魚呢？

就出土文物文獻考察，長沙戰國墓當中的昇天圖卷雲紋上面刻有一條魚，表現昇天成仙。根據《史記・周紀》說：「武王渡河，中流，白魚躍入王舟中，武王俯取以祭⋯⋯諸侯皆曰：『紂可伐矣。』」6 一條魚就是白魚，按照圖讖原理，白魚是上帝的代表，預示著順利和成功，白魚一條當然就成爲後代著名的祥瑞之一。如山東武梁祠漢畫像上凡是一個魚的都題有文字：「白魚，武王渡孟津，入於王舟。」這樣看來，這條魚應該是白魚了。但是我們看到，魚的形象和白魚明顯不同。武梁祠的白魚圖如下：

圖二

圖三

　　在蔓草卷雲紋只上面，女娃下面，是端正的一條魚。和南京故宮的魚造型差別很大。南京故宮的魚顯然是匹配成雙的形態，只是對面的魚的路面損壞，看不到了。見武梁祠漢墓圖三。雙魚，最早見於仰韶文化的魚盆，象徵天子與諸侯的關係，即尾大不掉封鯨鯢，但那兩條魚中間的斷裂的。只有武梁祠的魚是成雙對的。圖像旁邊有行小子進行了說明：「比目魚，王者幽明無不徇則至。」比目魚的功能和王者匹配，就是說只要王者出行，雙魚就在，無論是人間還是陰朝。王者是龍，那麼比目魚顯然是相當於傳臚護衛引導之意了。因此，我們判斷南京故宮正門地上刻的是比目魚。

第十二章　海昏侯墓出土文物形制功能與時代

第一節　海昏侯墓出土的西周提梁卣圖文解析

　　漢廢帝劉賀，曾封爲昌邑王，也是第一代海昏侯。海昏侯的命名，按照《爾雅》四海即四晦的解釋，海是最遠的地方，因此海昏侯按照現在的說法就是昏到極處的侯，但這並不影響海昏侯的富有，畢竟他是王室大宗，受到的僅僅是撤職奪爵這樣的行政處罰，沒有刑罰。海昏侯墓埋藏文物豐富。有作爲漢高祖十六年製作的前朝遺物「大劉印記」配飾，表明其王室身份，也有大量的金銀產品以及完備的明器。其中，年代最早的是西周的提梁卣。

圖一〔註1〕西周提梁卣

〔註1〕2016 年 1 月 15 日鳳凰視頻《西漢海昏侯墓出土戰國缶和西周提梁卣》。

圖二　提梁卣座底銘文

圖三　提梁卣銘文

　　海昏侯墓是「曹操墓」眞僞爭論以後最引人注目的考古文化氣象。關於海昏侯及其墓地出土文物研究也是如火如荼。已經出版有《發現海昏侯》（江西教育出版社 2015 年 12 月）《千古悲摧帝王侯——海昏侯劉賀的前世今生》（二十一世紀出版社，2016 年 3 月）等著作多種。通過網絡統計，發表文章 2014 年 1118 篇，2015 年 653 篇，2016 以來 164 篇。但這些文章大多重複，帶有宣傳性質，缺少深度的研究。2016 年 4 月 16 日，由江西師範大學、中國社會科學院歷史研究所、江西省文物考古研究所主辦在南昌召開了「南昌海昏侯墓發掘暨秦漢區域文化」

國際學術研討會」。〔註2〕西周提梁卣是會議討論的熱點之一，專家們普遍發表了自己的看法。其中，影響較大的是饒宗頤國學院院長、香港浸會大學陳致的《海昏侯墓所見子田允父乙卣試釋》一文，〔註3〕其作釋文如左：

辛未婦尊宜才（在）（從宀東間）大室王鄉酉（酒）奏庸新宜田允（允）才（在）六月魚由（或魯）十終三朕（朕）襲之同（前）王賞用乍（作）父乙彝大萬。

陳致識讀文章的作者是大萬，不詳所據。但甲骨文、殷周金文中沒有將萬字寫作萬的。這個「萬」字，是有些容易聯想到簡化字萬，顯然作者用簡化字來識讀金文。這是一種新方法。萬字甲骨文作 ，金文大致有些變化，寫作 、 、 、 之類，無一係簡化字萬。羅振玉在《增訂殷墟書契考釋》中專門考訂過，萬字像蠍子形，沒有例外。直到睡虎地秦簡才作草頭的萬。這個像萬的字並不是萬字，是丏。

20 世紀以來，陝西陸續出土了大丏家族的系列器，已見著錄。因此我們知道，大萬實際是大丏。大丏作器主要有《大丏作父丁簋》《大丏作母彝》等3 件，《大丏方鼎》2 件、《大丏父辛爵》、《大丏觶》計 7 件。見下圖。

圖四　大丏作父丁寶尊彝〔註4〕　　　圖五　大丏作母彝〔註5〕

〔註2〕　《南昌海昏侯墓發掘暨秦漢區域文化國際學術研討會召開 》2016 年 04 月 17 日《江西日報》。
〔註3〕　《江西師範大學學報》2016 年 5 期。
〔註4〕　吳鎮烽《近年新出現的銅器銘文》，《文博》2008-03-15。
〔註5〕　中國社會科學院考古所《殷周金文集成》（修訂增補本），中華書局 2007 年，1850 頁。

圖六　大丂作母彝〔註6〕　　　　　　　　圖七　大丂作母觶〔註7〕

圖八　大丂父辛爵〔註8〕

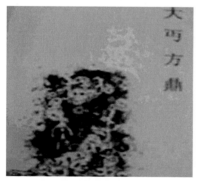 

圖九　丂佼作尊，大丂〔註9〕　　　　　圖十　丂佼作尊，大丂　〔註10〕

　　根據大丂系列作品我們看到，大丂是一個家族的名稱，因此有大丂父辛、

〔註6〕　中國社會科學院考古所《殷周金文集成》（修訂增補本），中華書局 2007 年，
　　　　1850 頁。
〔註7〕　中國社會科學院考古所《殷周金文集成》（修訂增補本），中華書局 2007 年，
　　　　3749 頁。
〔註8〕　中國社會科學院考古所《殷周金文集成》（修訂增補本），中華書局 2007 年，
　　　　4776 頁。
〔註9〕　中國社會科學院考古所《殷周金文集成》（修訂增補本），中華書局 2007 年，
　　　　1130 頁。
〔註10〕中國社會科學院考古所《殷周金文集成》（修訂增補本），中華書局 2007 年，
　　　　1130 頁。

大丂父丁、丂佼等等不同稱謂。根據提梁卣座上銘文子某某，我們知道大丂是子姓。子姓由舜賜予商人，因此也是商的國姓。按照慣例，書寫在器上的姓氏一般爲子氏，也就是家族的姓氏。《禮記‧喪大記》：「既正尸，子坐於東方，卿大夫父兄子姓立於東方，有司庶士哭於堂下。」國君之喪，子姓爲子所生，也就是眾子孫。〔註11〕《儀禮‧特牲饋食禮》：「子姓兄弟如主人之服，立於主人之南，西面北上。」鄭玄注：「言子姓者，子之所生小宗祭而兄弟皆來。」〔註12〕因此座上的子，表示大丂是商王室的後代的一支，符合當時的規矩。商朝後期和西周初期，盛行爵、觶等禮器，而後代不再流行，因此大丂家族的器必然是商周時期製作。

提梁卣底座上刻有子 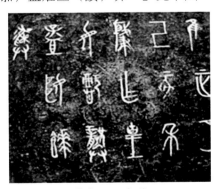 大丂字樣，陳致與網絡上討論的判斷一致，認爲是畯，並且找到了大量的周代金文畯的例子：

但是我們看到，二者難以劃一個等號，田字旁沒問題，但是右邊怎麼看二者都不類似，倒更像甲骨文的吹字 的半邊欠 、 ，也像 。

陳致開始也是這樣認爲，覺得像欠，但是可能受到網絡識讀的影響，最後判斷是畯。可是，就字形比劃，畯的右邊第三筆是直彎，而欠卻是三條線的組合，這就相差遠了。戰國時期的《禾簋》〔註13〕：「隹正月己亥，禾肇乍（作）皇母聂（懿恭）孟姬□（饙）彝。」見下圖。

圖十一 和簋

〔註11〕陳澔《禮記集解》，上海古籍出版社 1987 年，242 頁。

〔註12〕漢魏古注十三經《儀禮》，中華書局 1988 年，215 頁。

〔註13〕中國社會科學院考古所《殷周金文集成》（修訂增補本），中華書局 2007 年，2131 頁。

　　《和簋》中，姬 ，女字旁，另一半顯然更相似於 的另一半。因爲左右位置差異，出現反方向寫法，在金文中常見，因此我們識讀爲臣。那麼底座上的銘文應該是：子臣田父乙，表示器記錄的內容是子姓的父乙得到土地的事情。

　　我們解讀銘文內容是：

　　辛未，妖尊俎在闌大室。王飲酒奏賞新宜臣田。在六月。魯十終三。山之濼同。王賞用作父乙彝。大丏。

　　妖，應該是大丏的母親，父乙的妻子。妖甲骨文寫作 。按《合》（18051），如圖： 和金文的妖表現一致。

　　關於尊，很容易識別。下面是俎，俎、宜，二字在金文、甲骨文中是一個字。《合》（388、6157）作 ，識爲俎。金文中如《作冊般甗》宜作 。宜俎本爲一字。爲祭祀或宴會時候的禮器，引申爲砧板，如成語人爲刀俎我爲魚肉。尊俎、鼎俎，也表示宴席。如《戰國策·齊策五》曰：「此謀約不下席，言於尊俎之間，謀成於堂上，而魏將以禽於齊矣；衝櫓未施，而西河之外入於秦矣。臣之所謂比之堂上，禽將戶內，拔城於尊俎之間，折衝席上者也。」〔註14〕

　　 這個字，爲甲骨文、金文習見。如《集成》2708 殷墟後崗出土大鼎、《集成》3861 簋、《集成》9105《宰梳角》、《集成》3941 簋、《集成》4131《利簋》等等，主要時代爲商末到周初。其中，《利簋》記載武王伐紂，賞賜檀公的事情：

　　　　珷（武王）征商，隹（惟）甲子朝。歲鼎，克聞（昏），夙又（有）
　　　商。辛未，王才（在）闌（師），易（賜）又（有）事（司）利金，
　　　用作壇（檀）公寶尊彝。

　　按《左傳·成公十一年》曰：「昔周克商，使諸侯撫封，蘇忿生以溫爲司寇，與檀伯達封於河。」〔註15〕《史記·管蔡世家》說武王克殷以後，「封叔鮮於管。」〔註16〕王在闌師，表明闌是地名。最早解闌爲管的是于省吾，認

〔註14〕《戰國策》，遼寧出版社 1997 年，93 頁。
〔註15〕漢魏古注十三經《左傳》，中華書局 1988 年，197 頁。
〔註16〕司馬遷《史記》，中華書局 1982 年，1564 頁。

爲古文無管字，管爲後起的借字。闌從闌從間，就是管叔、蔡叔的管。但是，武王打下朝歌七日，管蔡未封，仍是殷商諸侯性質，武王還沒有去管，所以不可能在管。近年來雖有爭論，但是學界普遍認爲，闌就是地名，在周原附近。這地方殷商時代就是王命封賞的常見地理。闌這個地方，一直到周成王時候仍然會有王在那裏宣佈王命，如《新邑鼎》記載。由此推測，闌的地方長官或者說諸侯就是大丏，亦即大丏是族氏。

關於王餉酒奏賞新宜臣田。賞和商常常通用，有時候書寫還會有一些差別，但是不會賞庸不分，如陳致言爲庸。庸 ，最根本的是下面都是用字，而賞或作貝或作口。這裡指的是王命新宜臣田，也就是封土建邦。下面在六月表示時間。魯十終三，就是說田地的收穫要給魯十之三。一般金文中出現魯皆與魯國、周公有關，如不顯魯休等等。給魯國十終三，說明父乙得到的土地需要上繳魯國一部份，那麼父乙所在的諸侯應該是附屬魯國。山灤之共，就是說包括山地和水泊都是如此。灤，甲骨文作 和金文灤 字形一致。最後王賞用作父乙彝，至於王在賜予土地的同時賞的是貝還是什麼，沒有說，但言將所賞用來製作彝，表示製作彝的原因，帶有感恩和憑據等多重含義。

《史記‧周本紀》云：周人在佔領商邑的第二天，「除道，修社及商紂宮」，[註17] 做了清掃道路、修繕社壇和商紂王宮的工作。在周官尹佚歷數商王紂的各種罪行之後，「武王再拜稽首，曰：『膺更大命，革殷，受天明命。』」[註18] 對歸順於周的紂王兒子祿父按照新的制度繼續管理前商王朝的王畿地區。《逸周書‧文政》又云：「惟十有三祀，王在管，管、蔡開宗循王。」[註19] 意即武王到達管地以後，管叔和蔡叔開啓宗廟迎接武王，並宣佈遵照王命辦事。又《逸周書‧大匡》云：「惟十有三祀王在管，管叔自作殷之監。」[註20] 武王十三年即武王克殷之年。根據《利簋》，武王在滅殷後的第八天，立即率師到達闌地。而《天亡簋》銘文云：

乙亥，王有大豊。王凡（同）三方，王祀於天（太）室，降，

天亡又（祐）王。衣（殷）祀於王，丕顯考文王，事喜（糦）上帝。

〔註17〕 司馬遷《史記》，中華書局 1982 年，125 頁。

〔註18〕 司馬遷《史記》，中華書局 1982 年，126 頁。

〔註19〕 《逸周書》，上海古籍出版社 2007 年，373 頁。

〔註20〕 《逸周書》，上海古籍出版社 2007 年，363 頁。

文王德在上。丕顯王作眚（省），丕肆王作廎，丕克乞衣（殷）王祀。

丁丑，王饗大宜，王降。亡勳爵復嚢，佳（惟）朕有蔑，每（敏）

揚王休於尊白（簋）。

銘文大意是：武王於辛未日來到闌地後的第四日乙亥，舉行了盛大祭禮。《逸周書.世俘解》載有辛未前後幾天的事跡，直到克商第二十一日甲申，還有「百（伯）弇以虎賁誓命伐衛，告以馘俘」，虎賁是武王親軍，受命伐衛，同日告捷，足證武王一直沒有離開商都一帶。周武王先到闌後去管，所以闌和管不是一個地方。大丂家族，應該是諸侯身份，類似王室大夫。按《周禮·膳夫》說：「王日一舉，鼎十有二物，皆有俎。」〔註21〕《禮記正義》言和鼎相配是簋，用來盛食品，天子八簋，諸侯六簋，大夫四簋，此等即尊卑亦有差降也。言「羹食，食之主也」者，凡人所食，羹飯為主，助以雜物。就是說在宴享的時候，天子用八簋盛食品，亦即八種主食，十二種肉食，即十二鼎八簋。《禮記·祭統》云「八簋之實。三牲之俎，美物備矣」〔註22〕諸侯與大夫食亦四簋，故《秦詩》云：「每食四簋。」由此可見，祭祀的時候，簋的數量和宴享配置一致。《大丂簋》已經見到三，那麼至少應該是四，所以大丂應該是諸侯身份，為魯國下屬，地位相當於王室大夫，封地在闌。器的製作時間和《利簋》同時，在周武王十三年，與檀公同時被封賞。

第二節　海昏侯墓朱鳥及其功能

南昌西漢海昏侯墓意外地保存完整，因此考古發現了很多珍貴稀罕的文物，引起海內外高度關注。我們發現，考古人員態度一直嚴肅認真，工作規範專業，表達客觀規範，譬如說對於墓主是誰，一直強調需要繼續論證。但是近兩天，似乎有些放開了，發言開始推測了。如華山《南昌漢墓「神鳥」驚豔現身　推測是四神聚首》（來源：中國新聞網）一文引用該墓考古工作人員的話說：「棺蓋取掉之後，預想的比我們好，裏面還有一層內棺，內棺雖然也塌了，但是內棺的棺蓋還是保存得完好的，最難能可貴的是上面有畫，應該是叫漆畫，而且上面，我們在它的南面看到朱雀，是不是有青龍、白虎、玄武我們還不知道，(如果有的話意味著什麼)，實際上就是當時的四神，代表方向的，現在還沒看到，我們只看到南面的朱雀。」

〔註21〕漢魏古注十三經《周禮》，中華書局 1988 年，123 頁。

〔註22〕　陳澔《禮記集解》，上海古籍出版社 1987 年，266 頁。

海昏侯墓發現的「神鳥」

　　考古人員所說的朱雀截圖如上，鳥周圍根本就沒有什麼青龍、白虎、玄武，怎麼說不知道呢？他怎麼肯定南面發現的是朱雀呢？至今所有的墓葬中沒有發現單飛的朱雀。朱雀是代表南方的星宿象徵的鳥，但基本的特徵是紅色，即朱色，但是圖中無此特徵，那麼怎麼能說是朱雀呢？下面我們看看漢代其它墓中出現的類似的形象：

圖一　現藏甘肅省博物館

圖二

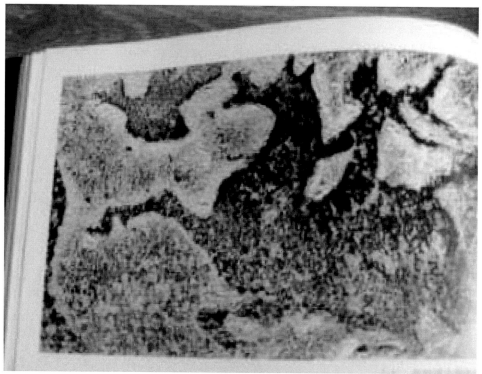

圖三　渠縣蒲與灣漢墓，出自《中國畫像石全集》，四川美術出版社 2006 年，57 頁。

圖四　合江四號漢石棺，出自《中國畫像石全集》，四川美術出版社 2006 年，144 頁。

圖五　茂莊三號墓

圖六　綏德漢墓墓門，《中國畫像石全集》，山東美術出版社 2006 年，84 頁。

圖七　雲湖草堂網站（徐州李新忠書法工作室）

圖八　南陽出土朱雀

　　上列八幅圖畫，皆出自漢墓，其中朱雀就是常見的火鳥、赤鳥、火鳳凰，所以頭頂上像火把。見圖八。朱雀和朱鳥的最大區別是朱雀尾巴是散開的，而朱鳥不分叉。圖二、三、四和南昌海昏侯墓出土的鳥在形象上完全一致，都是一隻鳥，形象也十分相似，即朱鳥，其餘的圖像朱鳥和馬等配合，形成組合圖像。就圖中飛行方向看，朱鳥不是向南，而是向上。

　　《禮記‧曲禮上》說：「（王出行）前朱鳥（雀）而後玄武，左青龍而右白虎，招搖在上，急繕其怒，進退有度，左右有局，各司其局。」（陳澔《禮記集說》，上海古籍出版社 1987 年 13 頁）這裡的朱鳥（雀）是四方星宿之一，指旗幟上的圖像，招搖指北斗七星。

　　但是，靈魂昇天的時候和出行相比又是一番情景。賈誼在《惜誓》中說：「飛朱鳥使先驅兮，駕太一之象輿。蒼龍蚴虯於左驂兮，白虎騁而為右騑。」就是說，朱鳥是單獨的先飛的，而蒼龍和白虎在朱雀的兩邊。而其方向，如果是昇天那麼朱鳥就在上方，如圖三，假如下凡或者往下那麼朱鳥的位置就在下面，如圖一。這裡的左右是乘輿的左右。這樣的乘輿在漢代畫像石中常見，為昇天的工具，見圖九。漢代還有一些關於朱鳥的文字資料。

圖九　張寶璽：《武威西夏木板畫》，甘肅人民美術出版社 2001 年，24 頁。

資料一：張衡《西京賦》說：「若夫長年神仙，宣室玉堂，麒麟朱鳥，龍興含章，譬眾星之環極，叛赫戲以輝煌。（費正剛等《全漢賦》，1993 年，413 頁）

資料二：王延壽《靈光殿賦》說：「朱鳥舒翼以峙衡，騰蛇蟉虯而繞榱。白鹿子於欂櫨，蟠螭宛轉而承楣。狡兔跧伏於柎側，猨狖攀椽而相追。玄熊舑炎以齗齗，卻負載而蹲跠。」（費正剛等《全漢賦》，北京大學出版社 1993 年，527 頁）

　　根據《西京賦》和《魯靈光殿賦》的描述，朱鳥還可以和麒麟、白鹿、騰蛇等構建神仙世界。朱鳥和神仙世界的關聯與太一、北斗有關。《淮南子》說：「天神之貴者，莫貴於青龍，或曰天一，或曰太陰。太陰所居，不可背而可鄉。北斗所擊，不可與敵。天地以設，分而為陰陽。陽生於陰，陰生於陽。陰陽相錯，四維乃通。或死或生，萬物乃成。」（劉文典撰，馮逸、喬華點校：《淮南鴻烈集解》（新編諸子集成），中華書局 1989 年，126 頁）

　　淮南王稱天最貴者青龍，或曰天一，或曰太陰。北斗所擊，不可與敵。前印《禮記・曲禮》資料，表明朱鳥向著太一方向也就是北斗所在的方向飛，為什麼呢？干寶《搜神記》卷三說：

　　　　北邊坐者忽見顏在，叱曰：「何故在此？」顏唯拜之。南邊坐者語曰：「適來飲他酒脯，寧無無情乎？」北坐者曰：「文書已定。」南坐者曰：「借文書看之。」見超壽只十九歲，乃取筆挑上，語曰：「救汝至九十年活。」顏超拜而回。管（輅）語顏曰：「大助子，且喜得增壽。北邊坐人是北斗，南邊坐人是南斗。南斗注生，北斗注死。凡人受胎，皆從南斗過北斗，所有祈求，皆向北斗。」（干寶《搜神記》卷三，中華書局 1979 年，34 頁）

南斗注生，北斗注死，就是說北斗負責死者的命運，因此在超生、延長壽命上就得依賴北斗七星了。因此，朱鳥起著昇天引領道路的作用。這就是為什

麼海昏侯墓上畫有雲紋和朱鳥的原因了。雲紋只表示昇天，而奔向北斗才是上天堂。如果將朱鳥解釋爲朱雀，引導向四方星宿去思考，那就離題太遠了。離題遠近不過是水平問題，但誤導讀者就不是一件小事了，希望考古工作者謹言慎行，科學考古。

第三節　海昏侯墓編鐘底座是升天象輿圖

新華網（2015 年 12 月 22 日 09：58）《細數西漢海昏侯墓出土的「寶貝」》爲我們提供了如下圖案：

圖一

這是什麼東西呢？文章沒有說出圖案的名稱，但我們看到兩物間名箋寫作編鍾底座。

　　這應該是考古給出的記錄說明。編鐘底座是一個什麼樣的造型呢？由於迎面並排擺放，所以看上去不夠清晰。但是我們還是能夠看出這是一個按照象輿構成的圖案。象輿是古代用來靈魂昇天和遠遊的工具。初期形狀並不很統一。1973 年長沙子彈庫出土的湖南省博物館藏的馬王堆昇天圖（俗稱人物御龍圖）。

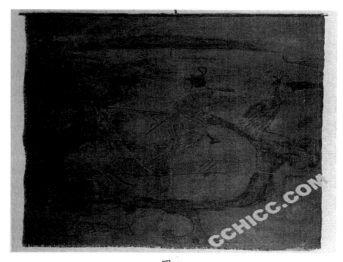

圖二

　　二考古學界有多種解釋，一般認為是人物御龍圖。人物十分清楚，但乘的東西似乎像龍，也像蔓草。馬王堆一號墓出土的形畫則又是一番情景，見圖三線描圖。

圖三

　　圖三顯示夫妻倆昇天的情形，上面是朱鳥引路，下面兩人在類似坐榻上，坐榻上方有兩個動物。這兩個動物隱約能夠看出是蒼龍白虎圖案。顯然同樣是靈魂昇天，但是工具並不雷同。我們再看看來自山東的漢代畫像石。

圖四〔註23〕

　　圖四是山東微山縣發現的漢代畫像浮雕，人物頭頂是朱鳥，兩邊是蔓草卷雲紋，表現已經在天上。再下面一般理解爲伏羲女媧交尾，但我們看到伏羲女媧蛇身的兩頭在底部出現兩個動物形象，有點像鳥之類的動物，不是很清楚。但是，大體上朱鳥引路，乘坐一個什麼東西昇天這個格局沒有疑問。

圖五〔註24〕

〔註23〕《中國畫像石全集》第二卷，山東美術出版社 2000 年，32 頁。

　　1973 年 4 月，四川郫縣新勝公社發現東漢漢墓，石棺上的圖案見圖五。這是非常清楚典型的象輿。按漢代初年賈誼在《惜誓》文中說：「飛朱鳥使先驅兮，駕太一之象輿。蒼龍蚴虯於左驂兮，白虎騁而爲右騑。」〔註 25〕直接給出了昇天乘坐的工具名稱應該叫象輿。于豪亮《幾塊畫像磚的說明》〔註 26〕稱類似的圖像爲龍虎座，認爲龍虎座是升仙的意思，因爲他們認爲龍虎可以載人昇天。這表明他看明白了用途，但是未能確認其名稱，龍虎坐是一個俗稱。象輿除了凡人靈魂昇天以外，還可以用來漫遊。西漢焦延壽《易林》說：「駕龍騎虎，周遍天下，爲神人所使。西見王母，不憂危殆。」〔註 27〕

　　將海昏侯（目前判斷）墓出土的編鍾底座對照其它圖像和文字文獻相互印證，這個底座是象輿性質無疑，象徵著墓主人昇天，昇天並不一定成仙，道家主張成仙，但是西周以來的多元神制度顯示，人死後在天上有對應的神位。古人昇天成神、道家升霞成仙的生命永恒的理想設計，至今在甘肅、陝西、湖北等多省市還存在，演變成一種棺材做好以後的慶賀行爲，即抬材，見圖六，即爲網絡表演抬材截圖（酷 6），俗稱出殯表演。但抬材表演的時候，爲了省事，往往將蒼龍白虎放在一個方向。

圖六

〔註 24〕《中國畫像石全集》第七卷，河南美術出版社 2000 年，116 頁。

〔註 25〕嚴可均《全上古三代秦漢三國六朝文》，中華書局 1958 年，第 209 頁。

〔註 26〕《考古通訊》，1957 年 4 期，第 106 頁。

〔註 27〕《文淵閣四庫全書》，子部 144，808 冊，臺灣商務印書館 1983 年版，第 317 頁。

　　無名氏《剛卯文》說：「乘輿：諸侯王公列侯以白玉，中二千石以下至四百石皆以黑犀，二百石以至私學弟子皆以象牙，上合絲各如其印質，刻書文云云。」〔註28〕按照東漢的這個標準，參考象輿，列侯用白玉，而兩千石以下用黑犀，顏色爲黑色。圖一呈現給我們的象輿顏色爲黑色，那麼顯然，或許是制度變化，墓主下葬時的規格沒有享受到王侯待遇。這是很耐人尋味的。

〔註28〕《全上古三代秦漢三國六朝文》，上海古籍出版社 2009 年，427 頁。

附錄：敦煌莫高窟再現胡騰舞

　　媒體近期公佈，敦煌研究院披露的一批敦煌壁畫中再現了唐代重陽節寺廟慶祝的場面，畫面十分珍貴。研究院將舞蹈命名爲《重陽宴飲俗舞》（如圖）。筆者認爲，這應該是失傳已久的很典型的胡騰舞。

　　胡騰舞我們知道不多，也鮮見實物資料，但是還是可以找到一些資料。中唐時期劉言史《王中丞宅夜觀舞胡騰》詩說：

> 石國胡兒人少見，蹲舞尊前急如鳥。織成蕃帽虛頂尖，細氎胡衫雙袖小。手中拋下蒲桃盞，西顧忽思鄉路遠。跳身轉轂寶帶鳴，弄腳繽紛錦靴軟。四座無言皆瞪目，橫笛琵琶遍頭促。亂騰新氎雪朱毛，傍佛輕花下紅燭。酒闌舞罷絲管絕，木槿花西見殘月。

又李端的《胡騰兒》詩說：

> 胡騰身是涼州兒，肌膚如玉鼻如錐。桐布輕衫前後卷，葡萄長帶一邊垂。帳前跪作本音語，拾襟攬袖爲君舞。安西舊牧收淚看，洛下詞人抄曲與。揚眉動目踏花氈，紅汗交流珠帽偏。醉卻東傾又西倒，雙靴柔弱滿燈前。環行急蹴皆應節，反手叉腰如卻月。絲桐忽奏一曲終，嗚嗚畫角城頭髮。胡騰兒，胡騰兒，故鄉路斷知不知。

將圖畫和詩歌對應來看，我們就會發現，詩歌表現的舞者爲男兒，蹲舞尊前，戴蕃帽虛頂，袖子比一般短小（也可以是長袖，因此可以攬袖），還能快速旋轉，與畫面完全一致。因此，畫面是胡騰舞可以確認。

　　1952 年在西安東郊發掘的唐代蘇思勖墓中，有一幅樂舞壁畫，高 149 釐米，長約 420 釐米。原壁畫被揭取分割成三幅。中間起舞者爲胡人，高鼻深目絡腮鬍，頭包白巾，穿長袖衫，腰繫黑帶，足登黃靴，其舞姿據考證是西

域傳入中原的胡騰舞。舞者兩側均爲樂隊。右有五人，前排三人跪坐，手持豎笛、七絃琴和箜篌；後排二者，一吹排簫，一爲樂隊指揮。左有六人，前排三人分持琵琶、笙和鈸；後排三人，一名指揮，一握橫笛，一個拍板。這幅胡騰樂舞壁畫的發現，證實了唐人對胡騰舞的描述。騰和旋應該是二者最重要的特徵，也是區別，是當時西域流行的樂舞，因此彼此有很多的相似。

比較起來，蘇思勗墓的胡騰舞者著唐裝，左手高揚，與莫高窟的胡騰舞略有差別。而莫高窟的胡騰舞更和唐詩的描寫高度對接。

晚唐段安節的《樂府雜錄》稱健舞曲有胡旋、胡騰，胡旋和胡騰聽上去應該很接近。榮新江認爲胡旋與胡騰均源自同一粟特語詞彙，即是一個基於 wrt 詞根的詞。胡旋是對這個粟特語詞彙的意譯，而胡騰是音譯。就是說二者是一回事。這樣的推測從舞姿上看不能成立。

根據兩首詩的記載，舞者皆爲男子即某兒，身著胡衫，袖口窄小，頭戴蕃帽，腳登錦靴，腰纏葡萄長帶，在一個花毯上騰跳，長帶飄動。胡旋舞和胡騰舞都出自昭武九姓，但二者還是有一些區別，在舞姿上胡騰舞是攪袖，胡旋舞是舉袖；胡騰舞是環行，胡旋舞是旋轉。舞具上，胡旋舞是圓毯或者毬毯，而胡騰舞是花毯執蒲桃盞。舞服上，胡騰舞戴帽子，而胡旋舞沒有。從舞者看，胡旋舞主要是女性，所以所有的資料都認爲是胡旋女，雖有武延秀、安祿山等舞者，但以女性爲主。而兩首胡騰詩描寫的舞者都是男子。

1985 年寧夏鹽池縣蘇步井鄉出土的昭武九姓何氏墓葬墓門上雕有胡旋舞，墓門現藏寧夏博物館。在兩扇墓門上，各淺浮雕於一個跳胡旋舞的男性。舞者深目高鼻，虯鬚鬈髮，胸寬腰窄，上著窄袖衫，下身穿貼腿緊裙，類似於現在的舞蹈服，腳蹬長筒皮靴，旋身揚臂對舞於一圓形毯上。舞姿造型略有不同，左門舞者側身回首，右腳立圓毯上，左腿後屈，左手伸展，右臂屈至頭頂；右門舞者右腳著地，左腿側伸，略微屈膝，雙手舉飄帶於頭上，環繞著忍冬紋，象徵著重生和永恒。很明顯，胡旋舞和胡騰舞雖然同源，但在舞者性別、舞容、裝飾上都有明確區分。

敦煌新發現胡騰舞圖

蘇思勖墓胡騰舞圖

胡旋舞圖

再版後記

　　《中國古代名畫考古研究》出版以後，國學網等作出過全面的介紹，也得到一些回饋資訊。著名畫家、書畫史學家顧平教授很客氣地稱本書像美術史研究的一堵牆，不好超越。他的理由是：第一，文獻功夫扎實，爲學通貫，出枝即生花，受褒獎，受追捧，都在情理之中！第二，嚴謹的材料功夫與充滿邏輯加思辨的學術訓練，讓我崇敬。這是老朋友的話，當然可以理解爲客氣。花木蘭文化出版社函告：大著出版以來，頗受各大美術館、博物館關注，希望本公司能夠零售單冊，供其典藏。唯本公司所出版之中國古代美術史研究論著，分編於相關的叢書之中，拆出零售，實有爲難。因此，決定編輯美術方面的叢書出版，本書也因此得到再版。

　　對於出版社和各界朋友、讀者們的關心和肯定我表示衷心感謝。本書出版幾年來，陸續又有一些文章發表，包括南昌的海昏侯墓的幾篇，在《中國社會科學報》、彭拜網等媒介上得到發表。借本書重新出版之際，選入一部分，包括炎黃二帝的造型依據學理，《山海經》重怪物命名與民族風格問題，敦煌的胡騰舞壁畫等。整體上說，這些文章不是寫出來的，而是在各地看出來的，有的是糾錯，更多的屬於發現。其原因是看到圖就想起典籍是如何記載的，因此寫起來並不費事。但是，寫的時候往往選擇有代表性的，不想過多去指責別人。由於期間標點符號的使用又有了新的規範，因此新增加的內容部分採取了新的標點符號方式。考慮了一下，不必統一，彼一時此一時。如果本書能對考古、美學、藝術行業有一些參考價值以外，我想也適合廣大旅遊愛好者，因爲我談論的對象，大家都很容易看到。就整體而言，我認爲本書肯定有不足之處，歡迎大家批評指正。說得對我會很高興，不妥當我也不會生氣，眞實就好。

黃震雲 2017 年 1 月 11 日於海澱